新地方公会計の実務

―― 東京都における財務諸表の作成と活用

［監修］東京都会計管理局長　三枝 修一
［編著］東京都新公会計制度研究会

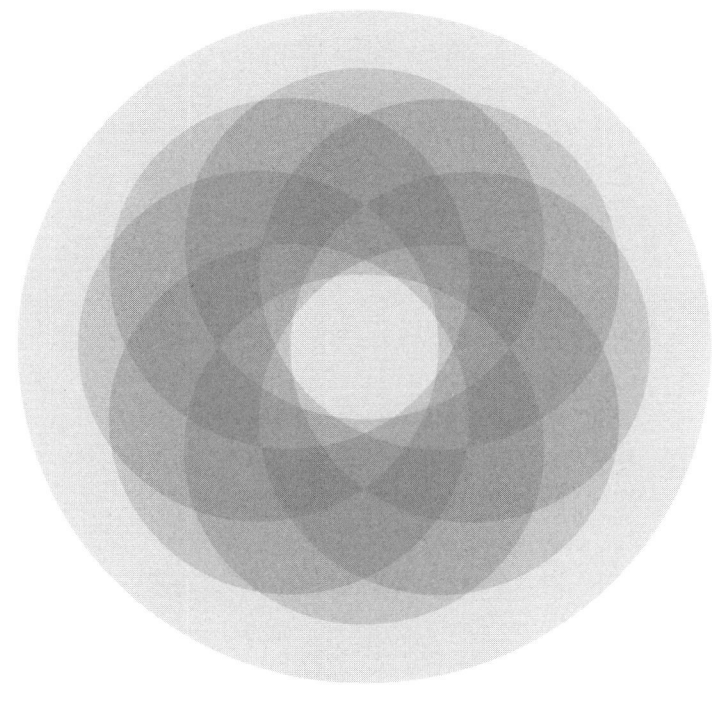

都政新報社

推薦のことば

　東京都の"新地方公会計の実務"には、10年近い熟成発酵の期間があった。今、手に取ってみると、地方自治体の会計に必要不可欠である、基本的知識と、時代にマッチした表示の用具、行政組織の中に不可欠な業務の流れとメカニズムが明瞭に叙述、説明されている。

　自治体の財務諸表を住民に開示することは、行政にとって、必須の要件である。その構成要因が、どんなプロセスで作成されるかを、また、その作業過程がどのように進捗していくか、をこの書には細かく描いている。

　更に財務諸表をどう読むかを例示し、読むときの留意点、そして、個別事業の分析と見直しを通じて、管理会計の手法を的確に活用し、原価の把握が明瞭に示される。

　今、東京都は、住民の生活環境を一歩一歩改善するために、知事を中心に、全職員が全力を傾けている。その流れの記帳と方向を指し示す用具が会計である。そのプロセスを描いたのがこの書である。そこには一連の流れがあり、スピードが要求される。

　東京都の会計システムの全体像をそして、構成部分の動きを理解していただきたい。

　広く、他の自治体関係者並びに会計学徒に読んで頂き、ご活用していただければ幸いであります。

平成20年6月

元日本公認会計士協会会長
中地　　宏

監修のことば

　東京都は平成18年4月、複式簿記・発生主義会計の考え方を加えた新たな公会計制度を導入しました。官庁会計決算の数字を計算により組み替える方式ではなく、日々の会計処理の段階から、財務会計システムにより複式の仕訳を行うことで、貸借対照表をはじめとする多様な財務諸表を迅速かつ正確に作成することが可能となりました。

　平成19年9月には、全国自治体で初めて本格的な財務諸表を公表し、決算参考資料として議会の審議に付するとともに、施策の検証に活用し、その結果を次年度予算編成に反映しています。

　今、地方行財政全般にわたる構造改革を進める上で、会計制度の合理化、すなわち複式簿記・発生主義の本格的な導入は、避けて通れないものとなっています。

　東京都が導入した新たな公会計制度は、行政の特質を考慮しつつ、民間で広く使われている会計基準を幅広く導入し、理解しやすいものとすることに努めています。資産や負債などのストック情報、金利・減価償却費などを含む真のコスト情報を明らかにすることで財政状況を透明化するとともに、効率的・効果的な行財政運営を展開する強力な牽引車としての役割を果たすものと自負しています。

　本書では、職員への新たな負担を抑制する会計処理、行政の特質に対して考慮した点など、本格的な財務諸表を作成・活用するための様々なノウハウを具体的にお伝えしようとしています。図表なども織り込みながら、できる限り分かりやすい記述に努めました。

　本書が、全国自治体の公会計制度改革の取り組みに少しでもお役に立てれば幸いです。

平成20年6月

東京都会計管理局長
三枝　修一

新地方公会計の実務

東京都における財務諸表の作成と活用

◆◆ 目　次 ◆◆

推薦のことば	1
監修のことば	2

第1章　はじめに

第1節　複式簿記・発生主義会計導入の意義 —— 10
1　これまでの官庁会計 —— 10
2　行政運営に求められる「経営」の視点 —— 10
3　説明責任の一層の遂行 —— 12
4　東京都における新たな公会計制度の導入 —— 12
第2節　本書の構成 —— 14

第2章　複式簿記・発生主義会計とは

第1節　企業会計のしくみ —— 19
1　発生主義会計とは —— 19
2　複式簿記とは —— 20
コラム1　借男と貸子の複式簿記講座 —— 23
3　財務諸表とは何か —— 28
4　官庁会計決算と財務諸表 —— 36
第2節　発生主義会計の特有な処理 —— 38
1　固定資産の処理 —— 38
2　引当金の意義 —— 46

第3章　行政における複式簿記・発生主義会計導入の動向

第1節　国（財務省等）の動向 —— 50
1　これまでの流れ —— 50
2　省庁別財務書類の特徴 —— 52
第2節　地方自治体を取り巻く状況 —— 56
1　総務省の動向 —— 56
2　新地方公会計制度実務研究会の2つのモデル —— 58
3　地方自治体の動向 —— 64
第3節　東京都の取組 —— 66
1　「機能するバランスシート」の作成 —— 66
2　複式簿記・発生主義会計導入の取組 —— 68
3　新公会計制度の導入と初めての決算 —— 71

| コラム2 | 企業会計の変遷 | 72 |

第4章　東京都会計基準とその考え方

第1節　東京都会計基準 — 78
1　東京都会計基準とは — 78
2　東京都会計基準の策定の経緯 — 79
3　東京都会計基準の特徴 — 82
4　固定資産に関する基準 — 86
5　作成される財務諸表 — 87
6　東京都会計基準の位置付け — 88
エピソード1　複式簿記の導入方法の検討 — 89

第2節　東京都の財務諸表 — 90
1　東京都の財務諸表の作成手順 — 90
2　貸借対照表 — 93
3　行政コスト計算書 — 112
4　キャッシュ・フロー計算書 — 121
5　正味財産変動計算書 — 130
6　注記 — 136
7　附属明細書 — 139
8　財務諸表の公表範囲 — 140
コラム3　公会計の国際的な状況 — 143

第5章　東京都の複式簿記
　　　　～日々の仕訳から財務諸表作成までの実務

第1節　複式簿記の業務の流れ — 146
1　官庁会計の会計処理から複式簿記の仕訳へ — 146
2　複式簿記の年間の流れ — 149

第2節　財務諸表作成のためのシステム — 152
1　財務会計システムの再構築 — 152
2　システム再構築の各フェイズ — 153
3　新システム導入に伴う職員への周知 — 155
4　会計処理を行うシステムの全体像 — 156
5　財務会計システムの特色 — 158
エピソード2　開発よりも長〜い新財務会計システムの試験 — 160

第3節　開始貸借対照表の作成 —— 161
1　開始貸借対照表とは —— 161
2　作成単位 —— 161
3　作成時期 —— 162
4　作成方法 —— 162
5　インフラ資産の評価 —— 166
6　開始貸借対照表確定後の訂正処理 —— 167

第4節　仕訳区分の設定と選択 —— 168
1　仕訳発生の仕組み —— 168
2　財務会計システムの歳入・歳出業務と複式情報の蓄積 —— 175
3　仕訳の訂正 —— 182

第5節　関連システムとの連携 —— 187
1　資産に関するシステム —— 187
2　負債に関するシステム —— 191
3　その他関連システムとの連携 —— 195

第6節　財務諸表作成にあたって必要となる決算作業の概要 —— 201
1　資産管理システムとの残高照合作業 —— 202
2　財務会計システムのデータ点検 —— 207
3　引当金の計上 —— 208
4　資産及び負債勘定の流動・固定の振替 —— 211
5　注記の作成 —— 211

エピソード3　決算時の資産照合作業の苦労 —— 212

第6章　財務諸表の実際

第1節　会計別・局別財務諸表 —— 214
1　システムから作成される財務諸表の作成単位 —— 214
2　財務諸表の制度的位置付け —— 215
3　議会における審議 —— 216
4　財務諸表概要版の作成・公表 —— 216
5　財務諸表の監査 —— 218

第2節　管理事業別財務諸表 —— 219
1　事業別財務諸表の作成 —— 219
2　財務会計システムで作成する管理事業別財務諸表 —— 219
3　決算参考書における事業別情報 —— 220

第3節　その他の財務諸表 —— 221

1	財務分析を行うツールとしての財務諸表	221
2	「東京都年次財務報告書」の公表	222
3	普通会計財務諸表	223
4	東京都全体財務諸表	224
5	分析の切り口に応じた連結	228

第7章　財務諸表をどう読むか

第1節　財務諸表の分析例 ── 230

1 はじめに ── 230
2 普通会計財務諸表の概要 ── 230
3 世代間の負担バランス ── 232
4 退職給与引当金 ── 233
5 資産の更新需要 ── 234
6 収入未済と不納欠損引当金 ── 234
7 時間のもたらすコスト ── 236
8 都庁全体の資金状況 ── 236
9 東京都全体財務諸表 ── 239
10 個別事業の財務諸表 ── 240

第2節　財務諸表を分析する際の留意点 ── 241

1 はじめに ── 241
2 マクロの財務諸表の分析 ── 242
3 ミクロの財務諸表の分析 ── 245
4 その他の留意点 ── 248

第3節　事業の分析と見直し ── 250

1 はじめに ── 250
2 財務情報を無理なく使いこなす ── 251
3 活用しやすい財務データ ── 251
4 発生主義コストによる分析方法 ── 252
5 ストック分析の方法 ── 254
6 数値指標の活用 ── 256
  コラム4　財務会計と管理会計 ── 257

第8章　新公会計制度のこれから

第1節　今後の課題 ── 262

	1　財務諸表作成の一層の迅速化・精緻化	262
	2　財務諸表の有効な分析指標の検討	263
	3　連結財務諸表の作成	263
第2節	職員のさらなる意識改革	264
	1　意識改革の必要性	264
	2　さらなる取組を通じた意識改革	265
	3　財務諸表に対する問題意識	266
	4　局別年次報告書をどう作り上げるか	267
	5　マネジメントサイクルの確立へ	267

第9章　新たな公会計制度に係るQ＆A

　　Q＆A ……………………………………………… 270

付録

　　1　東京都会計基準 ………………………………… 278
　　2　東京都の財務諸表 ……………………………… 311

索引 …………………………………………………… 326

第1章 はじめに

● 第1節　複式簿記・発生主義会計導入の意義

第1節 複式簿記・発生主義会計導入の意義

1 これまでの官庁会計

　日本の官庁会計は、明治以来一世紀以上にわたって単式簿記・現金主義会計による処理が行われてきました。

　国や地方自治体の行政活動は、法令に基づきあらかじめ徴収した税金を予算により配分することで、住民福祉の向上に資するという性格を持っています。税金の配分について議会の議決を経てはじめて執行機関がその範囲内で予算を執行することが可能になります。民間企業と異なり、行政にとってこうした予算統制は大変重要であり、その手段として、現金収支を厳密に管理する単式簿記・現金主義会計が有効に機能してきました。

2 行政運営に求められる「経営」の視点

　ところが現在、官庁会計に複式簿記・発生主義会計の考え方を導入しようという動きが出ています。それはなぜでしょうか。

　まず、行政運営に「経営」の視点が一層求められるようになってきたことが挙げられます。

　これまでも、行政が担ってきた分野や事業に民間の経営手法を取り入れることが行われてきました。例えば、民間委託化・民営化の推進、ＰＦＩや指定管理者制度の導入などです。近年は、市場化テストも導入されるようになっています。こうした行政と民間との役割分担の見直しは、行政改革の一環として繰り返し行われてきました。その背景には、行政ニーズの高度化・多

様化に伴い行政活動が拡大したのに対し、簡素で効率的・効果的な行政体制の確立が求められるようになったことや、公の分野への民間参入が活発になってきたことなどが挙げられます。特に、バブル経済崩壊後は国や多くの自治体で財政状況が厳しくなり、限られた財源をより効率的・効果的に活用し、財政を健全化することが一層求められるようになりました。

　行政と民間との役割分担の見直しを検討するためには、本来、両者の活動状況を同じものさしで見て比較衡量することが必要です。それには単年度の現金収支しか把握しない単式簿記・現金主義会計よりも、資産や負債などのストック情報や発生主義によるコスト情報が把握できる複式簿記・発生主義会計のほうがより多くの財務情報を共有化できます。しかし、これまでは、行政の活動については官庁会計、すなわち単式簿記・現金主義会計で、民間の活動については複式簿記・発生主義会計でそれぞれ財務情報を見る一方で、個別にどの分野（事業）の運営方法をどう変えるかの検討を行ってきたわけです。これでは行政と民間との役割分担の見直しが合理的に行われているかどうか検証できないと言わざるを得ません。そこで、行政と民間とを同じものさし（複式簿記・発生主義会計）で見る取組が求められるようになってきているのです。

　民間と同じものさしを持つだけで、例えば、市場化テストへの応用が可能になり、職員のコスト意識が変わり始めます。また、発生主義会計の減価償却累計額に連動した基金積立の見直しや貸借対照表の資産に連動した債権管理の見直しなどに取り組むことができるようになるとともに、発生主義によるコストの一部を参考情報として予算に表すなど、発生主義決算の現金主義予算への反映を強化する取組みを検討することができるようになり、行政運営に「経営」の視点が増します。

　無論、ものさしだけを変えれば、行政と民間との役割分担の見直しが合理的に行われるとともに行政の事業執行が効率化するなど、経営の視点が自動的に確立するというわけではありません。財政分析が飛躍的に向上するわけでもありません。ましてや予算を多く獲得することが容易になるわけでもありません。行政が直接執行する事業についての効率性を向上させるためには、なお工夫が必要となります。複式簿記・発生主義会計の導入は行政運営の基盤を整備したに過ぎないので、導入後も事業の効率化に向けた息の長い様々な取組が必要となります。

●第1節　複式簿記・発生主義会計導入の意義

3 説明責任の一層の遂行

　官庁会計に複式簿記・発生主義会計を導入しようという理由の二つ目として、行政が説明責任を一層果たすことが求められるようになっていることが挙げられます。

　これまでも、官庁会計による決算情報を公表してきました。しかし、行政は毎年度、道路、橋梁、港湾、公園、公営住宅などの様々な社会資本ストックを整備する一方、それらの財源として公債を充てるなど多額の負債を抱えています。従来の官庁会計は現金収支の把握のみで、現金の収支と資産・負債の増減とを関連させるという仕組みがありませんので、官庁会計の決算ではこれらの資産や負債などの状況について明らかにすることはできませんでした。

　近年、住民の行政を監視する眼はますます厳しくなり、行政情報の透明性が一層求められるようになってきています。自治体の財政状況を明らかにするのに、現金主義による単年度の決算情報だけでは不十分となってきています。また、平成18年度からの地方債発行の協議制への移行に伴い、自治体は自らの財政状況を的確に分析し、債券市場に対して、これまで以上に積極的に情報開示を行うことが求められています。

　そうした中、平成18年6月に、北海道夕張市が財政再建団体への申請を表明しました。この"夕張ショック"は、「資産や負債の全体像が見えにくい」という、従来の官庁会計の限界を露呈させたと言えるでしょう。地方自治体は、財政状況を透明にし、説明責任を一層果たしていくことが強く求められるようになりました。そのためには、複式簿記・発生主義会計を導入し、資産や負債などのストック情報や発生主義によるコスト情報を財務情報として開示することが有効なのです。

4 東京都における新たな公会計制度の導入

　平成18年4月、東京都は従来の官庁会計に複式簿記・発生主義会計の考え方を加えた新たな公会計制度を導入しました。日本の行政として初の試みであったため、先例のない中、試行錯誤しながら制度設計・構築を行いました。

本書は、東京都が導入した複式簿記・発生主義会計の仕組みについて理解していただけるよう、実際に公会計制度改革に取り組んだ職員ができるだけわかりやすく説明したものになっています。前半の財務諸表の仕組みや基準の考え方、さらには具体的な作成方法に合わせ、後半では実際に財務諸表をどう活用していくべきかを体系的に説明することによって、公会計制度改革の全体像を正確に理解しながら適切な事務処理が可能となる、実務上の座右の書として役立つものとなることを目指しています。

　本書が、複式簿記・発生主義会計に関心がある、又はこれから複式簿記・発生主義会計を導入しようと検討されている地方自治体の方々に少しでもお役に立てば幸いです。

第2節 本書の構成

　第2章では、民間企業等で使われている一般的な複式簿記・発生主義会計とはどういうものかについて説明しています。その際には、市販の簿記の教科書のような説明ではなく、自治体職員にとって馴染み深い官庁会計の仕組みとの比較で捉えられるように説明しています。また、実際に民間企業ではどのような処理を行っているかという具体的な事例を念頭に置いています。

　第3章では、行政における複式簿記・発生主義会計導入の動向について説明しています。国や全国の自治体を取り巻く状況、東京都の取組の経緯などに触れています。

　第4章では、東京都会計基準について説明しています。民間企業等で使われている複式簿記・発生主義会計をそのまま行政に適用することはできませんので、東京都会計基準では、どのように行政の特質を考慮しているのか、どのような財務諸表を作成することとしているのかなどについて解説しています。

　第5章では、東京都における複式簿記・発生主義会計の実務を紹介しています。日々の予算執行等において財務会計システムの処理をどのように行っているか、特に従来の官庁会計の処理を行いながらどのように複式の仕訳処理を行うのか、本格的な財務諸表に必要不可欠な開始貸借対照表をどのように作成するのか、実際の決算作業をどのように行って財務諸表を作成するのかなど、会計実務に即した説明を行っています。

　第6章では、東京都が実際に作成する財務諸表の種類などについて説明しています。局別・会計別など、どのような種類の財務諸表を作成・公表するのか、監査はどのように行われるのかなどについて紹介しています。さらに

は、財務分析を行うための普通会計ベースの財務諸表、普通会計と公営企業会計などを連結した財務諸表などを紹介し、財務諸表の活用を意識した説明を行っています。

　第7章では、作成した財務諸表をどのように読み取るのかについて解説しています。東京都が作成した年次財務報告書の内容に沿って、財務諸表の分析例を分かりやすく解説するとともに、分析を行う上で行政と民間とはどのような違いがあるのかについても触れています。さらには、分析の結果を具体的な事業の見直しなどに結び付けていくに当たっての着眼点の解説も行っています。

　第8章では、今後の財務諸表の作成や活用のあり方にかかる考え方を整理してあります。より精度の高い情報を盛り込んだ財務諸表を作り上げていくためには何が必要なのかを東京都の会計管理局の財産部会の議論をベースにとりまとめを行っています。また、財務諸表の活用をより効果的に行うために、職員の意識を改革していくことの重要性を説明しています。

第2章 複式簿記・発生主義会計とは

● 第1節　企業会計のしくみ

　行政の会計、いわゆる官庁会計は、水道や公営地下鉄などの公営企業会計を除くと、現金の収入と支出の増減を管理する単式簿記・現金主義会計により会計処理を行っています。

　東京都でも、一般会計と特別会計（ただし、公営企業会計を除く）では、単式簿記・現金主義会計による会計処理を行っていますが、これに加え、平成18年4月から民間企業の会計処理の際に用いる方法である複式簿記・発生主義会計を新たに導入しました。これにより、従来から作成していた官庁会計による歳入歳出決算書に加えて、民間企業の決算報告で作成される財務諸表に準じた貸借対照表や損益計算書（東京都では行政コスト計算書）などの財務諸表を作成することができるようになりました（図1）。

図1　新たに作成された東京都の財務諸表

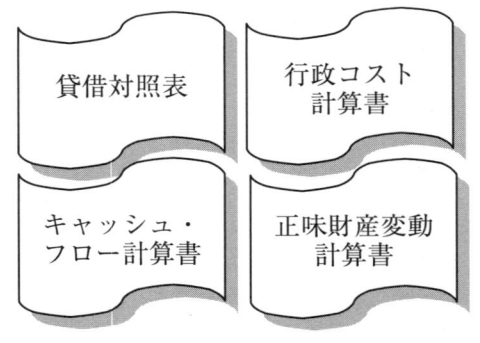

　こうした新たな仕組みを導入し、新たな決算書類を作成することによって、東京都がどれくらいの資産を持っていて、どれくらいの借金を抱えているか、さらに、行政サービスを提供するためにどれくらいのコストがかかっているか、この事業の採算性はどの程度あるのかなど、従来の官庁会計では見えなかった様々な情報を明らかにすることができるようになりました。

　なぜ、複式簿記・発生主義会計だと、従来の会計では把握できなかったこれらの情報が分かるようになるのか、また、財務諸表とはどういうものかということを、本章では考えていきます。

　東京都の複式簿記・発生主義会計は行政の特質を踏まえたものであるため、民間企業会計とは異なる部分もあります。まず複式簿記・発生主義会計についての理解を深めていただくために、本章では、特に断りのない限り、民間企業等で一般的に使用されている複式簿記・発生主義会計についてできるだけ分かりやすい説明を試みています。東京都が導入した複式簿記・発生主義会計については、第3章で詳しく説明します。

第1節 企業会計のしくみ

1 発生主義会計とは

　「複式簿記・発生主義会計」という言葉がセットで何度も出てきました。この言葉のうち、まず、「発生主義会計」について説明します。

　発生主義会計は、従来の官庁会計の仕組みである現金主義会計と比較して考えると分かりやすくなります。

　現金主義会計とは、予算執行時における収入や支出のように具体的に現金が増えたり減ったりしたときに記録する方法です。

　これに対して、発生主義会計とは、現金収支にかかわらず記録を行う仕組みです。現金の収支の際にも記録を行うのですが、それ以外に現金による支出を伴わないで発生する費用や、未収金、未払金の扱いが重要になります。

　例えば、電気代を支払う場合、光熱水費という費用が発生したと考えます。職員に給料を支出する場合も、給与という費用が発生したと考えます。現金主義会計でも電気代という項目で支出、給与という項目で支出するということになるので、この場合は結果的に違いがありません。

　現金主義と発生主義との違いの例としては、減価償却費と引当金の計上が挙げられます。減価償却費とは、建物や自動車など複数年度利用できる固定資産について、その使える期間にわたって、取得した価格を費用として計上するものです。引当金とは、将来的に負担が発生することが予想されるものについて、あらかじめ当期に負担すべき金額を費用として計上するものです〔図2〕（減価償却費と引当金の詳細については40頁参照）。

　現金主義会計だと、「当期に負担するべきコスト」という視点がなく、単

に現金だけでしか収支を把握できません（現金収支の情報も大切なのですが）。これに対して、発生主義会計では、減価償却費や引当金の繰入れという形で、当期に負担すべきコストを費用として把握します。これにより現金のみならず、より広範にコスト情報を把握することが可能となるのです。

図2　現金主義と発生主義の違い

また、発生主義の場合では、収益や費用については実際に現金の収入・支出が行われたときではなく、それが発生したときに記録します。

企業会計では、納品を先にして現金のやり取りは後にするという取引が頻繁に行われています。この場合、現金主義にもとづく収入・支出を基準とした記録では、取引の実態を反映できないため、未収や未払といった形で記録を行うことが重要となるのです。

2 複式簿記とは

複式簿記とは、ひとつの取引に対して複数の記録を行う会計の仕組みです。これに対して単式簿記では、1つの取引に対して1つの記録をする会計処理が行われています。

ここで「取引」という言葉が分かりにくいかもしれません。複式簿記で取引という場合は、その組織の資産、負債、収益、費用、純資産の増減を伴うすべてのことを言います。このため、一般的に取引と言われる現金収支を伴うようなものの購入や売却なども取引になるのですが、それ以外に例えば、火事で建物が消失した場合や盗難で高価な備品が失われた場合も含まれます（図3）。

図3 こんなものも「取引」に

商品の売買

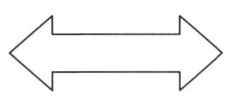
どちらも複式簿記では「取引」になります。

盗難・火災

　複式簿記の考え方について、単式簿記と比較する形でいくつかの例により見ていきます。

1　支出の例

　まず、光熱費100円を支払うという場合を考えてみます。単式簿記では、100円の支出が行われたということのみが記録されますが、複式簿記では100円の費用が発生し、100円の現金という資産が減ったという記録になります。ここで注意が必要なのは、「現金」は、複式簿記では資産の項目の1つだということです。

　次に、自動車の購入のために200万円を支払う場合を考えてみると、単式簿記ではやはり200万円の支出が記録されますが、複式簿記では200万円の資産が増加し、200万円の現金という資産が減ったという記録になります（表1）。

表1　単式簿記と複式簿記の支出の違い

	単式の場合	複式の場合
光熱費の支払	100円の支出を記録	100円の費用の発生と、現金100円の減少を記録
自動車の購入	200万円の支出を記録	200万円の固定資産の増加と、現金200万円の減少を記録

● 第1節　企業会計のしくみ

　単式簿記の場合は、どちらも支出を記録するだけですが、複式簿記の場合は、「100円の費用の発生」と「200万円の固定資産の増加」という違いが重要となります。複式簿記だと、現金の収支と現金以外の資産や負債の増減について同時に記録を行うことができます。
　支出が費用であるか資産の取得であるかにより、その後、表示される箇所が異なってきます。費用は損益計算書に表示され、資産は貸借対照表に表示されます。
　現金主義会計の場合だと、現金収支とそれ以外の資産・負債とが構造上会計処理としては連動していないので、ストック情報の記録が難しかったのですが、複式簿記だと会計の仕組みとして連動しているので、記録や検証が容易であるというメリットがあります。

2　収入の例

　続いて収入の例を見てみます。
　例えば、使用料収入を10万円得たという場合を考えてみると、単式簿記では10万円の収入が記録されますが、複式簿記では10万円の現金という資産が増え、10万円の収益が発生したという記録になります。
　また、借入を行うことで1億円収入したという場合を考えてみると、単式簿記では1億円の収入が記録されますが、複式簿記では1億円の現金という資産の増加と、1億円の負債の増加という記録になります（**表2**）。

表2　単式簿記と複式簿記の収入の違い

	単式の場合	複式の場合
使用料収入	10万円の収入を記録	10万円の収益と、現金10万円の増加を記録
借入	1億円の収入を記録	1億円の借入金（負債）の増加と、現金1億円の増加を記録

　この例でもポイントは、複式簿記の場合だと、同じ現金の増加であっても、「収益」と「負債」という異なる形で記録することです。収益は損益計算書に表示され、借入金のような負債の増減は貸借対照表に表示されます。
　単式簿記の場合だと、理由が何であれ収入という形で記録しますが、複式

簿記の場合だと、当期に帰属する収益なのか、それとも今後返さなければならない負債なのかという形で区別して記録することになります。

　複式簿記では、取引を資産・負債・収益・費用・純資産の5つの要素のどれに該当するかを分類して記録を行います。これを「仕訳」といって複式簿記の基本的な仕組みになっています（5つの要素など複式簿記に関するもう少し詳しい解説は**コラム1**を参照）。

> ### コラム1
> ## 借男と貸子の複式簿記講座
>
> 　本文では書ききれなかった会計制度などに関することについて、2人の職員が問答形式で説明していきます。
>
> ---
>
> **登場人物**
> 左前　借男（ひだりまえ　かりお）
> 　採用3年目職員。今年から部の予算担当。熱意はあるが少しから回りぎみ。
>
> 右野　貸子（みぎの　かしこ）
> 　採用3年目職員。採用時から複式簿記・発生主義会計導入の仕事に携わる。そろそろ次の異動先を物色中。
>
> ---
>
> 貸子　さあ、私たちの出番がやってきたね。
> 借男　ぼくたち借男・貸子の2人が会計に関する素朴な疑問について、会話形式で説明していきます。
> 貸子　何でも聞きなさい。
> 借男　うん。それじゃあ何でも聞くよ。そもそも複式簿記っていうのが実はよく分かっていないんだ。ひとつの取引について、右と左に区分けしていくという話だけど、何が右にきて、何が左にくるかということが分からない。何か決まりみたいなものがあるのかな。

貸子　いい質問ね。21頁表1の例を見てもらいたいのだけど、ここでは光熱費という「費用」、現金と自動車という「資産」が出ているよね。
　　22頁表2の例だと、使用料という「収益」、借入金という「負債」がある。それと、例として示されていないけど、「純資産」というのがあって、この「費用」「資産」「収益」「負債」「純資産」の5つが要素となっている。仕訳をする場合は、それぞれの取引をこの5つの要素のどれかを判断して、仕訳を行うんだよ。ここまではいい？

借男　うーん。とりあえずは。

貸子　費用とか純資産とかって言ってもよくイメージできないかもね。
　　例えば、費用であれば、職員に支払う給料とか、鉛筆とかテープといった消耗品費、外部に清掃を委託した場合の委託料などで、企業が売上をあげるために費やしたものをいうの。
　　資産であれば、ビルとか倉庫のような建物、自動車や機械、定期預金や貸付金などいっぱいあるよ。企業が経営活動を行うために所有しているもののこと。
　　収益というのは、土地などを貸し付けた場合の受取る賃料とか、預金に対する利息。民間企業だと売上が重要な収益だし、行政の場合だと税収が重要になるね。要するにいくら売り上げたかということだよ。
　　負債というのは、社債とか借入金、退職給与引当金、貸倒引当金など将来的に支払いをしなければならない債務のこと。
　　純資産は、少し難しくて、企業が事業を行う際の元手になるもので、具体的には資本金とか、剰余金がここに当てはまるよ。まあ、とりあえずイメージだけつかんでおいて（図1）。

借男　うーん。何となく分かった。それで仕訳する場合って、決まりがあるんだよね。

貸子　そう。それぞれの要素ごとに、左に行くか右にいくかが決まっているよ。ちなみに、この左と右に名前が決まっていて、左側

図1　複式簿記の仕訳の5要素

- 資　産
  現金・建物・土地・
  未収金など
- 負　債
  借入金・社債・
  退職給与引当金など
- 純資産
  資本金・資本剰余金・
  利益剰余金など
- 費　用
  人件費・消耗品費・
  減価償却費など
- 収　益
  売上・利子収入・
  固定資産売却益など

を借方（かりかた）、右側を貸方（かしかた）と言うよ。

借男　借方と貸方かあ。何か僕たちの名前と似ているね。

貸子　不思議ね～。それはともかく、このルールを表にするとこんな風になるよ（図2）。これは複式簿記の基礎だからしっかり覚えてね。テストに出るよ。

図2　要素の増減に伴う表示

借方科目	金額
資　産　の　増　加	資　産　の　減　少
負　債　の　減　少	負　債　の　増　加
純資産の減少	純資産の増加
費　用　の　発　生	収　益　の　発　生

借男　うっ、ややこしい…。

貸子　例を示して1つずつ説明するからついてきてね。

　　まずは資産だけど、例えば現金とか建物とか資産が増えた場合は借方（左側）、減った場合は反対の貸方（右側）に記録するよ。例えば、200万円の自動車を購入した場合は、200万円相当の自動車という資産が増加して、200万円の現金という資産が減少し

● 第1節 企業会計のしくみ

　　　たと考えるんだ。これを仕訳すると…

ケース1　200万円の自動車(資産)を現金(資産)で購入

借方科目	金　額	貸方科目	金　額
自動車	200万円	現　金	200万円

貸子　こんな風になるよ。現金という科目も自動車とかと建物と同じ資産のグループになる、ということが現金主義会計に慣れている人には違和感があるかも。
　そのほかの取引を仕訳で見てみると、下のようになるよ。

ケース2　100円の光熱費(費用)を現金(資産)で支出

借方科目	金　額	貸方科目	金　額
光熱費	100円	現　金	100円

ケース3　10万円の使用料収入(収益)を現金(資産)で収入

借方科目	金　額	貸方科目	金　額
現　金	10万円	使用料	10万円

ケース4　1億円を現金(資産)で借入(負債)

借方科目	金　額	貸方科目	金　額
現　金	1億円	借入金	1億円

借男　なるほど…。でもこういうルールを全部覚えるのは大変だね。
貸子　うーん。覚えるコツとしては、とにかく資産が増えた場合は借方（左側）で、減った場合は貸方（右側）ということをまず覚えることかな。こう考えると、費用の発生の場合は、現金という資産が減ることが多いから、資産の減少ということで現金が貸方になる。その相手科目ということで費用は借方になるよ。収益の場合は現金が増えると考えれば、現金の増加は借方に仕訳されるわけだから、収益はその反対の貸方に仕訳される。そんな風にとりあえず理解して、あとはいろいろな仕訳を見ていくと自然に覚えられるよ。
借男　資産の増加は左ね。それだけなら何とかなりそうだ。

それにしても、やっぱり複式簿記で経理をするとなると、この借方・貸方を常に意識しながらやらないといけないのかな。ぼくたち自治体職員にとっては、今の官庁会計の款項目節の仕組みもややこしいのに、さらに複式の仕組みも理解して会計処理を行わないといけないのはとっても難しそうな気がする。

貸子　民間企業の方はよく分からないけど、東京都の新しい公会計制度では、普段は借方・貸方を意識せずに処理することができるよ。東京都の仕組みだと、その歳入歳出に対応する仕訳区分というのを選択するだけなんだよ。それも官庁会計の予算科目と複式簿記の科目とは、一対一で対応している場合も多いから実務としてはそんなに大変ではないと思うよ。

借男　それなら複式簿記について詳しくないぼくでも、何とか対応することはできそうだね。よかった、よかった。

貸子　めでたし、めでたし。

● 第１節　企業会計のしくみ

3　財務諸表とは何か

　複式簿記・発生主義会計について見てきましたが、これは財務諸表を作るための手段です。日々の仕訳が積み重なり、さらに年度末に決算整理という処理を行うことで、財務諸表を作成します[注1]。

　民間企業の経営者は、株主が投資している出資金をもとに会社を経営していますので、会社の経営や財務の状態がどのようになっているかを株主に対して説明する必要があります。また、会社が金融機関から借入を行っている場合は金融機関に対し説明する責任があり、株式を上場している場合は投資家に対して説明する責任があります。このため、経営者は財務諸表を作成し、株主をはじめとする様々な利害関係者に公表することで、経営責任を果たします。

　民間企業の財務諸表は、貸借対照表、損益計算書、キャッシュ・フロー計算書、株主資本等変動計算書などからなっています（これらは東京都が作成している財務諸表とは若干異なります。詳しくは第３章を参照）。

1　貸借対照表とは

　貸借対照表[注2]とは、決算日時点における企業の資産と負債、純資産[注3]について金額で表示し、企業の財政状態を明らかにします。

　資産とは、企業が経営活動を行ううえで必要な財産、負債は将来的に支払わなくてはならない債務、純資産とは経営活動を行うための元手です。

　これを別の面から見ると、負債と純資産は、どのように企業が資金を調達したのかを示し、資産はどのように資金が使われたかを示します（**図4**）。

　どういうことかというと、企業の成り立ちから説明します。

　まず、企業が誕生するためには、元手のお金が必要になります。この元手を資本金と呼びます。出資者が企業を作るために、1,000万円出資したとす

注1　実際には、仕訳を勘定科目ごとに集計した仕訳帳、総勘定元帳、精算表など、いろいろな帳票により決算処理が行われます。
注2　貸借対照表は英語でいうとBalance Sheet（バランスシート）。略してB／Sということもあります。
注3　純資産の部とはかつて資本の部と呼ばれていましたが、現在は純資産という名称になりました。

図4　貸借対照表の概要

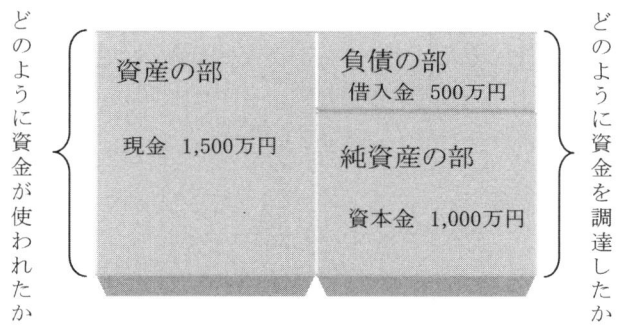

ると、企業には1,000万円の現金という資産と、その1,000万円は元手として資本金という純資産が記録されます。

　さらに1,000万円では足りないので、500万円を銀行から借りたとします。この場合は、500万円の現金という資産が記録され、さらに500万円の借入金という負債が記録されます。

　元手にしても借入にしても、ともに現金が増加するということは同じですが、それをどのように調達したかによって、純資産と負債に分かれます。純資産は元手であるために、返済する必要はありません。これに対して、負債はいずれ返済しなくてはならないものです。また、負債は通常、毎年一定率の利息を支払わなければなりません。純資産の資本金も配当金という形で支払うこともあるのですが、これは当期に生じた利益のうち、一定割合を株主に還元するというものですので、負債に生じる利息とは意味合いが異なります。

　資金の調達源泉に応じて、負債と純資産を分けて表示することにより、企業の財政状態を表示することができるのです。

　さらに貸借対照表について見ていきます。

　資産と負債は通常、流動と固定に分類されています。例えば、貸付金という資産であれば、1年以内に返済される予定のものが短期貸付金という流動資産、1年を超えるものが長期貸付金という固定資産になります。

　同様に負債についても、借入金について、1年以内に返済しなくてはならないものが短期借入金という流動負債、1年を超えるものが長期借入金とい

●第1節　企業会計のしくみ

う固定負債となります。

　こういう分類をすることで、その会社の財務の健全性を見ることができます。1年以内に返済しなくてはならない借金に対して、流動資産が不足していたら、支払い余力に問題があると見ることができます（実際に民間企業で使われている貸借対照表の様式は**表3**を参照）。

表3　貸借対照表の例

	18年度 19年3月31日現在	19年度 20年3月31日現在		18年度 19年3月31日現在	19年度 20年3月31日現在
（資産の部） Ⅰ　流動資産 　1. 現金預金 　2. 受取手形 　3. 売掛金 　4. 商品 　5. 製品 　6. 原材料 　7. 仕掛品 　8. 短期貸付金 　9. 未収入金 　10. 貸倒引当金 　　流動資産合計 Ⅱ　固定資産 (1)有形固定資産 　1. 建物 　2. 構築物 　3. 機械装置 　4. 車両運搬具 　5. 土地 　6. 建設仮勘定 　　計 (2)無形固定資産 　1. 特許権 　2. 借地権 　3. 商標権 　4. ソフトウェア 　　計 (3)投資その他の資産 　1. 投資有価証券 　2. 子会社関連会社株式 　3. 長期貸付金 　4. 長期前払費用 　5. 貸倒引当金 　　計 　　固定資産合計 資産合計			（負債の部） Ⅰ　流動負債 　1. 支払手形 　2. 買掛金 　3. 社債及び短期借入金 　4. 未払金 　5. 未払費用 　　流動負債合計 Ⅱ　固定負債 　1. 退職給付引当金 　2. 長期借入金 　3. 社債 負債合計 （純資産の部） Ⅰ　資本金 Ⅱ　資本剰余金 　(1)資本準備金 　　資本剰余金合計 Ⅲ　利益剰余金 　(1)利益準備金 　(2)任意積立金 　(3)当期未処分利益 　　利益剰余金合計 Ⅳ　自己株式 純資産合計		

2　損益計算書とは

　損益計算書は、複式簿記の5つの要素のうち、収益と費用が表示されます。

収益とは商品の売上などであり、費用とは売上を得るために費やしたものですので、この2つとその差額を表示することで、当期にいくら儲かったのかあるいはいくら損したのかという企業の経営成績を明らかにします（**図5**）。

図5　損益計算書

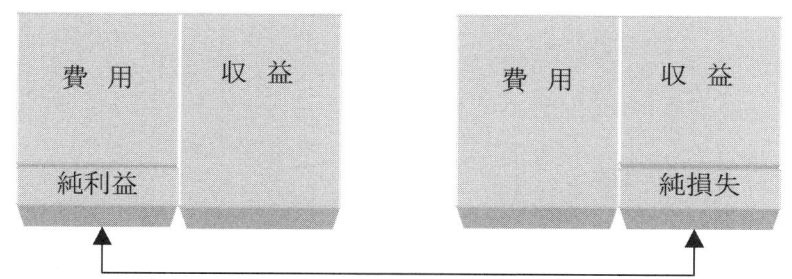

儲かった場合は純利益、損した場合は純損失になります。

　貸借対照表はある時点での数値を切り取ったものですので、年度中に取得して年度内に売却した資産があったとすると、その資産は決算日時点では存在しないので貸借対照表には反映されません。あくまで決算日時点において、いくら資産、負債、正味財産があるかを示したものです。

　これに対して、損益計算書は1年間の取引の累計であるため、年度内に発生した利益と費用が、会計期間にどれだけ発生したかという累計額が反映されることになります（実際に民間企業で使われている損益計算書の様式は**表4**を参照）。

　損益計算書では、費用と収益を明らかにし、さらにその差額が当期の儲けである利益（マイナスの場合は損失）となります。

　表4の損益計算書の例を見てみると、利益にも「営業利益」「経常利益」「当期純利益」という項目があります。これは利益を各段階に分けて表示することにより、その会社の本業による業績や最終的な業績などを明らかにすることができます。

　例えば、営業利益というのは、Ⅰの売上高からⅡの売上原価（仕入や製造に要した費用）とⅢの販売費及び一般管理費を差し引いた金額であり、まさに本業にかかわる利益を表示しています。

　次の経常利益は、上記の営業利益に、預金の受取利息や借入金の支払利息

●第1節　企業会計のしくみ

表4　損益計算書の例

区分	18年度 （自　平成18年4月1日 　至　平成19年3月31日） 金額	19年度 （自　平成19年4月1日 　至　平成20年3月31日） 金額
Ⅰ　売上高		
1　商品売上高		
2　手数料収入		
3　不動産賃貸料収入		
Ⅱ　売上原価		
1　商品売上原価		
（1）商品期首棚卸高		
（2）商品仕入高		
合計		
（3）商品期末棚卸高		
Ⅲ　販売費及び一般管理費		
1　宣伝費		
2　通信費		
3　貸倒引当金繰入額		
4　役員補修及び従業員給料手当		
5　従業員賞与		
6　退職給付費用		
7　福利厚生費		
8　借地借家料		
9　減価償却費		
10　水道光熱費		
11　業務委託費		
営業利益		
Ⅳ　営業外収益		
1　受取利息		
2　受取配当金		
Ⅴ　営業外費用		
1　支払利息		
2　貸倒引当金繰入額		
経常利益		
Ⅵ　特別利益		
1　固定資産売却益		
2　投資有価証券売却益		
Ⅶ　特別費用		
1　固定資産売却損		
2　固定資産除却損		
3　減損損失		
4　投資有価証券評価損		
税引前当期純利益又は当期純損失		
法人税、住民税及び事業税		
法人税等調整額		
当期純利益又は当期純損失		
前期繰越利益		
当期未処分利益		

を加味したものです。

さらに、当期純利益とは、建物などの固定資産を売却したことによる損益や固定資産を廃棄したことに伴う除却損などを反映したものです。

会社の最終的な損益という点では、当期純利益が重要となりますが、そこで利益が出ていたとしてもそれは会社の資産を切り売りして捻出した一時的な利益かもしれません。例えば中長期的な会社の業績を示すという目的のためには、営業利益や経常利益の方がより有用な情報を示しているともいえます。このため、段階ごとの利益を表示することで、会社の業績を様々な角度から見ることが可能となります。

3　キャッシュ・フロー計算書とは

キャッシュ・フロー計算書とは、その名のとおり１年間の現金（キャッシュ）の流れ（フロー）を示したものです。

企業にとって現金は大変重要な要素です。ある会社が利益を計上していたとしても、取引先からの現金の受取りが滞ったりすると、その会社が別の取引先に支払わないといけない現金が調達できなくなることがあります。こうなると支払いが期日までにできなくなる不渡りという状態になり、企業の信用が大きく損なわれ、いわゆる黒字倒産という事態にもなりかねません。そうならないためにも常に一定の現金を確保することは重要であり、そうした現金の状況を示したのがキャッシュ・フロー計算書となります。

このキャッシュ・フロー計算書は、決算が確定した後に貸借対照表と損益計算書の金額をもとにして作成し、どのような要因でキャッシュが増減したのかを表示します。

キャッシュ・フロー計算書は現金の収支を、①営業活動によるキャッシュ・フロー、②投資活動によるキャッシュ・フロー、③財務活動によるキャッシュ・フローの３つの分類に分けて表示することで、どういった要因によってキャッシュが変動しているのか明らかにします（実際に民間企業で使われているキャッシュ・フロー計算書の様式は**表5**を参照）。

(1) 営業活動によるキャッシュ・フローとは

商品の売上による収入、商品の仕入や給与の支払いによる支出など、企業の本業に係る収支を記録するのが営業活動によるキャッシュ・フローです。

● 第1節　企業会計のしくみ

表5　キャッシュ・フロー計算書の例

区分	18年度 (自　平成18年4月1日 至　平成19年3月31日) 金額	19年度 (自　平成19年4月1日 至　平成20年3月31日) 金額
Ⅰ　営業活動によるキャッシュ・フロー		
1　税金等調整前当期純利益		
2　減価償却費		
3　貸倒引当金の増減額(減少:△)		
4　退職給付引当金の増減額(減少:△)		
5　受取利息及び受取配当金		
6　支払利息		
7　固定資産売却益		
8　投資有価証券売却益		
9　固定資産売却損		
10　固定資産除却損		
11　投資有価証券評価損		
12　売上債権の増減額(増加:△)		
13　たな卸資産の増減額(増加:△)		
14　その他		
営業活動によるキャッシュ・フロー		
Ⅱ　投資活動によるキャッシュ・フロー		
1　定期預金の預入による支出		
2　定期預金の払戻による収入		
3　有価証券の取得による支出		
4　有価証券の売却による収入		
5　有形・無形固定資産の取得による支出		
6　有形・無形固定資産の売却による収入		
7　短期貸付金の純増減額(純増加:△)		
8　長期貸付金の回収による収入		
9　その他の投資の増加による支出		
10　その他の投資の減少による収入		
投資活動によるキャッシュ・フロー		
Ⅲ　財務活動によるキャッシュ・フロー		
1　短期借入金の純増減額(純減少:△)		
2　長期借入による収入		
3　長期借入の返済による死守打つ		
4　自己株式の取得による支出		
5　自己株式の売却による収入		
6　配当金の支払額		
財務活動によるキャッシュ・フロー		
Ⅳ　現金及び現金同等物に係る換算差額		
Ⅴ　現金及び現金同等物の増減額(減少:△)		
Ⅵ　現金及び現金同等物の期首残高		
Ⅶ　現金及び現金同等物の期末残高		

この活動においては、現金の増加が多い方が好ましいということになります。

(2) 投資活動によるキャッシュ・フローとは

　建物や構築物などの有形固定資産や有価証券の取得による支出、貸付金の返済に伴う収入など、貸借対照表の固定資産に係る収支を記録するのが投資活動によるキャッシュ・フローになります。この活動区分からは、企業が設備投資などにどれだけのお金をかけているかの判断ができます。

(3) 財務活動によるキャッシュ・フローとは

　借入や社債の発行、株式の発行による収入や、借入金を返済した場合の支出が財務活動によるキャッシュ・フローになります。このため、この活動区分におけるキャッシュの減少は、借入金の返済が主要因となることが多いので一般的に好材料と考えることができます。

4　株主資本等変動計算書とは

　株主資本等変動計算書とは、貸借対照表の純資産の部のうち、主に株主資本の変動事由を報告するための計算書です。平成18年5月の会社法の施行により作成されることになりました。

　まず、純資産というものを説明しますと、その内訳として、資本金、資本剰余金、利益剰余金などがあります。資本金は株主が出資した金額そのもので、資本剰余金も株主の出資分です。資本金に組み込まない部分をここに計上します。利益剰余金は、利益の蓄積です。損益計算書の費用と収益の差額である当期純利益は、株主への配当や役員への賞与金という形で減ります。残った金額が利益剰余金という形で蓄積されるという仕組みになっています。

　純資産変動計算書では、こうした資本剰余金と利益剰余金などがどのような要因で変動しているかを示しています（実際に民間企業で使われている株主資本等変動計算書の様式は表6を参照）。

　株主資本等変動計算書を見てみると、大きく「株主資本」という項目と、「評価・換算差額等」という項目に分かれます。さらに株主資本の項目は、主に、資本金、資本剰余金、利益剰余金に分かれています。

　資本金と資本剰余金は、企業の元手である資本の蓄積を、利益剰余金は利益の蓄積を示しています。元手と利益は明確に区別する必要があるため、こ

表6　株主資本等変動計算書の例

当事業年度（自　平成18年4月1日　至　平成19年3月31日）

	株主資本								評価・換算差額等			新株予約権	純資産合計
	資本金	資本剰余金			利益剰余金			自己株式	株主資本合計	その他有価証券評価差額金	繰延ヘッジ損益	評価・換算差額等合計		
		資本準備金	その他資本剰余金	資本剰余金合計	利益準備金	その他利益剰余金	利益剰余金合計							
平成18年3月31日残高														
事業年度中の変動額														
剰余金の配当														
当期純利益														
自己株式の取得														
自己株式の処分														
株主資本以外の事業年度中の変動額														
事業年度中の変動額合計														
平成19年3月31日残高														

のように分けて表示を行っています。

　それ以外の項目である「評価・換算差額等」の項目では、その他有価証券評価差額金や繰延ヘッジ損益という項目があります。これらの項目は株主資本とは性質が異なるのですが、会計処理上、純資産の増減として扱われるため、株主資本等変動計算書に表示されることになります。ただし、これらの項目については、どのような要因で変動したかという変動事由ごとではなく、全体でいくら増減したかという純額のみを表示されることが原則となっています。

4　官庁会計決算と財務諸表

　これまで見てきたように、複式簿記・発生主義会計により、単式簿記・現金主義会計では把握することが難しかった資産や負債の増減が、会計の仕組みとして組み込まれることになります。また、そうしたストック情報の管理だけでなく、ストックを費用化することで事業運営にかかわるコスト情報を見ていくことができるのです。

　官庁会計では議会で議決された予算がどのように使われたかが重要となります。このため、予算つまりお金を款・項・目・節という予算科目に分け、そのお金が予算どおりに収入されたか、また予算どおりに使われたかが重要

となります。

　これに対して、複式簿記では支出がどのように使われ、収入がどのような要因でもたらされたのかをストックとコストという観点で表示していくことになります。

　これによって、損益計算書からは、当期の収益と費用をもとに、当期で負担すべきコストに対して収益は足りているのかといったことを見ることができます。

　貸借対照表からは、資産と負債の割合を見ることにより、遊休資産を売却し負債の償還に充てるというような財務上の判断をしたり、将来的な負担とか将来も使える資産という観点から中長期的な観点で経営を見ていくことも可能となります。

　個別の事業についての分析を行う上でも、例えば美術館や博物館のような一定の収益が得られる施設について、減価償却費を加えた真のコストをもとにすることにより、実際にはどの程度の採算性があるのか、などの情報が見えてきます。

　自治体を取り巻く現在の厳しい財政状況の中では、何を実施し、何を実施しないかという選択が必要となります。この選択を行うためには、その事業に要する真のコストなど様々な情報を総合的に判断した上で意思決定を行う必要があります。

　従来の官庁会計の仕組みからもある程度は意思決定のための情報を得ることはできるかもしれません。しかし、ストック情報やコスト情報を正確に分かりやすく表示するためには、その分野で何百年もの時間をかけて発展してきた企業会計の仕組みを導入するのが効率的であり、また、多面的な視点により決算を捉え直すことにより、財政の健全化や事業評価をより実効性のあるものとしていくことが可能となります。

第2節 発生主義会計の特有な処理

複式簿記・発生主義会計は、従来の官庁会計である単式簿記・現金主義会計とは考え方が大きく異なる点があります。また、簿記の本を見ても、複式簿記の考え方について記載されていても、実務において実際にどのような基準に基づいた処理を行っているのか分からないこともあります。そこで本節では、複式簿記・発生主義会計において特に留意すべき点として、固定資産と引当金について、民間企業の実務ではどのように行われているかについて説明します。

1 固定資産の処理

1 取得

官庁会計の場合、その支出が資産形成に充てられるものなのか当該年度限りで費消されるものなのかという区分はありません。ですが複式簿記の場合だと、支出についてそれが資産として貸借対照表に計上されるのか、費用として損益計算書に計上されるかに分ける必要があります。これにより決算数値が大きく変わってきますので、この区分は重要です。

例えば、企業が物品を購入するという実務を考えてみると、自動車のような比較的高価なものは固定資産となり、椅子のように金額が小さいものは費用となります。

会計上の考え方からいうと、複数年度にわたり使用可能なものは固定資産とし、単年度でなくなってしまうものは費用ということになります。その考え方からすると、椅子などは複数年にわたり利用可能なので固定資産になり

そうですが、固定資産の考え方を厳密に適用すると、かなりの備品が固定資産となってしまい事務が煩雑となります。そこで、企業会計では、「重要性の原則[注4]」という考え方を採用しています。これは、金額的に軽微なものは、簿外つまり貸借対照表に計上しないことを認めています。実務上では、税法[注5]により、取得に要した金額について10万円という線が引かれ、複数年度使う資産でも10万円未満なら費用で、10万円以上なら固定資産という分類となっています。

これにより民間企業会計では、10万円以上の高額な物品の取得にかかわる支出は資産形成となり、貸借対照表上の資産が増額となります。

さらに、もう1つ重要な点として、資産の価格とは、資産の取得に直接要した金額だけでなく、その資産の取得に必要な支出についても付随費用と考えて取得した金額の範囲に含めることです。

例えば、物品の購入であれば、物品の代金だけでなく、買入れに要した手数料や運搬にかかった支出も付随費用と考え、取得原価に含めることになります（図1）。

工事により建物を取得する場合については、建物の建築に直接要した工事費については明らかですが、それ以外にも工事に際しては、測量費や設計費、手数料などが発生する場合もこれらについて資産額に含める必要があります。

図1　民間企業会計の付随費用

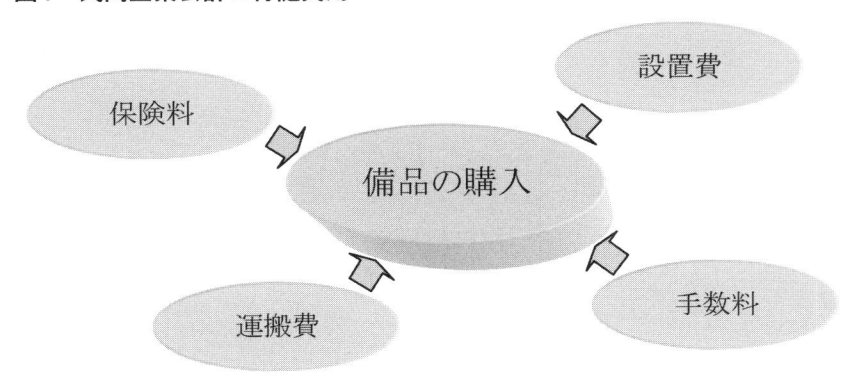

保険料　設置費　備品の購入　運搬費　手数料

[注4] 例えば、企業会計原則第3貸借対照表原則の一
[注5] 法人税法施行令第133条参照

●第2節　発生主義会計の特有な処理

　一方、無償で固定資産をもらった場合はどうなるのでしょうか？

　取得に係る支出が0円なので資産額は0円と考えそうですが、この場合はもらった資産をその時点での適正な取引価格などをもとに評価し、その金額で計上することになります。

2　改築等

　次に改築時における会計処理です。例えば建物が老朽化し、全面改修ではなく、部分的に改修を行う場合、どこまでが費用でどこからが資産形成なのかの区分が重要です。

　建物の一部の修繕、例えば、割れたガラスの修理や雨漏りの修繕工事については費用（これを収益的支出といいます）となりますが、建物の耐用年数を延ばすような改修工事だと、資産額に金額を上乗せ（これを資本的支出といいます）することになります。この際、修繕と改修とを区分する線をどこに引くかについてですが、基本的には、固定資産の価値を高めるため、あるいは、その資産の使用可能期間を延長させるための支出は資本的支出（つまり資産）となり、本来の機能を取り戻すための支出は収益的支出（つまり費用）となります。

　しかし、この基準でも判別できないケースはあると思います。この場合民間企業では、金額による判断を行うことにより[注6]（金額が20万円あるいは60万円未満か以上か、取得価額と比べて10％相当額以下であるかなど）、収益的支出か資本的支出かを区分し処理を行っています。

3　減価償却
(1)　減価償却の意義

　固定資産の取得価格が確定した後は、減価償却が必要になります。減価償却とは固定資産について、その固定資産が使用できる期間にわたり費用として認識するというものです。固定資産は通常、使用や時間の経過等に伴い、老朽化や損耗などが進み、その価値が減少していきます。やがて使用できなくなりますが、そのときに一括して費用計上するのでなく、「費用収益対応の原則」という考え方に基づいて毎年費用計上していきます。

注6　法人税法施行令第132条、法人税法基本通達第7章第8節を参照

費用収益対応の原則とは、費用と収益に対応関係があるという考え方です。例を挙げて説明すると、ある企業が収益を上げるために生産機械を購入したとします。その機械の取得額が1,000万円で、今後5年間で毎年300万円の収益が見込めるとします。

　これを損益計算で考えると、機械の取得額1,000万円は購入した年度の負担（費用）として考えるのではなく、収益が見込める5年間に分散させた方が、毎年の損益計算は実質的なものとなります。

　これを実現させるものが減価償却です。減価償却もいろいろなやり方がありますが、定額法という方法だと、1,000万円の機械を利用できる5年間で割ります。これにより毎年の負担額は200万円となり、この分を費用として計上することになります（図2）。

　このように減価償却費の意義とは、資産を毎年の費用として計上することにより損益計算を正しく行うことにあります。

図2　費用収益対応の原則

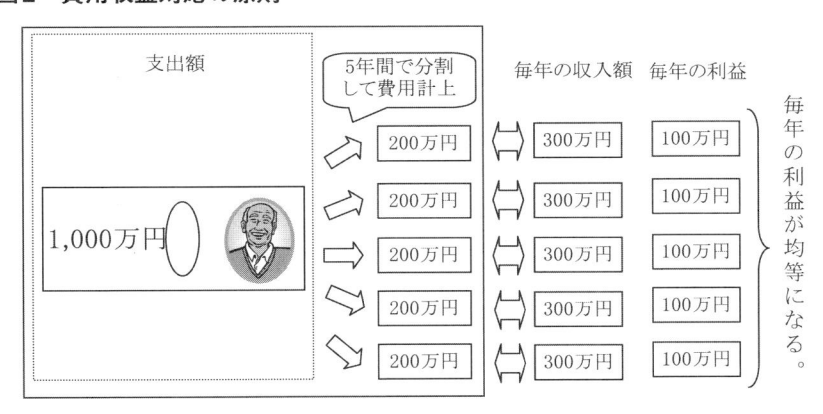

支出額	5年間で分割して費用計上	毎年の収入額	毎年の利益	
1,000万円	200万円	300万円	100万円	毎年の利益が均等になる。
	200万円	300万円	100万円	
	200万円	300万円	100万円	
	200万円	300万円	100万円	
	200万円	300万円	100万円	

(2) 減価償却のやり方

　減価償却を行う場合、取得額、減価償却費、減価償却累計額が財務諸表に反映されることになります[注7]。前述の例で説明すると、取得額は最初1,000万円ですが、減価償却を行うことにより減価償却費200万円が計上されます。

注7　減価償却累計額を使うやり方を間接法といいます。減価償却累計額を使わないで直接資産の金額を減額させる直接法というやり方もあります。

●第2節　発生主義会計の特有な処理

さらにその減価償却費の積み上がった金額である減価償却累計額も200万円計上されることになります。

1,000万円の機械に200万円の減価償却費を計上

借方科目	金　額	貸方科目	金　額
減価償却費	200万円	減価償却累計額	200万円

　減価償却費は費用なので借方に計上されます。反対の貸方には減価償却累計額という負債が発生します。この減価償却累計額は負債ですが、貸借対照表上では資産のマイナス要因となります。
　つまり、1,000万円の機械に対して、減価償却累計額というマイナス要因が200万円あると表示することで、**機械の価値は800万円**であると読み取ることができます。

貸借対照表の表示

機械(固定資産)	1,000万円
減価償却累計額	△200万円
差額	800万円

　初年度は減価償却累計額が200万円ですが、2年目にはまた同じ仕訳により減価償却費と減価償却累計額200万円が発生します。これにより減価償却累計額は前年度の200万円と合算され400万円となります。

(3) 減価償却の種類
　減価償却には、定額法、定率法、生産高比例法、級数法といった方法があります。ここでは減価償却の方法として代表的な定額法と定率法について、100万円の固定資産を5年間使う場合を想定して見ていきます。
　定額法とは固定資産を使える期間にわたり一定額ずつ償却する方法です。上記の例だと、100万円を5年で割り、毎年20万円ずつ減価償却費を計上していきます（**表1**）。
　定率法とは一定の率ずつ償却していく方法です。例えば5年で償却するのなら、資産額（取得額から減価償却累計額を引いた金額）に償却率0.5を取得価額にかけて算定します。下記の例だと、初年度は100万円に0.5をかけた500,000円が減価償却費となり、2年目は100万円から初年度の減価償却

表1　定額法の例

	1年目	2年目	3年目	4年目	5年目
減価償却費	200,000	200,000	200,000	200,000	200,000
減価償却累計額	200,000	400,000	600,000	800,000	1,000,000
差額	800,000	600,000	400,000	200,000	0

表2　定率法の例

	1年目	2年目	3年目	4年目	5年目
減価償却費	500,000	250,000	125,000	62,500	62,500
減価償却累計額	500,000	750,000	875,000	937,500	1,000,000
差額	500,000	250,000	125,000	62,500	0

費額＝減価償却累計額の500,000円を差し引いた500,000円に0.5をかけた250,000円が減価償却費となります（**表2**）。

　定額法と定率法を比較すると、定率法の場合、初期の費用が多くなるため、価値の減少の早い固定資産については適しているといえます。実際の企業会計上の処理としては、税法の規定により建物については定額法、その他の償却資産については定額法か定率法を選択するという処理がされています[注8]。

　それともう1つ、厳密には減価償却ではないのですが、取替法という会計処理もあります。取替法とは、同じ種類の物品が多数集まって1つの全体を構成し、老朽的な部分の取替えを繰り返すことにより全体が維持されるような固定資産に対して行うことができる処理です。具体的には電車の線路とか、水道管などに適用されています。

　例えば、電車の線路などは多数の枕木によって構成されています。この枕木の一つひとつについて減価償却を行うのは労力を考えるとあまり意義がありません。このため、取替法という簡便な方法が認められています。

　この取替法というのは、最初の支出は固定資産に計上し、その後減価償却は行わず、部分的に取り替えた場合、それが機能アップを伴う改良でない限り、資産の増加ではなく費用として処理する方法です（**図3**）。

注8　法人税法施行令第48条の2

図3　取替法の例

①現金預金を支出し水道管を100万円で敷設

借方科目	金　額	貸方科目	金　額
構築物	100万円	現金預金	100万円

②上記で敷設した水道管が老朽化したので、120万円で取替

借方科目	金　額	貸方科目	金　額
取替費	120万円	現金預金	120万円

通常固定資産を立て直す場合は、資産の増加となるが、取替法を適用すると、取替費という費用として計上する。

（4）残価率と耐用年数

　減価償却費を計算する場合、必要となる要素は、取得価額と残価率と耐用年数です。

　残価率とは、償却し終わった後も資産の価値として捉える部分であり、減価償却を計算する際に重要となります。従来は、取得価額の10％となっていましたが、減価償却の見直しにより平成19年4月1日から取得する固定資産については廃止され残存簿価の1円まで償却できることになりました。

　耐用年数とは、その固定資産が使用できる年数のことであり、減価償却費を計算する上で重要な要素となります。この耐用年数は、建物であれば物理的に利用可能な年数、生産機械であれば生産される製品を生産する予定期間など、個別に調べて耐用年数を決定することができます。しかし、実際の会計実務においては、税法上の規定[注9]に基づき実務を行っていることが多くなっています。

　この規定によると、例えば建物であれば、構造又は用途によって細かく耐用年数が定められています（**表3**）。

（5）固定資産の処理についてのまとめ

　民間企業会計では、税法上の規定によって固定資産の実務が詳細に定めら

注9　税法上の規定、例えば「減価償却資産の耐用年数等に関する省令の別表」

表3 耐用年数の例（減価償却資産の耐用年数等に関する省令）

種類	構造又は用途	細目	耐用年数(年)
建物	鉄骨鉄筋コンクリート造又は鉄筋コンクリート造のもの	事務所用又は美術館用のもの及び下記以外のもの	50
		住宅用、寄宿舎用、宿泊所用、学校用又は体育館用のもの	47
		飲食店用、貸席用、劇場用、演奏場用、映画館用又は舞踏場用のもの	
		飲食店用又は貸席用のもので、延べ面積のうちに占める木造内装部分の面積が3割を超えるもの	34
		その他のもの	41
		旅館用又はホテル用のもの	
		延べ面積のうちに占める木造内装部分の面積が3割を超えるもの	31

れており、多くの企業ではこれに従って会計処理を行っております。しかし、そもそも税法とは課税目的のための法律であり、会計処理の原則を定めたものではありません。本来ならば、企業会計原則などの会計基準に従って算定された決算数値に対して課税を行うというのが税法の本来の目的であるのですが、実務上、税法が強い規範となって会計実務に影響を及ぼす状況となっています。こうした会計上従うべき基準が逆転している状況を逆基準性といいます。

こうした税法上の細かい規定があるため、企業間で統一的な会計処理が可能となり、また、固定資産の耐用年数を調べる手間が省けるというメリットがあります。しかし、本来ならば減価償却費などは個々の資産の実態に合わせて設定していくべきものです。

このため、地方自治体が固定資産についての処理を検討する際にも、こうした背景を理解した上で、自治体の実情にあった処理を定めていくことが必要となります。

また、民間企業では重要性の原則のように、金額的に小さく財務諸表への影響が少ないものについては、簡易的な処理を行うことが認められています。正確な財務諸表の作成は重要ですが、それを求めるあまり微細な処理につい

●第2節 発生主義会計の特有な処理

ても厳密に処理を行い手間とコストをかけることは、株主などの求めることにはなりません。得られる情報の価値とそれに要する費用とのバランスを考えながら、処理を行っていくことも重要です。

2 引当金の意義

1 貸倒引当金の概要

引当金も官庁会計にはなく、企業会計にある考え方となり、抽象的で分かりにくいものです。

例えば貸倒引当金について考えてみます。貸倒引当金とは、貸付金や売掛金などの債権に対して、将来返済されないリスクを金額で示すものです。例えば他社にお金を貸したとしてそれは必ず返済されるとは限りません。他社が倒産した場合は貸し倒れてしまうこともあります。そのため、債権の実質的な価値を表示することになります。

企業会計では、リスクの度合いに応じて3種類の異なる算定をするのですが、ここではそのうちの一般債権というものについて見てみます。

一般債権については、過去の類似の債権がどれくらいの割合で貸し倒れたかという貸倒実績率を算定し、その貸倒実績率に当該年度の貸付金額を乗じることで貸倒引当金額を算定します。

この貸倒引当金は負債となりますが、減価償却累計額と同様に資産のマイナス要因となります（図4）。

上記の例だと、100万円の貸付金に対して、過去の実績から算定した貸倒

図4 貸倒引当金のイメージ

当該年度末の貸付金額が100万円
過去の貸倒実績率が5％だとします。

$$100万円 \times 5\% = 5万円$$

貸倒引当金は5万円となります。

貸借対照表の表示

貸付金	100万円
貸倒引当金	△5万円
差額	95万円

引当金が5％なので、5万円が貸倒引当金となり、表示上は100万円の貸付金に対するマイナスとなり、貸付金の実質的な価値が95万円ということになるのです。

2 貸倒引当金の仕訳

貸倒引当金を計上する場合、貸倒引当金繰入額という費用を用いた処理が必要になります。図4の例だと、5万円分の貸倒引当金を計上する必要があるので、この分を繰り入れるという処理となります。

5万円の貸倒引当金を計上

借方科目	金　額	貸方科目	金　額
貸倒引当金繰入額	5万円	貸倒引当金	5万円

上記の場合だと、もともと貸倒引当金が0円だったところに5万円を計上するという処理でしたが、もともと金額があった場合、例えば1万円あったところを5万円とする場合は差額の4万円を繰り入れ、もともと6万円あったところを5万円とする場合は差額の1万円を戻し入れることになり、この場合は繰入れとは逆に1万円の収益として計上することになります。

3 引当金の種類について

前述のとおり、引当金には貸付金などの債権が将来的に返済されないという貸倒リスクを表示するという面があるのですが、これ以外に将来的に発生する費用について、当期に負担すべき分をあらかじめ費用として計上するという減価償却費と同じような意義もあります。

例として、100万円に対して5万円の貸倒引当金を見積もる場合を考えてみます。

貸付金の借手であるA社の財務状態が年々悪化していったとします。これに合わせて当社は貸倒引当金を増額させる必要があります。

翌年度さらに10万円積み増し、翌々年度には20万円積み増したとします。これで貸倒引当金は合わせて35万円となったのですが、ここで貸し付けているA社が倒産したとします。A社には少し資産が残っていて100万円の貸付金のうち40万円回収できたとしたら、残りの60万円は回収できないということで当社の損失となります。

この場合、仮に貸倒引当金を計上していないとすると60万円がそのまま当期の損失として費用計上する必要があるのですが、毎年少しずつ引当金を積んでいたので、当期の費用として計上する分は、貸付金の100万円から、回収できた40万円と貸倒引当金35万円の合計金額を差し引いた25万円となります（**図5**）。

図5　引当の意義

100万円の貸付金に対して引当をしなかった場合
40万円については回収

借方科目	金　額	貸方科目	金　額
現金預金	40万円	貸付金	100万円
貸倒損失	60万円		

貸倒損失という費用が60万円発生

引当をしていた場合

借方科目	金　額	貸方科目	金　額
現金預金	40万円	貸付金	100万円
貸倒引当金	35万円		
貸倒損失	25万円		

貸倒引当金を積み上げていたことにより、当期の費用は25万円で済んだ

　貸倒のリスクに対して、繰入れという形で毎年費用として計上することにより、いざ貸し倒れた際の費用を抑えることができるのです。リスクに対して、それが顕在化したときに費用として計上するのではなく、それが顕在化する以前から継続している場合は、費用を均等化するという側面が引当金にはあるのです。

　このような観点からみると例えば退職給付引当金というのは、職員が退職したときに支払われる退職金について、支払いの際にのみ費用として計上するのではなく、毎年少しずつ引当金を繰り入れることで費用を均等化し、退職金が支払われるときには引当金を減額することで費用を集中させないという仕組みとなっています。

第3章 行政における複式簿記・発生主義会計導入の動向

●第1節 国(財務省等)の動向

第1節 国(財務省等)の動向

　民間企業では、複式簿記・発生主義に基づいた会計処理が行われ、財務諸表を作成しています。

　一方、行政においては、地方公営企業を除くと、官庁会計の決算数値を組み替えることによって財務諸表を作成していたに過ぎません。

　東京都は、先述のとおり、平成18年4月から複式簿記・発生主義会計を導入しましたが、近年、国や他の地方自治体においても、資産・債務改革の一環として、発生主義や複式簿記の考え方を導入する公会計制度改革が叫ばれるようになってきました。ここでは、国や地方自治体の公会計制度の改革の動向と取組みについて説明します。

1 これまでの流れ

　平成11年の経済戦略会議(内閣総理大臣の諮問機関)答申における「公会計制度の改善」を受けて、財務省設置の「財政事情の説明手法に関する勉強会」は、当勉強会の専門家主宰により取りまとめた「国の貸借対照表作成の基本的考え方」に基づいて、平成12年10月に「貸借対照表の試案」を作成しました。

　また、国の財政状況の透明化を図るために、平成12年2月に総務省の独立行政法人会計基準研究会が「独立行政法人会計基準」を策定する一方で、平成13年6月には財務省の財政制度等審議会が「特殊法人の行政コスト計算書作成指針」、平成15年6月には「新たな特別会計財務書類の作成基準」を取りまとめ、官庁会計決算を組み替えることによって財務書類を作成してきました。なお、国の各省庁等で作成する財務諸表を「財務書類」と呼んでいま

す。

　なお、特別会計財務書類の作成については、平成19年4月施行の「特別会計に関する法律」により、作成が義務化されました。

　さらに、財政制度等審議会は、平成15年6月、今後の公会計のあるべき姿を示した「公会計に関する基本的考え方」を公表しました。

　その中では、「予算執行の単位であるとともに行政評価の主体である省庁に着目し、省庁別のフローとストックの財務書類を作成し、説明責任の履行及び行政効率化を進めること」としています。

　この考え方に基づいて、平成16年6月には、省庁別財務書類作成基準を取りまとめ、10月に一般会計と特別会計をあわせた省庁別財務書類（14年度決算分）を公表しました。

　さらに、15年度決算分作成の省庁別財務書類からは一般会計と特別会計だけではなく、特殊法人と独立行政法人をも連結したものを公表するとともに（平成17年4月公表）、平成17年9月には、それらを合算した「国の財務書類」を公表しました（図1）。

　その後、平成17年12月に閣議決定された「行政改革の重要方針」においても、公会計の整備について一層の推進を図るべきとの方針が盛り込まれ、こ

図1　公会計整備の一層の推進に向けて（中間取りまとめ）参考資料より

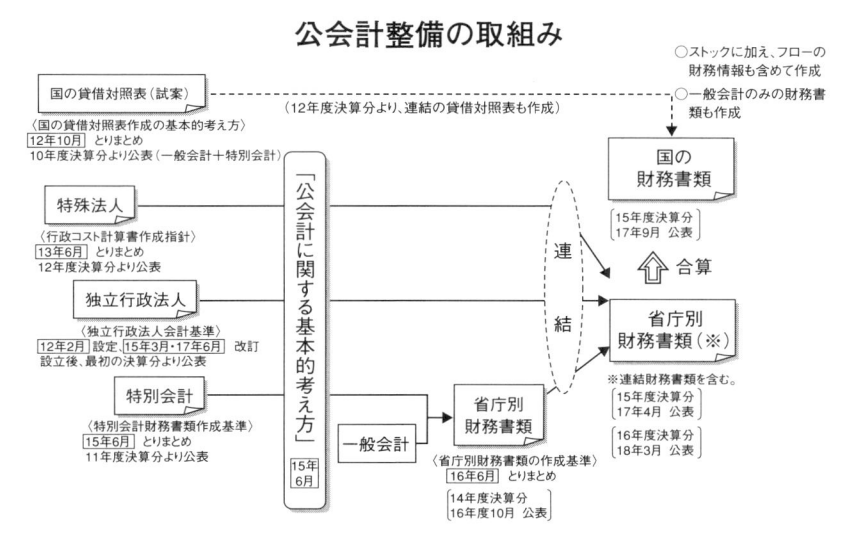

●第1節　国（財務省等）の動向

のような流れの中、平成18年6月、財政制度等審議会により「公会計整備の一層の推進に向けて〜中間取りまとめ〜」が公表されました。

この中で、現行の「省庁別財務書類」は、省庁別、一般会計別・各特別会計別といった単位で開示されており、基本的に政策単位での開示とはなっていないため、財政活動の効率化・適正化に向けた活用には限界があるとした上で、「現在検討が行われている予算書・決算書の表示区分を見直して政策評価との連携を強化する作業の成果を踏まえ、その一層の活用を図っていくべき」であり、「こうした活用に際して必要となる『省庁別財務書類』におけるコスト情報の開示の方法等」について、具体的な検討を行っていくこととしました。

さらに、財政制度等審議会では、平成19年6月に、新たなコスト情報の開示に関する基本的考え方を示した「一層の活用に向けたコスト情報の開示の在り方について」を取りまとめました。

また、平成15年6月に公表された「公会計に関する基本的考え方」の中で、「我が国の現行の予算書、決算書については、その表示科目が事業の内容とは必ずしも結びついておらず分かりにくい上、政策目的毎に区分されておらず、事後の評価になじみにくい」問題があり、「予算の明確性の向上を図り、事後の評価を可能とする方向で、予算書、決算書の表示科目について、政府部内で早急に検討を進めるべきである」旨の提言が行われたことを受け、平成20年度予算から見直し後の新たな表示科目に移行することが予定されています。この見直しにより、予算書・決算書の表示科目と政策評価における政策とが原則として対応することとなり、予算・決算と政策評価との連携が強化されることが期待されています。

なお、先述の「行政改革の重要方針」で示された資産・債務改革については、経済財政諮問会議の専門調査会等で議論が行われています。

また、公会計の整備及び改革については、平成19年6月に閣議決定された「経済財政改革の基本方針2007」にも明記されています。

2 省庁別財務書類の特徴

省庁別財務書類は、主に貸借対照表、業務費用計算書、資産・負債差額増減計算書、区分別収支計算書の4つの書類で、財務状況等に関する説明責任

の履行の向上及び予算執行の効率化・適正化に資する財務情報を提供すること等を目的としています（図２）。

　まず、貸借対照表についてですが、これは各省庁に帰属する資産及び負債の状況を明らかにすることを目的として作成するものです。資産計上にあたっては、国有財産については、国有財産台帳価格（国有財産台帳は５年ごとに価格改定）で、国の所有となる公共用財産については、過去の用地費や事業費等を累計することによる取得原価の推計値、有価証券及び出資金については、市場価格のあるものは市場価格で、市場価格のないものは国有財産台帳価格（＝相手法人の純資産）で評価し計上しています。また、償却資産については、減価償却を行うとしています。引当金の計上にあたっては、売掛

図２　「平成17年度省庁別財務書類」の公表について　参考資料より

省庁別財務書類について

○ 体系

貸借対照表

〈資産の部〉		〈負債の部〉	
現金預金	×××	未払金	×××
有価証券	×××	借入金	×××
貸付金	×××	貸付金	×××
有形固定資産	×××	退職給付引当金	×××
出資金	×××	⋮	
		負債合計	×××
		〈資産・負債差額の部〉	
		資産・負債差額	×××
資産合計	×××	負債及び資産・負債差額合計	×××

会計年度末において各省庁に帰属する資産及び負債の状況を明らかにすることを目的として作成。

資産・負債差額増減計算書

前年度末資産・負債差額	×××
本年度業務費用合計	×××
財源	×××
⋮	×××
無償所管換等	
資産評価差額	
本年度末資産・負債差額	×××

前年度末の貸借対照表の資産・負債差額と本年度末の貸借対照表の資産・負債差額の増減について、要因別に開示することを目的として作成。

業務費用計算書

人件費	×××
退職給付引当金繰入額	×××
補助金等	×××
委託費	×××
減価償却費	×××
⋮	
本年度業務費用合計	×××

各省庁の業務実態に伴い発生した費用を明らかにすることを目的として作成。

区分別収支計算書

業務収支	×××
財源	×××
業務支出	×××
財務収支	×××
本年度収支	×××
本年度末現金預金残高	×××

各省庁の財政資金の流れを区分別に明らかにすることを目的として作成。

● 第1節　国（財務省等）の動向

金、未収金及び貸付金等の債権に対しては、個々の債権の事情に適した合理的な基準により貸倒見積高を算定し計上しています。ただし、合理的な基準により難い特別の事情がある場合には、過去3年間の実績に基づいた算定によることも可能としています。また、退職給付引当金は、期末要支給額方式等に基づき算定することとしています。

次に、業務費用計算書ですが、各省庁の業務実施に伴い発生した費用を明らかにすることを目的として作成するものです。民間企業等で作成する損益計算書とは違い、収益は計上することなく、純粋に業務実施にかかった費用のみを計上します。

3つ目の資産・負債差額増減計算書ですが、資産・負債差額（民間企業等では純資産）の増減について、要因別に開示することを目的として作成するものです。主に財務省で租税を資産・負債差額増減計算書の財源で表示しています。なお、租税については、総務省の新地方公会計制度実務研究会報告書においても同様の方法が採られていますが、基準モデルが採用している、租税を「所有者からの拠出」とみなして純資産の増加原因とする「持分説」とは考え方が異なっています。

4つ目の区分別収支計算書ですが、財政資金の流れを区分別に明らかにすることを目的として作成するもので、民間企業等で作成するキャッシュ・フロー計算書に当たります。ただし、区分別収支計算書では、業務収支と財務収支の2つに区分して資金の流れを示しています（**表1**）。

最後に、連結財務書類の作成についてですが、連結対象を特殊法人等の設立根拠法に基づき、各省庁（主務大臣）から監督を受けるとともに、当該省庁から出資金や補助金等の財政支出を受けている法人（特殊法人等から出資を受けている特殊法人等の子会社を含む）とし、企業会計における連結財務諸表の作成の手法を準用して連結貸借対照表、連結業務費用計算書、連結資産・負債差額増減計算書、連結区分別収支計算書の4つの財務書類を作成します。

表1　平成17年度 国の財務書類の概要より

平成17年度国の財務書類（一般会計・特別会計）の概要（決算）

貸借対照表
(単位:十億円)

＜資産の部＞	前年度	17年度	増減	＜負債の部＞	前年度	17年度	増減
現金・預金	33,283	34,832	1,549	未払金等	6,992	7,019	27
有価証券	79,759	84,116	4,357	賞与引当金	333	332	△1
未収金等	17,830	16,380	△1,450	政府短期証券	63,466	59,359	△4,106
貸付金	275,878	245,988	△29,890	公債	581,698	627,039	45,341
運用寄託金	71,693	83,007	11,314	借入金	21,552	22,503	950
貸倒引当金	△2,304	△2,076	227	預託金	123,993	86,047	△37,946
有形固定資産	178,373	177,535	△838	責任準備金	9,373	9,398	25
国有財産(公共用財産除く)	41,501	37,264	△4,237	公的年金預り金	150,127	147,601	△2,525
公共用財産	134,131	137,462	3,331	退職給付引当金	16,362	15,197	△1,164
物品	2,740	2,808	67	その他の負債	6,212	6,134	△78
無形固定資産	267	242	△24	負債合計	980,112	980,633	521
出資金	41,724	47,447	5,722	＜資産・負債差額の部＞			
その他の資産	4,115	3,963	△152	資産・負債差額	△279,489	△289,195	△9,705
資産合計	700,622	691,438	△9,183	負債及び資産・負債差額合計	700,622	691,438	△9,183

業務費用計算書
(単位:十億円)

	前年度	17年度	増減
人件費	4,557	4,564	6
退職給付引当金等繰入額	1,140	878	△261
健康保険給付費	3,938	4,050	111
厚生年金保険給付費	21,614	22,071	456
基礎年金給付費	11,811	12,638	826
国民年金給付費	2,065	1,929	△136
その他の社会保障費	5,461	5,479	18
補助金等	25,226	24,016	△1,209
委託費等	3,188	4,236	1,047
地方交付税交付金等	19,293	20,321	1,027
運営費交付金	2,788	2,861	72
庁費等	2,081	1,999	△81
公債事務取扱費	175	165	△9
減価償却費	4,447	4,526	79
貸倒引当金繰入額等	1,088	1,007	△81
利払費	9,662	8,730	△932
資産処分損益	210	272	62
出資金等評価損	595	594	△1
その他の業務費用	2,621	2,348	△273
本年度業務費用合計	121,969	122,692	722

資産・負債差額増減計算書
(単位:十億円)

	前年度	17年度	増減
前年度末資産・負債差額	△254,973	△279,489	△24,516
本年度業務費用合計 (A)	△121,969	△122,692	△722
財源合計 (B)	102,930	106,238	3,307
租税等財源	48,102	52,290	4,187
その他の財源	54,827	53,947	△879
資産評価差額	△6,393	306	6,700
公的年金預り金の変動に伴う増減	−	2,525	2,525
その他資産・負債差額の増減	916	3,915	2,999
本年度末資産・負債差額	△279,489	△289,195	△9,705
(参考) (A)＋(B)	△19,039	△16,454	2,585

区分別収支計算書
(単位:十億円)

	前年度	17年度	増減
業務収支	△13,089	20,524	33,613
財源	139,971	166,906	26,934
業務支出	△153,061	△146,381	6,679
財政収支	60,358	34,117	△26,241
公債発行等収入	225,122	222,992	△2,130
公債償還等支出	△164,764	△188,875	△24,110
本年度収支(業務収支＋財務収支)	47,268	54,641	7,372
資金への繰入等	△7,157	△9,494	△2,337
資金残高等	△6,827	△10,314	△3,486
本年度末現金・預金残高	33,283	34,832	1,549

第2節 地方自治体を取り巻く状況

1 総務省の動向

　総務省では、これまでも地方自治体のバランスシート等の作成に関する検討を行ってきましたが、平成18年4月に設置した「新地方公会計制度研究会」において、自治体の債務の増大を圧縮する観点から、資産・債務の管理等に必要な公会計の整備に向けた検討が行われ、同年5月に報告書が発表されました。この報告書の中で、「基準モデル」と「総務省方式改訂モデル」という、財務諸表を作成するための2つのモデルが提案されました。引き続き、実務的な観点の検討を行う「新地方公会計制度実務研究会」が同年7月に設置され、平成19年10月にこの2つのモデルの作成要領を含む報告書が発表されました。

　さらに、同日、総務省は各都道府県知事及び政令指定都市長あてに「公会計の整備推進について」を通知しました。通知の中で、平成18年8月に通知された「地方公共団体における行政改革の更なる推進のための指針」に基づき、両研究会の報告書を活用して、取り組みが進んでいる団体、都道府県、人口3万人以上の都市は3年後（平成20年度決算）までに、取り組みが進んでいない団体、町村、3万人未満の都市は5年後（平成22年度決算）までに、貸借対照表、行政コスト計算書、資金収支計算書、純資産変動計算書の4表を整備又は4表作成に必要な情報を開示すること(連結ベースを含む)を要請しています（図1）。

図1　総務省報道資料（総務省HP）より

総財務第 218 号
平成19年10月17日

各都道府県知事　殿
各政令指定都市市長

総務省自治財政局長

公会計の整備推進について（通知）

　地方公共団体の公会計の整備については、平成18年8月31日に通知した「地方公共団体における行政改革の更なる推進のための指針の策定について」（以下「指針」という。）により、その推進を要請したところですが、この度、既に公表されている公会計のモデルについての実務的な検証を「新地方公会計制度実務研究会」において行いました。
　ついては、各地方公共団体におかれましては、下記の内容に留意の上、公会計の整備を進めていただくようお願いします。
　おって、本通知の趣旨は、貴都道府県内の市町村にも連絡の上、その周知を図られるようお願いします。

記

1　地方公共団体における公会計の整備は、「行政改革の重要方針（平成17年12月24日閣議決定）」、「簡素で効率的な政府を実現するための行政改革の推進に関する法律（平成18年6月2日法律第47号）」、「財政運営と構造改革に関する基本方針2006について」、「経済財政改革の基本方針 2007 について」等において、その推進が要請されてきたものであること。

2　指針では、取り組みが進んでいる団体、都道府県、人口3万人以上の都市は、3年後までに、取り組みが進んでいない団体、町村、人口3万人未満の都市は、5年後までに貸借対照表、行政コスト計算書、資金収支計算書、純資産変動計算書の4表の整備又は4表の作成に必要な情報の開示に取り組むこととしていること。

3　また、指針では、資産・債務管理において、財務書類の作成・活用等を通じて資産・債務に関する情報開示と適正な管理を一層進めるとともに、国の資産・債務改革も参考にしつつ、未利用財産の売却促進や資産の有効活用等を内容とする資産・債務改革の方向性と具体的な施策を3年以内に策定することとしていること。

4　財務書類の作成にあたっては、「新地方公会計制度研究会報告書」（平成 18 年 5 月 18 日公表）及び「新地方公会計制度実務研究会報告書」（平成 19 年 10 月 17 日公表）を活用してその推進に取り組むこと。

2 新地方公会計制度実務研究会の2つのモデル

－基準モデルと総務省方式改訂モデル－

新地方公会計制度研究会で提案され、新地方公会計制度実務研究会で実証的検証が行われた基準モデルと総務省方式改訂モデルは、どのような特徴、違いがあるのでしょうか。

まず、財務諸表の作成に際しての大枠の話ですが、財務諸表の作成の目的については、総務省方式改訂モデルは資産・債務管理や財務情報の分かりやすい開示を主眼においていますが、基準モデルはさらに一歩進めて、予算等の政策形成上の意思決定を住民の利益に合致させるための参考情報を提供するとしています。

財務諸表の作成方法は、基準モデルは日々の会計処理時に財務諸表のデータを蓄積して作成する方式を基本としていますが、総務省方式改訂モデルでは、現行の総務省方式と同様に官庁会計の決算を組み替える方式を基本としています。そのため、財務諸表の検証可能性や作成のスピードという観点からは基準モデルの方が優位性をもっていると考えられます。

ただし、固定資産の算定や台帳整備に関しては、基準モデルでは、開始時に固定資産を公正価値で評価した上で、すべての固定資産を網羅的に整備するのに対して、総務省改訂モデルは、売却可能資産を抽出し時価評価を行うものの、当初は過去の建設事業費の積上げにより算定し、段階的に資産の整備を行っていくとしています。そのため、財務書類作成当初にかかる実務的な負担については、総務省方式改訂モデルの方が比較的軽微といえます（**表1**）。

次に2つのモデルの財務諸表についてですが、貸借対照表、行政コスト計算書、資金収支計算書、純資産変動計算書の各々で、分類や勘定科目体系、表の構成等が異なっていますので、両者の比較は困難になってしまっています（それぞれのモデルによる個々の財務諸表は**表2～表9**のとおり）。

最後に、租税（税収）の扱いについてですが、2つのモデルとも純資産変動計算書でその動きを表すこととしていますが、そこに大きな考え方の違いがあります。

基準モデルは、租税（税収）を「所有者からの拠出」とみなして純資産の増加原因とする「持分説」という考え方を採用しているのに対して、総務省

方式改訂モデルは、租税（税収）を含む収入を一括して純資産変動計算書で示した方が分かりやすいとの考え方を根拠としていることから、租税（税収）の扱いに対する2つのモデルの考え方は異なっています。

なお、租税（税収）の扱いとしては、先述の「持分説」のほかに、租税（税収）を行政サービスの提供に要した費用に対する財源として、収益と解する「収益説」があります。国際公会計基準（IPSAS）や東京都会計基準は「収益説」の考え方に基づいています。

表1　総務省「新地方公会計制度実務研究会報告書」より

【基準モデルと総務省方式改訂モデルの特徴】

	基準モデル	総務省方式改訂モデル
固定資産の算定方法（初年度期首残高）	○現存する固定資産をすべてリストアップし、公正価値により評価	○売却可能資産：時価評価 ○売却可能資産以外：過去の建設事業費の積上げにより算定 ⇒段階的に固定資産情報を整備
固定資産の算定方法（継続作成時）	○発生主義的な財務会計データから固定資産情報を作成 ○その他、公正価格により評価	
固定資産の範囲	○すべての固定資産を網羅	○当初は建設事業費の範囲 ⇒段階的に拡張し、立木、物品、地上権、ソフトウェアなどを含めることを想定
台帳整備	○開始貸借対照表作成時に整備その後、継続的に更新	○段階的整備を想定 ⇒売却可能資産、土地を優先
作成時の負荷	○当初は、固定資産の台帳整備及び仕訳パターンの整備等に伴う負荷あり ○継続作成時には、負荷は減少	○当初は、売却可能資産の洗い出しと評価、回収不能見込額の算定など、現行総務省方式作成団体であれば負荷は比較的軽微 ○継続作成時には、段階的整備に伴う負荷あり
財務書類の検証可能性	○開始時未分析残高を除き、財務書類の数値から元帳、伝票に遡って検証可能	○台帳の段階的整備等により、検証可能性を高めることは可能
財務書類の作成・開示時期	○出納整理期間後、早期の作成・開示が可能	○出納整理期間後、決算統計と並行して作成・開示

●第2節　地方自治体を取り巻く状況

基準モデルと総務省方式改訂モデルの財務諸表

基準モデル
表2　貸借対照表

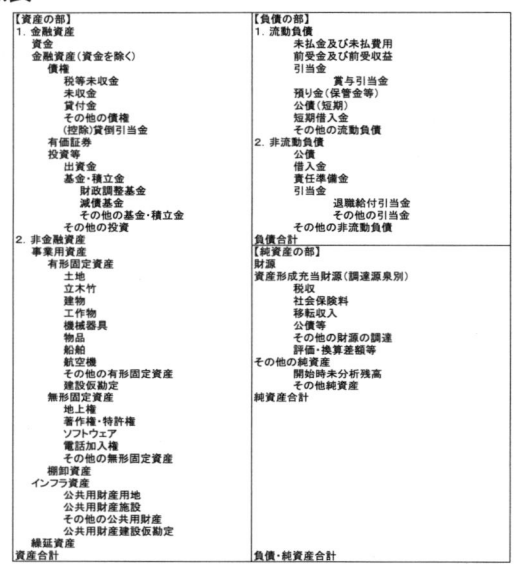

【資産の部】	【負債の部】
1. 金融資産 　資金 　金融資産（資金を除く） 　　債権 　　　税等未収金 　　　未収金 　　　貸付金 　　　その他の債権 　　　（控除）貸倒引当金 　　有価証券 　　投資等 　　　出資金 　　　基金・積立金 　　　　財政調整基金 　　　　減債基金 　　　　その他の基金・積立金 　　　その他の投資 2. 非金融資産 　事業用資産 　　有形固定資産 　　　土地 　　　立木竹 　　　建物 　　　工作物 　　　機械器具 　　　物品 　　　船舶 　　　航空機 　　　その他の有形固定資産 　　　建設仮勘定 　　無形固定資産 　　　地上権 　　　著作権・特許権 　　　ソフトウェア 　　　電話加入権 　　　その他の無形固定資産 　　棚卸資産 　インフラ資産 　　公共用財産用地 　　公共用財産施設 　　その他の公共用財産 　　公共用財産建設仮勘定 　繰延資産 資産合計	1. 流動負債 　未払金及び未払費用 　前受金及び前受収益 　引当金 　　賞与引当金 　預り金（保管金等） 　公債（短期） 　短期借入金 　その他の流動負債 2. 非流動負債 　公債 　借入金 　責任準備金 　引当金 　　退職給付引当金 　　その他の引当金 　その他の非流動負債 負債合計 【純資産の部】 財源 資産形成充当財源（調達源泉別） 　税収 　社会保険料 　移転収入 　公債等 　その他の財源の調達 　評価・換算差額等 その他の純資産 　開始時未分析残高 　その他純資産 純資産合計
	負債・純資産合計

表3　行政コスト計算書

【経常費用】
1. 経常業務費用
　①人件費
　　議員歳費
　　職員給料
　　賞与引当金繰入
　　退職給付費用
　　その他の人件費
　②物件費
　　消耗品費
　　維持補修費
　　減価償却費
　　その他の物件費
　③経費
　　業務費
　　委託費
　　貸倒引当金繰入
　　その他の経費
　④業務関連費用
　　公債費（利払分）
　　借入金支払利息
　　資産売却損
　　その他の業務関連費用
2. 移転支出
　①他会計への移転支出
　②補助金等移転支出
　③社会保障関係費等移転支出
　④その他の移転支出
経常費用合計（総行政コスト）
【経常収益】
　経常業務収益
　①業務収益
　　自己収入
　　その他の業務収益
　②業務関連収益
　　受取利息等
　　資産売却益
　　その他の業務関連外収益
経常収益合計
純経常費用（純行政コスト）

総務省方式改訂モデル
表4　貸借対照表

【資産の部】	【負債の部】
1 公共資産	1 固定負債
(1) 有形固定資産	(1) 地方債
①生活インフラ・国土保全	(2) 長期未払金
②教育	①物件の購入等
③福祉	②債務保証又は損失補償
④環境衛生	③その他
⑤産業振興	長期未払金計
⑥消防	(3) 退職手当引当金
⑦総務	固定負債合計
有形固定資産合計	2 流動負債
(2) 売却可能資産	(1) 翌年度償還予定地方債
公共資産合計	(2) 短期借入金(翌年度繰上充用金)
	(3) 未払金
2 投資等	(4) 翌年度支払予定退職手当
(1) 投資及び出資金	(5) 賞与引当金
①投資及び出資金	流動負債合計
②投資損失引当金	負債合計
投資及び出資金計	【純資産の部】
(2) 貸付金	1 公共資産等整備国県補助金等
(3) 基金等	
①退職手当目的基金	2 公共資産等整備一般財源等
②その他特定目的基金	
③土地開発基金	3 その他一般財源等
④その他定額運用基金	
⑤退職手当組合積立金	4 資産評価差額
基金等計	
(4) 長期延滞債権	純資産合計
(5) 回収不能見込額	
投資等合計	
3 流動資産	
(1) 現金預金	
①財政調整基金	
②減債基金	
③歳計現金	
現金預金計	
(2) 未収金	
①地方税	
②その他	
③回収不能見込額	
未収金計	
流動資産合計	
資産合計	負債・純資産合計

表5　行政コスト計算書

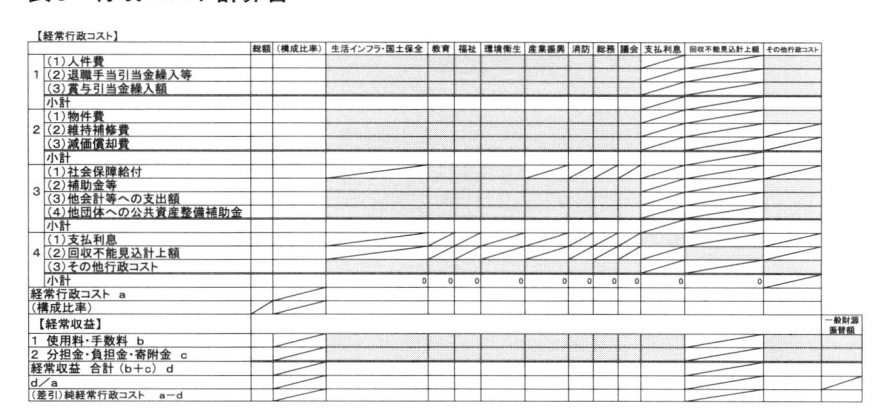

		総額	(構成比率)	生活インフラ・国土保全	教育	福祉	環境衛生	産業振興	消防	総務	議会	支払利息	回収不能見込計上額	その他行政コスト
【経常行政コスト】														
1	(1) 人件費													
	(2) 退職手当引当金繰入等													
	(3) 賞与引当金繰入額													
	小計													
2	(1) 物件費													
	(2) 維持補修費													
	(3) 減価償却費													
	小計													
3	(1) 社会保障給付													
	(2) 補助金等													
	(3) 他会計等への支出額													
	(4) 他団体への公共資産整備補助金													
	小計													
4	(1) 支払利息													
	(2) 回収不能見込計上額													
	(3) その他行政コスト													
	小計			0	0	0	0	0	0	0	0	0		0
経常行政コスト a														
(構成比率)														
【経常収益】														一般財源振替額
1 使用料・手数料 b														
2 分担金・負担金・寄附金 c														
経常収益 合計 (b+c) d														
d／a														
(差引) 純経常行政コスト　a−d														

基準モデル
表6　純資産変動計算書

	財源			税収	資産形成充当財源				評価・換算差額等	資産形成充当財源合計	その他の純資産		その他の純資産合計	純資産合計
	財源余剰	未実現財源消費	財源合計	税収	社会保険料	移転収入	公債等	その他の財源の調達			開始時未分析残高	その他純資産		
前期末残高			xxx	xxx	xxx	xxx	xxx	xxx	xxx	xxx	xxx	xxx	xxx	xxx
当期変動額														
I．財源変動の部														
1．財源の使途	(xxx)	(xxx)	(xxx)											(xxx)
①純経常費用への財源措置	(xxx)	(xxx)	(xxx)											(xxx)
②固定資産形成への財源措置	(xxx)	(xxx)	(xxx)											(xxx)
事業用資産形成への財源措置	(xxx)	(xxx)	(xxx)											(xxx)
インフラ資産形成への財源措置	(xxx)	(xxx)	(xxx)											(xxx)
③長期金融資産への財源措置	(xxx)	(xxx)	(xxx)											(xxx)
④その他の財源の使途	(xxx)	(xxx)	(xxx)											(xxx)
直接資本減耗	(xxx)	(xxx)	(xxx)											(xxx)
その他財源措置	(xxx)	(xxx)	(xxx)											(xxx)
2．財源の調達	xxx		xxx											xxx
①税収	xxx		xxx											xxx
②社会保険料	xxx		xxx											xxx
③移転収入	xxx		xxx											xxx
他会計からの移転収入	xxx		xxx											xxx
補助金等移転収入	xxx		xxx											xxx
国庫支出金	xxx		xxx											xxx
都道府県支出金	xxx		xxx											xxx
市町村等支出金	xxx		xxx											xxx
その他の移転収入	xxx		xxx											xxx
④その他の財源の調達	xxx		xxx											xxx
固定資産売却収入（元本分）	xxx		xxx											xxx
長期金融資産償還収入（元本分）	xxx		xxx											xxx
その他財源調達	xxx		xxx											xxx
II．資産形成充当財源変動の部				xxx	xxx	xxx	xxx	xxx		xxx				xxx
1．固定資産の変動				xxx	xxx	xxx	xxx	(xxx)		xxx				xxx
①固定資産の減少														
減価償却費・直接資本減耗相当額														
販売却相当額														
②固定資産の増加														
固定資産形成														
無償所管換等														
2．長期金融資産の変動														
①長期金融資産の減少														
②長期金融資産の増加														
3．評価・換算差額等の変動														
①評価・換算差額等の減少														
再評価損														
その他評価額等減少														
②評価・換算差額等の増加														
再評価益														
その他評価額等増加														
III．その他の純資産変動の部														
1．開始時未分析残高														
2．その他純資産の変動														
その他純資産の減少														
その他純資産の増加														
当期変動額合計														
当期末残高														

表7　資金収支計算書

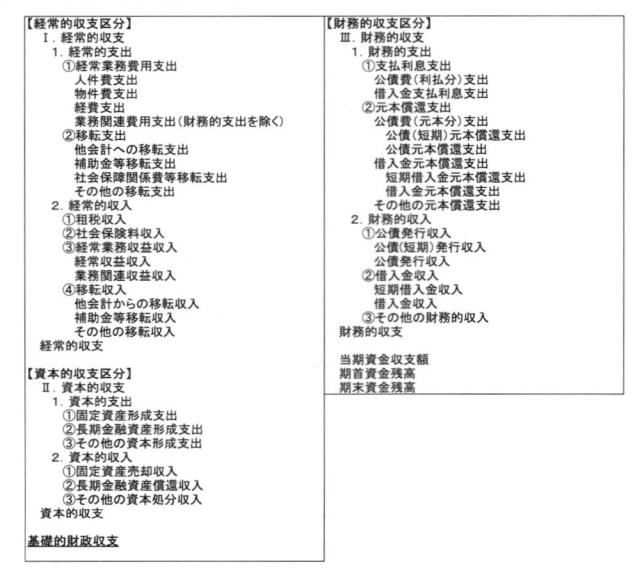

```
【経常的収支区分】                    【財務的収支区分】
 I．経常的収支                         III．財務的収支
  1．経常的支出                         1．財務的支出
   ①経常業務費用支出                     ①支払利息支出
    人件費支出                            公債費（利払分）支出
    物件費支出                            借入金支払利息支出
    経費支出                             ②元本償還支出
    業務関連費用支出（財務的支出を除く）        公債費（元本分）支出
   ②移転支出                              公債（短期）元本償還支出
    他会計への移転支出                      公債元本償還支出
    補助金等移転支出                        借入金元本償還支出
    社会保障関係費等移転支出                  短期借入金元本償還支出
    その他の移転支出                        借入金元本償還支出
  2．経常的収入                           その他の元本償還支出
   ①租税収入                          2．財務的収入
   ②社会保険料収入                       ①公債発行収入
   ③経常業務収益収入                       公債（短期）発行収入
    経常収益収入                            公債発行収入
    業務関連収益収入                       ②借入金収入
   ④移転収入                               短期借入金収入
    他会計からの移転収入                      借入金収入
    補助金等移転収入                       ③その他の財務的収入
    その他の移転収入                      財務的収支
  経常的収支
                                      当期資金収支額
【資本的収支区分】                      期首資金残高
 II．資本的収支                         期末資金残高
  1．資本的支出
   ①固定資産形成支出
   ②長期金融資産形成支出
   ③その他の資本形成支出
  2．資本的収入
   ①固定資産売却収入
   ②長期金融資産償還収入
   ③その他の資本処分収入
  資本的収支

  基礎的財政収支
```

総務省方式改訂モデル
表8 純資産変動計算書

	純資産合計	公共資産等整備国県補助等	公共資産等整備一般財源等	その他一般財源等	資産評価差額
期首純資産残高					
純経常行政コスト					
一般財源					
地方税					
地方交付税					
その他行政コスト充当財源					
補助金等受入					
臨時損益					
災害復旧事業費					
公共資産除売却損益					
投資損失					
：					
科目振替					
公共資産整備への財源投入					
公共資産処分による財源増					
貸付金・出資金等への財源投入					
貸付金・出資金等の回収等による財源増					
減価償却による財源増					
地方債償還に伴う財源振替					
資産評価替えによる変動額					
無償受贈資産受入					
その他					
期末純資産残高					

表9 資金収支計算書

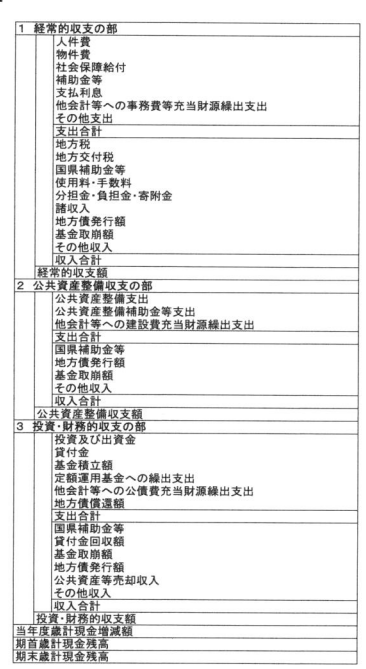

1　経常的収支の部
人件費
物件費
社会保障給付
補助金等
支払利息
他会計等への事務費等充当財源繰出支出
その他支出
支出合計
地方税
地方交付税
国県補助金等
使用料・手数料
分担金・負担金・寄附金
諸収入
地方債発行額
基金取崩額
その他収入
収入合計
経常的収支額
2　公共資産整備収支の部
公共資産整備支出
公共資産整備補助金等支出
他会計等への建設費充当財源繰出支出
支出合計
国県補助金等
地方債発行額
基金取崩額
その他収入
収入合計
公共資産整備収支額
3　投資・財務の収支の部
投資及び出資金
貸付金
基金積立額
定額運用基金への繰出支出
他会計等への公債費充当財源繰出支出
地方債償還額
支出合計
国県補助金等
貸付金回収額
基金取崩額
地方債発行額
公共資産等売却収入
その他収入
収入合計
投資・財務的収支額
当年度歳計現金増減額
期首歳計現金残高
期末歳計現金残高

3 地方自治体の動向

平成19年3月末現在、普通会計ベースでのバランスシートは都道府県と政令指定都市の100％、市区の79.9％、町村の45.7％が作成しており、行政コスト計算書は、都道府県と政令指定都市の100％、市区の60.5％、町村の22.7％が作成しています（**表10**）。

表10　総務省「地方公共団体の平成17年度版バランスシート等の作成状況」資料より

平成17年度版バランスシート等の作成団体数　　　　　　　　　　　　　（単位：団体、％）

		都道府県	市区町村	政令市	市区	町村
普通会計						
	バランスシート	47 (100.0%)	1,113 (60.9%)	15 (100.0%)	631 (79.9%)	467 (45.7%)
	行政コスト計算書	47 (100.0%)	725 (39.7%)	15 (100.0%)	478 (60.5%)	232 (22.7%)
地方公共団体全体						
	バランスシート	44 (93.6%)	191 (10.5%)	14 (93.3%)	135 (17.1%)	42 (4.1%)
連結						
	バランスシート	47 (100.0%)	117 (6.4%)	15 (100.0%)	84 (10.6%)	18 (1.8%)

また、複式簿記・発生主義会計の導入については、すでに導入をしている東京都のほか、岐阜県や山形県、大分県臼杵市などの自治体が導入あるいは導入の準備を進めています。

さらに今後、各自治体において、基準モデルや総務省方式改訂モデル、あるいは独自の方式によって、財務諸表の作成の準備を進めていくことになりますが、全国で統一的な基準がないのが現状です。

そのため、全国知事会では、平成19年7月に全国標準的で分かりやすい会計基準の整備を国に対して要請しています（**図2**）。

図2　全国知事会「平成20年度国の施策並びに予算に関する提案・要望の概要」より

> 　今後の地方自治体の経営改善への取組みを推進するため、自治体における公会計の充実を積極的に進める必要がある。新たな地方公会計制度における会計基準を整備するに当たっては、地方財政の実務の実態を十分踏まえた上で、地方自治体の意見を幅広く聴取しこれを最大限反映させること。

【具体的な要望事項】
（1）複式簿記・発生主義に基づく会計制度を導入するに当たっては、財務諸表を自治体間や民間の類似事業と比較・分析し経営改善に活用するために、全国標準的な会計基準が整備されるべきである。その際には、行政の特質を考慮したうえで、住民にわかりやすく、民間との比較も容易な財務諸表を作成できる基準とすること。
（2）財務諸表の作成等に係る指針の策定に当たって、地方自治体の意見を幅広く聴取しこれを最大限反映させること。

● 第3節 東京都の取組

第3節 東京都の取組

1 「機能するバランスシート」の作成

　東京都の複式簿記・発生主義会計導入に向けての取組は、石原都知事が就任した平成11年から始まりました。就任当時、東京都の財政は危機的状況にあり、「財政再建団体」への転落の瀬戸際にありました。この財政危機を打開すべく、平成11年6月から官庁会計に企業会計手法を導入する研究が始まり、同年7月に初めて貸借対照表を試作しました（**表1**）。

表1　東京都の新たな公会計制度導入までの経緯

平成11年4月	石原慎太郎　東京都知事が就任
平成11年7月	貸借対照表を試作
平成13年3月	「機能するバランスシート」を公表
平成14年5月	石原都知事が複式簿記・発生主義会計の導入を表明
平成14年9月	「東京都の会計制度改革に関する検討委員会」の設置
平成14年10月	新財務会計システムの基本構想に着手
平成16年1月	システム開発（基本設計）に着手
平成17年8月	東京都会計基準の策定・発表
平成18年3月	新財務会計システムの稼働
平成18年4月	新公会計制度の導入
平成18年6月	「東京都会計基準委員会」の設置
平成19年9月	新システムによる初の財務諸表を公表

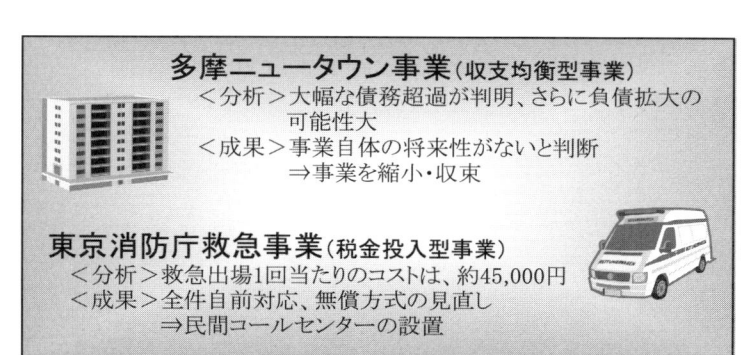

平成13年3月、東京都は「機能するバランスシート」を公表しました。「機能するバランスシート」とは、単式簿記・現金主義会計による普通会計決算を組み替える形で作成した財務諸表です。

この「機能するバランスシート」は、次のような目的で作成されました。それは、①東京都の組織活動を会計数値で表現することでその経営責任のありかを明確にし、職員のコスト意識を高め、行政活動の状況を一層明らかにすること、②ストック情報、キャッシュの流れ、行政コスト情報を毎期的確に捉えることにより、現行の公会計制度の弱点を克服し、民間経営手法の導入を図ること、でした。

また「機能するバランスシート」の特長として挙げられるのは、総務省方式による普通会計バランスシートと比べ、貸借対照表、行政コスト計算書だけでなくキャッシュ・フロー計算書も作成したことです。また、固定資産の評価額について、過去の投資的経費の累計額ではなく、公有財産台帳に記載されていた取得価格を活用し、貸借対照表上の資産額の精度をより向上させたことなども挙げられます（これを台帳方式と呼んでいます）。

さらに、具体的な事業ごとに「機能するバランスシート」を作成し事業の見直しや改善に活用することで、都政の効率化に貢献していきました。例えば、多摩ニュータウン事業について財務諸表を作成したところ、大幅な債務超過が判明し、事業の将来性がないと判断して事業を縮小・収束させることとしました。また、東京消防庁救急事業では、救急出場1回当たりのコストが45,000円と算出し、全件自前対応、全件無償方式の見直しを行うなど、一定の成果を上げてきました（**図1**）。

図1

多摩ニュータウン事業（収支均衡型事業）
＜分析＞大幅な債務超過が判明、さらに負債拡大の可能性大
＜成果＞事業自体の将来性がないと判断
　　　⇒事業を縮小・収束

東京消防庁救急事業（税金投入型事業）
＜分析＞救急出場1回当たりのコストは、約45,000円
＜成果＞全件自前対応、無償方式の見直し
　　　⇒民間コールセンターの設置

●第3節 東京都の取組

しかし次第に、この「機能するバランスシート」にも、限界があることが明らかになってきました。それは、①単式簿記・現金主義会計による普通会計決算を作成した後に、そのデータを手作業で組み替えて財務諸表を作成するため、速やかに財務諸表を作成することができないこと、②道路・橋りょう等のインフラ資産は公有財産台帳で管理する必要がなかったため、それらの固定資産の残高が把握できていないこと、③事業別財務諸表の作成に手間がかかること、などでした。

そこで東京都は、すべての会計において、日々の会計処理の段階から複式簿記・発生主義を導入し、財務諸表を作成することになったのです。

2 複式簿記・発生主義会計導入の取組

平成14年5月、東京都は、複式簿記・発生主義会計を導入することを表明しました。そして平成18年度からの導入と決め、それに向けて「会計基準の整備」と「財務会計システムの再構築」の2本柱について並行して取り組むこととしました（図2）。

「会計基準の整備」への取組については、はじめに平成14年9月に「東京都の会計制度改革に関する検討委員会」が設置されました。公認会計士3人と東京都部長級職員2人から構成されたこの委員会では、新しい公会計制

図2　東京都の新たな公会計制度導入のスケジュール

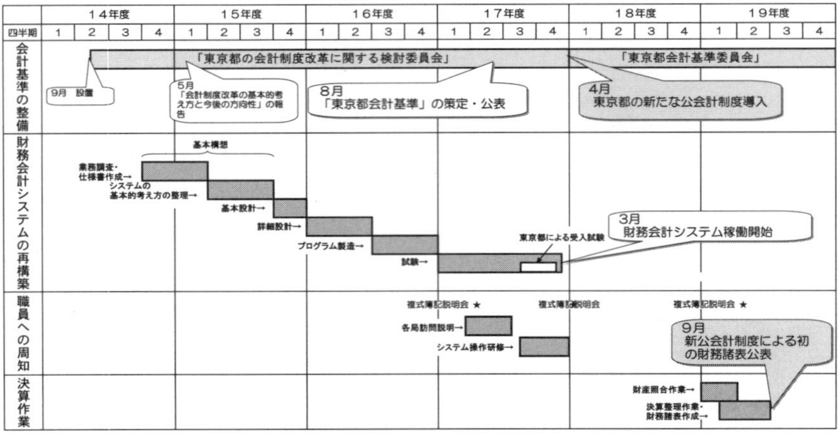

度の会計基準について検討していきました。さらに、委員会のもとに委員（公認会計士3人）及び実務を担当する職員による作業部会を設置し、行政の特質を考慮した「会計制度のあり方」を検討しました。

並行して財務会計システム再構築も行ったため、その作業が滞りなく進められるよう、新しい公会計制度の大枠に係わる事項を先に決定しました。引き続いて、資産等の評価や個別の会計処理について検討を行い、新しい会計基準の策定を進めていきました。

こうして、平成17年8月に「東京都会計基準」が公表されました。この東京都会計基準は、会計処理などの基本的な考え方から、財務諸表の体系、各勘定科目の説明など財務諸表に係る詳細な内容を定めており、行政の特質を考慮して作成されています。

「財務会計システムの再構築」の取組については、複式簿記・発生主義会計の導入決定時に既存の財務会計システムの更新時期が迫っていたことから、システムを再構築することとなりました。新しい財務会計システムは、従来の官庁会計の機能に加え、複式簿記・発生主義会計に必要な機能を備えたシステムとして、開発が進められることとなりました。

再構築の作業は、スケジュールに遅滞のないよう入念な進捗管理のもと、いくつかの段階を経て進められました。平成14年10月から新財務会計システムの基本構想に着手、開発業者との共同作業により、再構築後の財務会計システムの基本的な考え方を整理しました。

平成16年1月よりシステムの基本設計に取り組み、業務ごとの画面・帳票のレイアウトの決定や、画面における入力情報と出力情報の確定等を行いました。

平成16年4月からは詳細設計の段階に入りました。プログラム製造に必要な項目すべてを網羅する詳細設計書により、製造仕様を確定しました。詳細設計書確定後、開発業者がプログラムを製造していきました。

平成17年4月からは、導入前にシステムの動作を確認し不具合がないかどうかを調査する試験期間としました。特徴的であるのは、開発業者による試験のほかに、平成17年11月から3か月間、東京都側でも試験を実施したことです。東京都職員が実際に端末からデータ入力を行い、システム動作、画面及びアウトプットの状況等を検証しました。その結果、300余りの不具合や懸念事項を抽出し、本稼働までにその解決を図りました。

第3節　東京都の取組

　こうした段階を経て、平成18年3月、新しい財務会計システムを稼働させることができました。

　「会計基準の整備」や「財務会計システムの再構築」を進める一方で、新たな公会計制度が円滑に導入できるようにするため、導入直前の1年には職員への周知にも力を入れました。職員への周知は、主に①複式簿記の一般的な知識の説明、②各局（東京都における最大の組織単位）に対し、その局の組織や予算体系などに応じた新公会計制度と新財務会計システムの紹介、③財務会計システムの端末操作研修、の3つを実施しました。

　複式簿記の一般的な知識の説明について、各局所の経理担当職員等約1,500人を対象に集合形式の説明会を開催しました（**写真**）。

　また、平成17年夏から秋にかけて、局別に東京都の新公会計制度と新財務会計システムの説明会を実施しました。さらに、要望のある局に対しては、複数回実施しました。

　財務会計システムの端末操作研修については、導入直前の4か月に、実務を担当する組織の約2,200人の職員に対し、業務内容別に、①執行系（歳入・歳出等）、②物品管理、③複式処理、の3科目の操作研修を、実際の端末を使用して行いました。

複式簿記説明会（集合形式の説明会）の様子

3 新公会計制度の導入と初めての決算

　このような取組を経て、平成18年4月、東京都は従来の官庁会計に複式簿記・発生主義会計の考え方を加えた新たな公会計制度を導入しました。

　導入当初の3か月は、慣れないことから各部所の経理担当職員からの問合せも多かったのですが、次第に落ち着いていき、比較的スムーズなスタートを切ることができました。

　初めての決算となる平成18年度決算は、出納整理期間が終了した後本格的に作業を開始しました。平成19年6月から8月までを複式簿記の決算整理期間とし、局ごとに次のような作業を行い、数値の精緻化を図りました。

　第一に、資産の照合作業です。資産とは、主に東京都が保有している土地や建物、工作物などの公有財産、道路や橋梁などのインフラ資産、100万円以上の物品である重要物品などです。資産はそれぞれシステムで管理されていますが、それらのシステムの資産残高と財務会計システムに登録された複式の資産残高とを照らし合わせ、一致した資産額を財務諸表に計上します。一致しない場合は、どちらかの処理に誤りがあるということであり、原因を1つひとつ精査して訂正を行います。これを照合作業と呼んでいます。

　この作業では、2つのシステム間の残高が一致しない場合には、1件1件の資産ごとに確認する必要があり、かなりの時間を要します。特に資産を多く保有する局は、照合作業に膨大な時間がかかることが予想されたため、平成19年3月頃から作業に取り組んでいました。実際、様々な決算作業の中で最も困難であったのは、この資産との照合作業でした。早々に作業を始めたにもかかわらず、7月半ば頃までかかった局もありました。

　第二に、年度内の仕訳データを点検し、必要があれば訂正する作業です。例えば、1年間に行った日々の仕訳において、誤った処理があれば訂正することや、保有する債権や基金の変動について、官庁会計決算の数値と一致していない場合には訂正を行うことなどです。

　第三に、各引当金の計上など決算期特有の仕訳等の作業です。例えば、複式簿記特有の考え方である引当金（東京都では、不納欠損引当金、貸倒引当金、退職給与引当金）を算定し、計上することです。これらは一定の計算式に基づき算定しています。

● 第3節　東京都の取組

　最後に、財務諸表の一部である注記を作成する作業です。注記は、財務諸表の内容を補足説明するために作成するものです。重要な会計方針や債務負担行為の金額等が掲載されています。

　こうした作業の集大成として、平成18年度の東京都財務諸表が完成しました。平成19年9月には、この新公会計制度による初の財務諸表を公表し、決算参考資料として都議会に提出しました。

コラム2

企業会計の変遷

借男　この数年、新聞を見ると会計基準の変更に関わる記事が多いね。専門用語が多くてよく分からないんだけど。

貸子　企業会計もここしばらくいろいろ大きな変更が行われているよ。最近の例では減価償却の耐用年数の変更とか残存価額の廃止とか。

借男　その記事見たような気がする。でも会計のルールがコロコロ変わるっていうのはどうなんだろう。企業にとっても対応するのが大変だろうし、年度間比較も難しくなるよね。

貸子　そうなんだけど、現在の会計基準の変更については、国際的な会計基準に合わせるという目的があるんだよ。そのために日本の会計基準もいろいろ変更を行っているんだけど、その1つが減価償却の見直しだよ。

借男　ふーん。

貸子　固定資産の減価償却をする際には耐用年数が重要になるよ。100万円の固定資産を5年で償却するのと、10年で償却するのでは毎年の費用の金額は違ってくるよね。

借男　単純に計算すると、5年だと毎年の費用は20万円で、10年だと10万円だよね。

貸子　うん。定額法で残存価額をゼロとするとそうなるね。最近の傾向としては、耐用年数を短くして、さらに残存価額もなくそうとしているよ。

借男　なるほど…。あれ、でもそうすると毎年の減価償却費が大きくなるよね。そうなると企業にとっては毎年の費用が多くなるから、利益が少なくなって不利になるんじゃないのかな。

貸子　そういう見方もできなくはないけど、目的としては企業にとって有利になるようにという政策的な目的によるものだよ。

借男　なんでそうなるの？

貸子　企業が設備投資ということで固定資産を購入した場合は、それ自体は資産の増加だから、費用とはならないよね。

借男　確か仕訳だと、固定資産の増加と現金の減少になるので、費用にはならなかったね。

貸子　うん。そのとおり。企業は、収益と費用との差額が利益となるんだったよね。この利益に対して一定の率が法人税ということで課税されるのだけど、この際に、費用（税法上は「損金」と呼んでいるけど）が多ければそれだけ利益が減少して、税金となる部分が少なくなるんだ。つまり、残存価額がゼロになったり、耐用年数が短くなることで毎年の減価償却費が大きくなり、その分利益が減ることで、企業にとっては実質的に減税になるんだよ。

借男　なんかややこしいけど…。とにかく税金が少なくなるのは企業にとってはうれしいだろうね。

貸子　それに新規に設備などを購入した後の減価償却費が大きくなるから、企業が設備投資を盛んに行うことによって、生産効率が上がり、経済効果も見込まれることにもなるよ。

借男　なるほど。そういう意義もあるんだ。

貸子　もともと日本の減価償却の制度では、耐用年数が長かったりして、他の先進国に比べて減価償却費が少ない傾向があったんだよ。それを見直すことによって、国際的に平等な条件で競争することができるようになる面もあるよ。

借男　確かに条件が一緒じゃないと競争にならないよね。他にこうした国際的な流れによるものってあるの？

貸子　大きな流れとしては、時価評価の適用の拡大があるかな。

借男　といいますと？

貸子　もともと貸借対照表の資産の部には、取得原価主義によってその資産を取得するのに要した金額で計上するというのがルールだったのだけど、一部の資産については時価で計上する方向に動いているよ。

借男　不動産も時価で計上するの？

貸子　土地や建物などの有形固定資産については取得原価だけど、売買して利益を計上することを目的として保有している有価証券や、仕入れた商品や製造した製品のようなたな卸資産についても、時価が低下している場合はその金額で評価することになったよ。

借男　なるほど。貸借対照表も変わりつつあるんだね。

貸子　うん。それに厳密には時価とはいえないのだけど、著しく価値が低下した固定資産について、価額を減じる減損会計なんかもあるよ。

借男　どんどん時価評価に向かっているんだね。

貸子　傾向としてはそう言えるけれど、実際に時価評価といっても、その「時価」というのをどうやって評価するかっていうのは難しい問題なんだよ。会計では経営者の恣意的な判断で価格をかってに変えられたら財務諸表の信頼性が損なわれる。だから客観的な評価が重要となるのだけど、それを確保するのが難しい。それに厳密に評価をすればするほど手間もお金も必要となるしね。有形固定資産についても時価評価で計上すべきという意見もあるんだけど、実際には課題が多くて、いまだに導入するという具体的な動きはないんだよ。

借男　なるほど。いろいろと難しいのだね。

第4章 東京都会計基準とその考え方

●第1節　東京都会計基準

　東京都は、平成18年度から一般会計と17の特別会計に複式簿記・発生主義会計を導入しました。これらの会計では単式簿記・現金主義会計による会計処理を行ってきましたが、その会計の仕組みについては存続し、これに複式簿記・発生主義会計の考え方を追加する形となっています（**表1**）。

表1　東京都の「会計」

（平成20年3月31日現在）

一般会計	<u>特別会計以外の行政の収支を経理する。</u>	一般会計	
特別会計（広義） <u>特定の事業内容を明らかにする。</u>	特別会計（狭義）	特別区財政調整会計	今回新たに複式簿記・発生主義会計を導入
		地方消費税清算会計	
		小笠原諸島生活再建資金会計	
		母子福祉貸付資金会計	
		心身障害者扶養年金会計	
		中小企業設備導入等資金会計	
		農業改良資金助成会計	
		林業・木材産業改善資金助成会計	
		沿岸漁業改善資金助成会計	
		と場会計	
		都営住宅等事業会計	
		都営住宅等保証金会計	
		都市開発資金会計	
		用地会計	
		公債費会計	
		多摩ニュータウン事業会計	
		臨海都市基盤整備事業会計	
	公営企業会計	病院会計	従来から複式簿記・発生主義会計を実施
		中央卸売市場会計	
		都市再開発事業会計	
		臨海地域開発事業会計	
		港湾事業会計	
		交通事業会計	
		高速電車事業会計	
		電気事業会計	
		水道事業会計	
		工業用水道事業会計	
		下水道事業会計	

　行政でも、水道事業や交通事業などについては、料金収入とそれに要する費用との関係が成り立つなど、経理の構造が民間企業と実質的に異ならない

ことから、従来から地方公営企業法にもとづき、民間企業と類似の複式簿記・発生主義会計による会計処理を行っています[注1]。今回、東京都が複式簿記・発生主義会計を導入した会計は、それ以外の会計となります。これにより、東京都のすべての会計が複式簿記・発生主義会計を行うことになりました。

　東京都が今回新たに導入した複式簿記・発生主義会計は、基本的に、民間の企業会計基準に準拠しています。しかし、東京都の制度は民間企業とは異なる点もあります。その理由としては、①行政には民間企業にはない特質があり、民間企業の基準をそのまま適用したとしても有用な情報を得ることは難しいこと、②既存の官庁会計の仕組みは存続しているため、そこに企業会計を導入しても会計の二重処理が必要となり、事務に係る負担が増大してしまうこと、などがあります。

　そこで東京都では会計や財産に関する様々な検討を行い、行政の特質を踏まえた東京都会計基準を策定しました。この東京都会計基準は、東京都が複式簿記・発生主義会計による会計処理がどのような考え方で行われているかを明らかにしています。本章ではこの東京都会計基準について説明します。

注1　ただし、みなし償却や、借入資本金といった民間企業会計にはない会計処理も存在します。

第1節 東京都会計基準

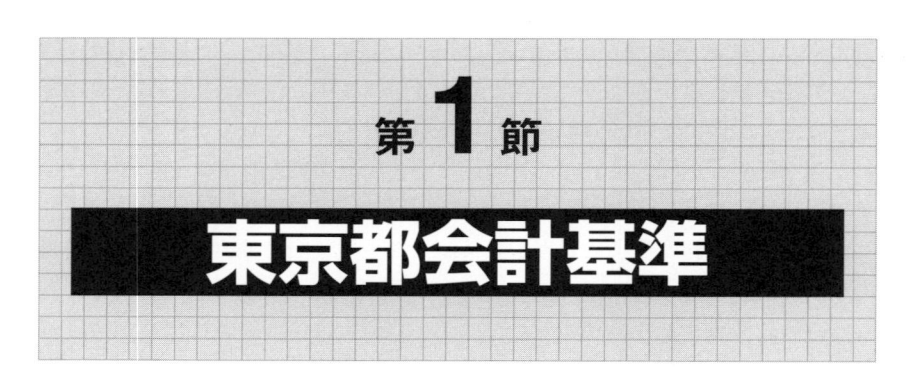

1 東京都会計基準とは

　民間・行政を問わず、会計には処理を行う際に守るべきルール、規範があります。

　例えば、民間企業であれば、企業会計原則や様々な会計基準などの慣習規範とよばれるものと、会社法、金融商品取引法など法律による法規範と呼ばれるものがあります。

　これらはそれぞれ目的や内容に異なる部分もあるのですが、会計処理についてのルールを定め、民間企業はそれに従って会計処理を行っています。

　一方、地方自治体については、地方自治法等の法令により、会計処理に関するルールが定められており、さらにそれに基づき各自治体で処理に関する条例や規則などを定めて、実際の処理を行っています。

　この仕組みはあくまで、既存の官庁会計である単式簿記・現金主義会計によるものであり、行政が複式簿記・発生主義により会計処理を行う場合には、法令などの規範がありません。

　このため、東京都では、どういった会計処理を行うかについて検討を行いました。その結果、民間企業の会計処理を基本とした上で、行政の特質により適宜修正を行っていく会計処理の考え方を示した「東京都会計基準」を策定しました（**表2**）。

表2 会計規範について

民間企業

規範		概要	所管
慣習規範	企業会計原則	企業会計の慣習から一般に公正妥当と認められたものを要約したもの	企業会計審議会
	個別会計基準	連結や企業結合など個別の会計処理に係る基準を定めたもの	企業会計審議会 企業会計基準委員会
法規範	会社法	債権者保護を目的としたもの	法務省
	金融商品取引法	投資家保護と有価証券の発行・売買を公正に行うためのもの	金融庁
	法人税法	課税の公平性を目的としたもの	財務省

東京都

規範	概要	所管
東京都会計基準	行政の特質を踏まえた複式簿記・発生主義による会計処理を定めたもの	東京都

2 東京都会計基準の策定の経緯

1 検討体制

　東京都では、新しい会計制度の導入については、財政所管部署である財務局と、会計を所管している出納長室（現在は会計管理局）の2つの組織が中心となって検討を行いました[注2]。

　さらに、行政職員だけではなく、会計の専門家の意見を取り入れるため、平成14年9月に「東京都の会計制度改革に関する検討委員会」（検討委員会）を設置しました。この検討委員会は、東京都の財政所管部である主計部長と出納長室の副出納長、外部の公認会計士3名の計5名で構成されています。

　この検討委員会では制度の大枠に係る方針決定を行い、検討委員会の下に、公認会計士と課長級以下の職員からなる作業部会も設置し、制度の詳細に係わる検討も行ってきました。

　また、東京都では、局単位で様々な会計実務や財産管理を行っているので、

注2　東京都の組織は、財務局や建設局など「局」を最大の単位とし、その下に部、課、係という構成としています。

これらの局の経理担当課長及び財産管理の担当課長による公会計制度改革担当課長会も設置し、さらにその中でも財産についての計上基準や処理について検討するために、財産管理関係検討部会を設置しました。

このように財務局と出納長室だけでなく、実際に会計・財産管理の実務を行う各局も交えた形で広く意見交換を行うことで、財産に関する実態を詳細に把握するとともに、各局の実務を踏まえた形で新たな公会計制度を導入することができました（**図1**）。

図1　会計制度改革の検討体制（名称は当時のもの）

東京都の会計制度改革に関する検討委員会

（目的）
　東京都の会計制度を改革し、複式簿記・発生主義による会計手法を導入する具体的方策を検討すること。
（構成）
　公認会計士3名、財務局主計部長、出納長室副出納長
（検討内容）
　東京都の新しい公会計制度の方針決定、東京都会計基準の策定など

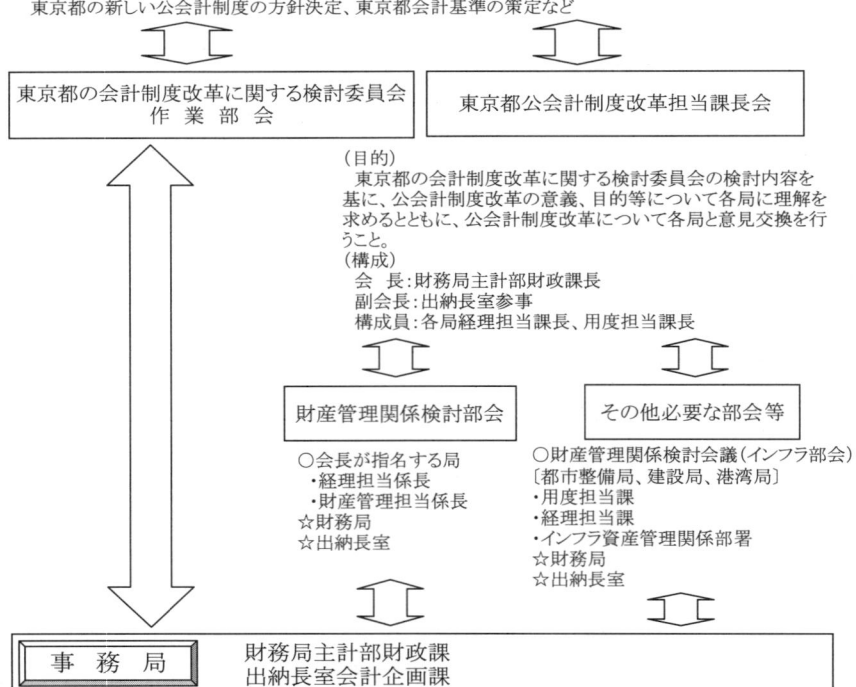

東京都の会計制度改革に関する検討委員会　作業部会

東京都公会計制度改革担当課長会

（目的）
　東京都の会計制度改革に関する検討委員会の検討内容を基に、公会計制度改革の意義、目的等について各局に理解を求めるとともに、公会計制度改革について各局と意見交換を行うこと。
（構成）
　会　長：財務局主計部財政課長
　副会長：出納長室参事
　構成員：各局経理担当課長、用度担当課長

財産管理関係検討部会

○会長が指名する局
・経理担当係長
・財産管理担当係長
☆財務局
☆出納長室

その他必要な部会等

○財産管理関係検討会議（インフラ部会）
〔都市整備局、建設局、港湾局〕
・用度担当課
・経理担当課
・インフラ資産管理関係部署
☆財務局
☆出納長室

事　務　局　財務局主計部財政課
　　　　　　　　出納長室会計企画課

2　検討内容

検討委員会及び作業部会では、検討の初期段階においては複式簿記の方式や作成する財務諸表の種類など、制度の根幹に係わる検討を行い、それ以降には会計処理に関して詳細を定めた東京都会計基準の内容などについての検討を行いました。

東京都会計基準は、複式簿記・発生主義会計の基本的な考え方、財務諸表の種類と勘定科目などを詳細に定めております。

さらに、財務諸表を作成するために、どの範囲の財産をどのように計上し、どのように表示するかも重要となります。

地方自治体の財産は地方自治法に基づき、公有財産や物品という区分をしています。こうした区分は民間の資産の区分とは異なります。また、支出のうち、どれを費用とし、どれを資産形成にするかという問題や、取得額を把握していなかった資産について、どのような方法で算定を行うかなど様々な課題がありました。

これらの課題に対応するために、検討委員会及び作業部会では、会計制度

表3　東京都の会計制度改革に関する検討委員会及び作業部会における主な検討事項

年度	主な検討事項	開催回数	
		検討委員会	作業部会
平成14年	(第1回は検討委員会・作業部会ともに9月9日) ○公会計制度改革の進め方 ○システム等のスケジュールの検討 ○固定資産の管理に関する検討 ○法定決算と発生主義会計の整合性の検討 ○会計基準等の検討	5	10
平成15年	○会計基準等の検討 ○「東京都の会計制度改革の基本的考え方と今後の方向」について → 15年5月「東京都の会計制度改革の基本的考え方と今後の方向」(中間報告)を公表 ○固定資産の評価について ○勘定科目体系策定の基本的考え方・特色について ○財産管理に関する基本的方針	3	6
平成16年	○会計基準の制度的位置付け ○インフラ資産について ○財産管理に関する基本的方針	1	1
平成17年	○東京都の公会計改革の最終報告 ○東京都会計基準 → 平成17年8月「東京都の新たな公会計制度」(最終報告)の公表 ○財務諸表を活用した都政改革の推進 → 平成18年2月「財務諸表を活用した都政改革の推進」の公表	2	1

の柱として東京都会計基準と個別の財産に関する処理についての検討を行いました（表3）。

3 東京都会計基準の特徴

1 東京都会計基準の概要

東京都会計基準は、序章を含めると8つの章から構成されており、総則から始まり、各財務諸表の考え方と勘定科目を示しています（表4）。

2 収入と収益

東京都会計基準では総則において、発生主義会計を導入することを示しています。発生主義会計では、「収益」とそれを獲得するために要した「費用」という関係で、損益計算書にその金額と差額を表示しています。

こうした民間企業の会計処理では、収益の獲得を目的とし、収益を得るために費用をかけるという構図になっており、収益と費用との間の経済的な因果関係が重要となります。さらに、その差額が当期純利益、つまり儲けという形で表示されます。

これに対して、行政活動はそもそも利益の獲得を目的としたものではなく、また、収益と費用との間には必ずしも直接的な対価性はありません（例えば教育や福祉、道路建設などの行政サービスの提供と、その財源としての税収には直接的な対価性はありませんし、あったとしても限定的です）。このため、東京都の財務諸表では、そうした違いを明確にするため、収益という言葉ではなく、収入という表現で表示しています。

3 出納整理期間

自治体の会計事務には、地方自治法により出納整理期間が定められています。東京都の複式簿記・発生主義会計においても、官庁会計との決算数値との整合性を重視するため、年度終了後の出納整理期間中の収入支出についてはその年度内の財務諸表に反映されることになります。

4 取得原価主義の採用

貸借対照表に計上する資産の金額をどのように考えるかということは、財務諸表を作成するうえで重要な課題となります。

特に建物や土地のような有形固定資産は、地方自治体の保有している資産の中でも大きな割合を占めるため、計上する基準によって金額が大きく異な

表4　東京都会計基準の構成

第1章　総則
1. 基本的な考え方
2. 財務諸表の体系
3. 基本的作成方法
4. 作成基準日
5. 計数の単位

複式簿記・発生主義会計の採用、作成する財務諸表など基本的な事項について説明

第2章　貸借対照表
1. 作成目的等
2. 作成基準
3. 資産項目
4. 負債項目
5. 正味財産
6. 貸借対照表の標準的な様式

貸借対照表の区分(資産、負債、正味財産)、勘定科目(現金預金、都債など)を規定

第3章　行政コスト計算書
1. 作成目的等
2. 作成基準
3. 計上する項目
4. 行政コスト計算書の標準的な様式

行政コスト計算書の区分(行政収支、金融収支、特別収支)、勘定科目(地方税、減価償却費など)を規定

第4章　キャッシュ・フロー計算書
1. 作成目的等
2. 作成基準
3. 計上する項目
4. キャッシュ・フロー計算書の標準的な様式

キャッシュ・フロー計算書の区分(行政サービス活動、社会資本整備等投資活動、財務活動)、勘定科目(地方税、物件費など)を規定

第5章　正味財産変動計算書
1. 作成目的等
2. 作成基準
3. 計上する項目
4. 正味財産変動計算書の標準的な様式

正味財産の区分(前期末残高、当期変動額、当期末残高)、変動要因(固定資産等の増減、都債等の増減、その他内部取引による増減、剰余金)を規定

第6章　注記
1. 重要な会計方針
2. 重要な会計方針の変更
3. 重要な後発事象
4. 偶発債務
5. 追加情報
6. その他

会計処理の原則、債務負担行為など、財務諸表に表示されない追加的な情報などを表示することを規定

第7章　附属明細書

有形固定資産と無形固定資産の増減を表示した「有形固定資産及び無形固定資産附属明細書」を規定

●第1節　東京都会計基準

ってきます。

　固定資産の計上基準には、大きく分けて取得原価主義と時価主義の2つがあります。取得原価主義とは、資産を取得したときの金額、つまり、購入したものであれば購入の際に支出した金額、建設したものなら建設に要した支出の金額で計上するものです。これに対して時価主義とは、会計年度の最終日である決算日に、その資産の価格を実勢価額などで評価して計上するものです。

　民間企業の動向を見てみると、建物や土地などの固定資産については、取得原価ということで取得時に要した支出額により計上するという処理となっています。価値の著しく低下した資産には「減損会計」という処理により減額処理がされていますが、基本的に固定資産の評価は取得原価となっています。

　また、株式のような有価証券については、売り買いすることにより儲けを期待するような売買目的有価証券については決算日時点での時価で評価し、子会社株式のように他社を支配することを目的としたような株式については取得原価となるなど、有価証券の保有目的により評価が異なります。

　東京都では、こうした民間企業の会計処理の基準をもとに検討を行い、有形固定資産については評価替えせずに取得原価で資産を計上しています。これは主に以下のようにメリットがあるためです。民間企業で採用されている取得原価主義による評価を行うことで、

(1) 民間企業との比較が可能なものとなること。
(2) 外郭団体や公営企業との連結財務諸表を作成する場合、取得原価主義のほうがすべての団体が統一的な評価基準に基づいて連結できること。
(3) 過去の一般財源や公債の発行によりどれだけの資本形成が行われたかを把握できること。
(4) 取得原価は支出額という客観的なデータに基づくため恣意性を排除し客観的な数値となること。

　以上のような取得原価主義のメリットを評価した結果、取得原価主義を採用しました。

　取得原価主義に対して、時価主義という考え方があります。これは土地や建物について定期的に評価替えを行い、その金額で貸借対照表に計上すると

いう考え方です。

時価主義のメリットとしては、貸借対照表により実質的な金額を計上することができることです。特に国や地方自治体が膨大な債務を抱えている現状においては、資産額を時価で評価し、将来的に売却して得ることができる価値を見積もることは有用なことです。

しかし、固定資産について実際に時価で評価することは難しい作業になります。土地や建物について、本当に時価を見積もろうとすると不動産鑑定士による鑑定が必要となります。鑑定士に土地の評価を依頼することになると、鑑定に伴う費用が必要になります。

もっと簡易的に、路線価とか基準地価で評価を行う方法もあります。この方法だと評価に係る負担は比較的軽微になりますが、実態を反映した時価からは乖離した金額になる可能性が高くなります。土地や建物に時価評価を導入しようとするとこうした問題が発生します。

会計処理においては、作成者の恣意性をどのように排除するかが重要です。作成者が資産額を多く見せたいか少なく見せたいかで、都合のいい評価を行うというのでは、財務諸表そのものの信頼性が揺らぐことになります。

また、行政の保有している財産は、公共目的であり、売却が困難な資産が多く存在します。民間企業では、倒産ということになれば資産を切り売りして債権者や株主に返済することになりますが、行政の場合、仮に財政再建団体になったとしても、部分的に資産を売却することはあっても、行政サービスの提供を停止することはできないので、こうした資産の売却は限定的なものになります。

このように時価主義には多くの問題があり、それゆえに企業会計でも金融商品など一部の資産で採用されているにとどまっています。

取得原価主義と時価主義には双方にメリットとデメリットがあり、どちらかが絶対的に優れているというものではありません。民間企業でも、少しずつ時価評価で資産を計上する方向にあるのは事実です。取得原価主義と時価主義のメリット・デメリットを十分に検討したうえで自治体にふさわしい処理についての方針を決定することが重要です（**表5**）。

表5　取得原価主義vs時価主義

	メリット	デメリット
取得原価主義	・民間企業でも基本的に取得原価であり、我が国の会計慣行と一致しており、また、民間企業との比較という視点で有用 ・外郭団体である株式会社、公営企業などの固定資産評価が取得原価であるため、統一的な基準で連結が可能 ・過去の一般財源や公債の発行によりどれだけの資産が形成されたかを把握できる。 ・客観的な数値で計上できる。 ・国際公会計基準も原則として取得原価であり、今後、公会計の国際的な収斂化という場合、対応しやすい。	・実質的な資産額については限定的な把握となる。 ・物価変動により、減価償却費から更新費用を見積もることが難しい。
時価主義	・資産の実質的な価値が分かる。 ・売却した場合の金額の予測が可能となる。 ・減価償却費により実質的な更新費用の見積もりが可能となる。	・取得原価に比べると、継続的な算定に労力を要する。 ・客観的な金額の把握が難しい。

4　固定資産に関する基準

　東京都では道路を除く公有財産及び物品については、複式簿記・発生主義会計を導入する以前から取得した金額を把握していました。このため、基本的にはその金額が資産額となったのですが、しかし、前章で述べたとおり、民間企業では、直接取得に要した金額のみならず付随費用も取得価額に含みます。このため、東京都の財産管理検討部会などでは、民間企業会計を参考に資産の取得に係る基準についての検討も行いました。

　その際重視したのは、既存の構造的な仕組みはなるべく変えないという点です。東京都では、財産については、地方自治法の分類をもとに、公有財産規則を制定し、さらに要綱も定め、体系的な管理を行ってきました。これに基づき、従来から議会に公有財産の数量や面積についての報告を行い、さらに「財政のあらまし」という冊子により、金額についても公表してきました。

　既存の仕組みも財産管理を行う上で重要であり、それに財政のあらましのような報告における連続性を保つことも重要です。このため、従来の仕組み

と企業会計を両立させる仕組みの構築に議論を費やしました。

その結果、貸借対照表の基本的な枠組みは、行政財産と普通財産という地方自治体の分類を基本とし、財産の取得価額については、付随費用も含んだ形に変更しました。具体的には、工事による固定資産の取得の場合だと、工事に直接要した工事請負費に加えて、その工事に付随する測量費、設計費、施工監理費なども含め、土地の取得の場合、公有財産購入費に加えて、土地の取得に伴う移転補償費や土地の造成費も含めた形になっています。

ただし、財務諸表の作成以前の資産額については、以前に取得した金額のままであり付随費用を含んでおりません。個別の工事に係わる支出については過去にさかのぼることは不可能であるため、あくまで複式簿記・発生主義会計導入後の処理の変更という形になっています。

地方自治体の財産としては、公有財産台帳によって記録されるもの以外に道路を構成する資産があります。道路資産については、道路台帳により管理が行われ、通常の建物や土地などとは異なり、金額の把握を行ってきませんでした。このため、道路については、固定資産として計上するかどうか、さらに、固定資産とするのならば、どのような基準で計上するのかが問題となりました。

道路や橋といった財産を考えた場合、これらは収入を生み出さないので資産として計上すべきではないという考え方もあります。しかし、行政の資産は庁舎や公立学校舎のように収入を生み出さない資産がほとんどであり、収入の有無で資産計上の有無を判断することはできません。

道路や橋についても、複数年度利用できるという性質上、財務諸表上は固定資産として計上するのが望ましく、さらに、減価償却費のように費用化して行政コスト計算書に計上することが発生主義会計の考え方に合致しています。

このため、道路や橋についても、資産として計上することになりました。しかし、庁舎のような他の公有財産とは性質が異なるため、「インフラ資産」という区分を設けて表示することになりました。

5 作成される財務諸表

さまざまな検討を経て、東京都では、貸借対照表、行政コスト計算書、キ

ャッシュ・フロー計算書と、財務諸表の内容を補足するものとして固定資産の増減の状況を示す有形固定資産及び無形固定資産附属明細書と注記を作成することになりました。

さらに、民間企業において株主資本等変動計算書を作成することになったことを受けて、東京都でも正味財産の変動状況を示した正味財産変動計算書を作成することになりました。東京都が作成する財務諸表については、次章で詳しく説明します。

6 東京都会計基準の位置付け

東京都会計基準は、財務諸表の作成の考え方や勘定科目について都民などの財務諸表の利用者に対して説明したものです。東京都の財務諸表は、決算の参考資料として議会に提出します。このため、東京都では、会計事務について定めた「東京都会計事務規則」を改正し、各局が提出し作成する決算資料と、会計管理者が決算を調製して知事に提出する調書に財務諸表を追加しました。さらに、「東京都財務諸表作成事務取扱要綱」を策定し、勘定科目や注記など個別の事項についての根拠としました（図2）。

図2　財務諸表に関わる規則（東京都会計事務規則抜粋）

(収支命令者の記録管理)
第九十九条の四　収支命令者は、次に掲げる事項を財務会計システムのデータファイルに記録して、整理しなければならない。
四　貸借対照表に記載すべき資産、負債及び正味財産の状況
五　行政コスト計算書に記載すべき収入及び費用の状況
六　キャッシュ・フロー計算書に記載すべき収入及び支出の状況
七　正味財産変動計算書に記載すべき正味財産の状況

(決算資料等の作成)
第百七条
3　局長は、その主管に属する貸借対照表、行政コスト計算書、キャッシュ・フロー計算書及び正味財産変動計算書を、会計管理者が別に定める基準により会計別に作成し、翌年度八月十日までに会計管理者に送付しなければならない。

⤷「東京都財務諸表作成事務取扱要綱」を策定

(決算参考書の作成)
第百九条　会計管理者は、決算を調製したときは、次に掲げる調書を作成し、知事に提出しなければならない。
五　各会計別貸借対照表
六　各会計別行政コスト計算書
七　各会計別キャッシュ・フロー計算書
八　各会計別正味財産変動計算書

エピソード1　複式簿記の導入方法の検討

　東京都では、出納長室（現会計管理局）内において、官庁会計へどのように複式簿記を導入するかについて初期段階から検討してきました。

　検討の大きな壁になっていたのは、官庁会計の歳出をどのように複式簿記の勘定科目に当てはめるか、という問題でした。

　最終的には、歳出について予算性質別情報を基にしたキャッシュ・フロー科目への分類を行う、という方法となりましたが、検討当初においては出納部門に「予算性質別」という発想がなかったことから、歳出予算のすべての節について、民間企業の勘定科目を対応付けさせるパターンを1件1件検討しました。

　ところが、歳出予算で頻繁に使用する一般需用費、役務費、委託料、工事請負費などの予算科目については、民間企業の勘定科目に照らすと、複数の勘定科目に対応していることが分かりました。

　そのため、このままシステム化すると、官庁会計の予算科目とは別に複式簿記の仕訳を入力しなくてはならなくなり、極めて職員負荷の高いシステムになることが予想されました。

　その後、財務局の財政部門を交えた検討体制となり、再度検討を行った結果、民間企業においても損益計算書の勘定科目は業種別に異なっていることも鑑みて、都の行政コスト計算書、キャッシュ・フロー計算書の費用と支出の勘定科目については「予算性質別」に準じた名称としました。

　これにより、官庁会計の予算執行時に性質別の勘定科目を選択させる、という方法で勘定科目へ当てはめることが可能となりました。

第2節 東京都の財務諸表

1 東京都の財務諸表の作成手順

1 キャッシュ・フローからの財務諸表の作成

　従来の官庁会計（単式簿記・現金主義会計）は、もともと単年度（1年度間）の現金収支（キャッシュ・フロー）について、厳密に帳簿に記録しています。東京都の財務諸表は、この従来の官庁会計に複式簿記・発生主義会計の処理を追加して作成するため、まずキャッシュ・フローの科目を特定し、それ以外の財務諸表（貸借対照表、行政コスト計算書及び正味財産変動計算書）は、キャッシュ・フローの科目を基に作成します（**図1**）。

2 予算科目から勘定科目へ　～「仕訳区分」という工夫～

　日常業務においては、従来の予算科目の「節・細節」等により予算執行を行います。それにより、官庁会計（単式簿記・現金主義会計）決算は従来どおり作成されます。

　それに加えて、日々の執行の中で「仕訳区分」という勘定科目への変換コードを追加入力し、仕訳を行っていきます。

　この仕訳区分で、まずはキャッシュ・フロー計算書の道筋を決定します。東京都のキャッシュ・フロー計算書では、現金の流れを、大きく「行政サービス活動」「社会資本整備等投資活動」「財務活動」の3つに区分して表示します。

　「社会資本整備等投資活動」によるキャッシュ・フローとは、主に、公有財産の取得や売却など、固定資産に係る収支を指します。「財務活動」によるキャッシュ・フローとは、主に、都債の元本の収入、償還を指します。そ

図1　単式簿記による処理と複式簿記による処理

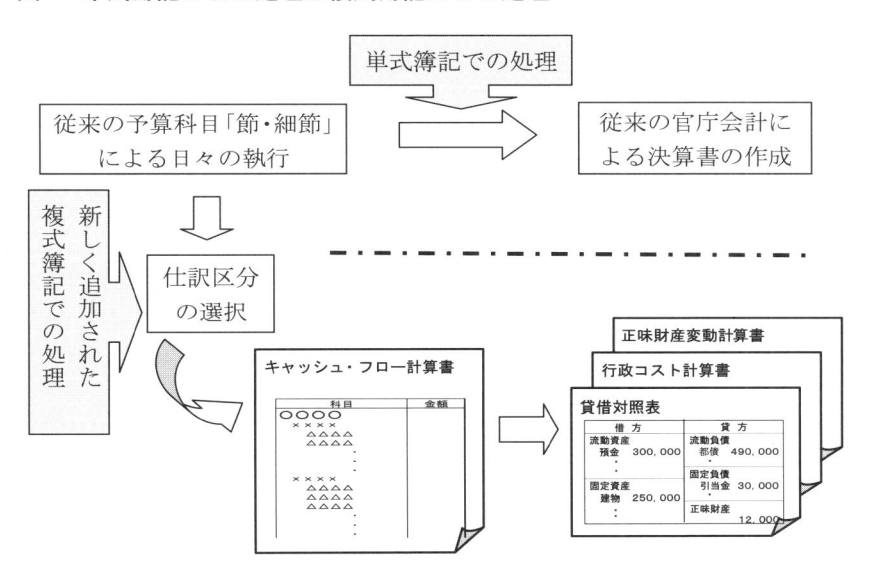

れ以外の行政活動に係る収支が「行政サービス活動」によるキャッシュ・フローとなります。

　そしてキャッシュ・フロー計算書の「社会資本整備等投資活動」及び「財務活動」に入るものが貸借対照表の勘定科目へ、「行政サービス活動」に入るものが行政コスト計算書の勘定科目へ計上される仕組みとなっています。

　このように予算執行時に、キャッシュ・フロー計算書の道筋を決定することにより、行政コスト計算書に計上される仕訳と、貸借対照表に計上される仕訳とに分かれて複式情報が蓄積されていきます。そのため、簿記そのものの知識がなくても、借方、貸方の複式仕訳を行うことが可能となるのです。

　日々の処理の積み重ねによる集計表が、すなわち貸借対照表、行政コスト計算書、キャッシュ・フロー計算書、正味財産変動計算書の財務諸表です。これらはシステムによる自動計算で作成されます（**図2**）。

●第2節　東京都の財務諸表

図2

予算科目（節・細節）から財務諸表科目（勘定科目）への変換

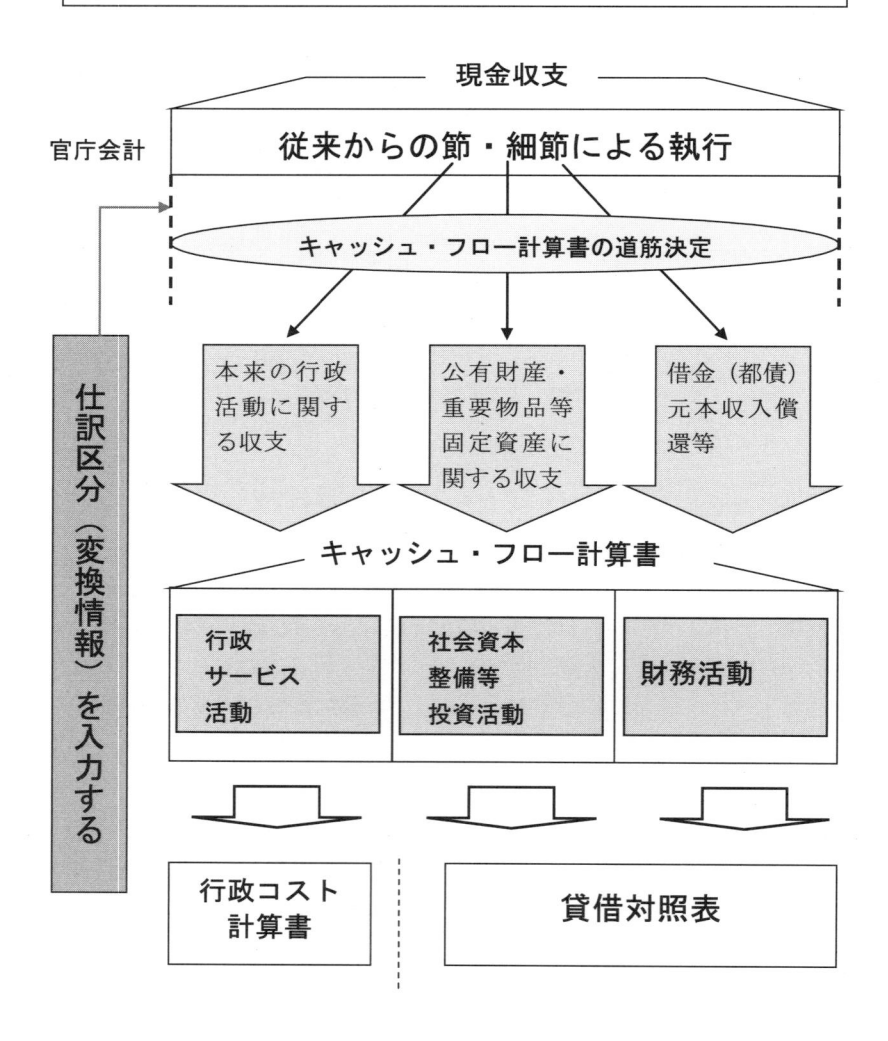

```
                        ─── 現金収支 ───
官庁会計        従来からの節・細節による執行
                   キャッシュ・フロー計算書の道筋決定
              ↓              ↓              ↓
         本来の行政      公有財産・      借金（都債）
         活動に関す    重要物品等      元本収入償
         る収支        固定資産に      還等
                      関する収支
```

仕訳区分（変換情報）を入力する

キャッシュ・フロー計算書

| 行政サービス活動 | 社会資本整備等投資活動 | 財務活動 |

↓　　　　　　↓　　　　　　↓

行政コスト計算書　　　　貸借対照表

2 貸借対照表

1 民間企業における貸借対照表とは

貸借対照表とは、バランスシート（B／S～ビーエス～）とも呼ばれ、ある基準日における資産、負債、純資産を勘定科目と金額で表示した一覧表のことです。この貸借対照表を作成することによって、その企業の「財政状態」を明らかにすることができます。具体的には、借方（左側）に土地・建物や現金預金などの資産を示し、貸方（右側）に借入金や社債などの負債と純資産を示します。

2 東京都の貸借対照表の特徴

東京都の貸借対照表も、資産額と負債額を示すという基本的な構成は民間企業と同じですが、いくつかの異なる点があります。

(1) 資産と負債の差額を正味財産として表示

民間企業では株主からの出資金を純資産の部に、「株主資本」として表示しますが、行政には株主資本という概念がありません。そこで、資産と負債の差額を「正味財産」として表示します。

(2) 地方自治法上の財産分類による表示

東京都の資産として貸借対照表に計上すべきものは、地方自治法上の財産がその大半を占めますが、この財産は、公有財産、物品、債権及び基金に分類され、さらに公有財産は行政財産と普通財産に区別されます。

民間企業とは異なり、自治体では、地方自治法上の分類や区分に応じて、財産の管理や処分が制限されます。これは、財産の管理や処分が住民福祉の向上を目的として行われるためです。このため、財務諸表の利用者が、資産の内容とともに、その資産の管理や処分に加えられている制限等を併せて知ることができるように、東京都会計基準では固定資産の表示に地方自治法における財産の分類を採用しました（図3）。

●第2節　東京都の財務諸表

図3　民間企業と東京都の貸借対照表の勘定科目

民間企業

(資産の部)	(負債の部)
流動資産 　現金預金 　受取手形・売掛金 　貸倒引当金 　たな卸資産 固定資産 　有形固定資産 　　建物・構築物 　　機械 　　土地 　無形固定資産 　投資その他の資産 繰延資産	流動負債 　支払手形・買掛金 　短期借入金 　未払金・未払費用 固定負債 　社債 　長期借入金 　退職給付引当金
	(純資産の部) 株主資本 　資本金 　資本剰余金 　利益剰余金 評価・換算差額等

東京都

（※）は行政の特質を考慮し、設定している区分及び科目です。

(資産の部)	(負債の部)
流動資産 　現金預金 　収入未済 　不納欠損引当金 固定資産 　行政財産（※） 　　建物 　　土地 　普通財産（※） 　　建物 　　土地 　重要物品（※） 　インフラ資産（※） 　建設仮勘定 　投資その他の資産	流動負債 　還付未済金 　都債 　短期借入金 　未払金 固定負債 　都債 　長期借入金 　退職給与引当金 　その他固定負債
	(正味財産の部) 正味財産 　（うち当期正味財産増減額）

3　資産

貸借対照表の資産のうち、現金及び決算日（3月31日）の翌日から起算して1年以内に現金化される資産を「流動資産」とし、1年を超えて現金化される資産、または現金化することを本来の目的としない資産を「固定資産」として区分表示します。

(1) 流動資産

①現金預金

現金預金とは、地方自治法第235条の4に定める普通地方公共団体の歳入歳出に属する現金（以下「歳計現金」という）を指します。この場合、貨幣及び小切手などの貨幣代用物のほか、歳計現金の保管形態としての金融機関への短期預金を含むため、一括して現金預金として表示します。

②収入未済

収入未済とは、都が有する債権が納入期限内には回収できなかったものの今後回収が実現することを前提に、その債権を資産として計上しているものです。

東京都では、通常、現金収納を行う際に「調定」を行います。調定とは、地方自治法第231条の規定に基づき、収入の原因、債務者、金額等を調査し、決定する行為です。収入未済は、複式仕訳上、この調定を行った段階で発生します。

【仕訳例】

・手数料として100万円調定した。調定額を収入未済として資産計上すると同時に、手数料を行政コスト計算書に収入（収益）計上する。

借方科目	金　額	貸方科目	金　額
収入未済	100万円	手数料	100万円

・調定した手数料100万円を現金で受け取った。受取額を現金預金として資産計上すると同時に、調定時に資産計上していた収入未済を減額する。

借方科目	金　額	貸方科目	金　額
現金預金	100万円	収入未済	100万円

③不納欠損引当金

都税、使用料等の収入未済の一部については、時効の完成などによって不納欠損（徴収不能）となる可能性があるため、徴収不能見込額を不納欠損引当金として計上します。不納欠損引当金を計上することにより、東京都の資産価値の減少の可能性を表しているといえます。また、その計上額は、過去の不納欠損実績率等の合理的な基準を引当率とし、それを収入未済額に乗じた額を基本としています。なお、個々の債権の状況に応じた、より合理的な算定方法が存在する場合には、当該方法により引当金を計上することもできます。

不納欠損引当金は、収入未済の下に△（マイナス）で表示します。

収入未済の回収ができなくなり、不納欠損処理をした場合、不納欠損引当金が取り崩されます。

【仕訳例】

・前々年度まで不納欠損がなかったため、不納欠損の実績率が０％であった。しかし、前年度不納欠損が生じた結果、本年度末の不納欠損実績率を３％と見積った。よって、本年度の収入未済残高１億円に対し、不納欠損実績率３％を乗じて、不納欠損引当金300万円を計上する。不納欠損引当金繰入額として行政コスト計算書に300万円費用計上し、不納欠損引当金として貸借対照表に300万円負債計上する。

借方科目	金額	貸方科目	金額
不納欠損引当金繰入額	300万円	不納欠損引当金	300万円

・翌年度、収入未済100万円が不納欠損となった。よって、回収不能となった収入未済を資産から減額すると同時に、前年度に引き当てていた不納欠損引当金を負債から減額する。

借方科目	金額	貸方科目	金額
不納欠損引当金	100万円	収入未済	100万円

④基金積立金

財政調整基金及び流動資産に区分される減債基金が該当します。

財政調整基金は、年度間の財源調整を図り、財政の健全な運用に資するために設けられるものです。その取崩しに当たっては、使途が限定されず、比較的機動的な対応ができることから、財政調整基金は流動資産に計上します。

減債基金とは、公債の償還に備えて償還金を積み立てる基金のことです。減債基金のうち、1年以内に償還が予定されている公債の償還の財源に充てられるものは、流動資産に計上します。

⑤短期貸付金

貸付金のうち、流動資産に区分されるもの（1年以内に回収されると見込まれるもの）が該当します。

⑥貸倒引当金

貸付金のうち一部については、返還免除や減免となる可能性があるため、回収不能見込額を貸倒引当金として計上します。貸倒引当金を計上することにより、東京都の資産価値の減少の可能性を表しているといえます。その計上額は、過去の貸倒実績率等の合理的な基準を引当率とし、それを年度末の貸付金残高に乗じた額を基本とします。

なお、個々の債権の状況に応じた、より合理的な算定方法が存在する場合には、当該方法により引当金を計上することもできます。

貸倒引当金は、貸付金の下に△（マイナス）で表示します。

貸付金の回収ができなくなり、貸倒処理をした場合、貸倒引当金が取り崩されます。

【仕訳例】
・前々年度まで貸倒れがなかったため、貸倒れの実績率が0％であった。しかし、前年度貸倒れが生じた結果、本年度末の貸倒実績率を3％と見積もった。これにより、本年度の貸付金残高1億円に対し、貸倒実績率3％を乗じて、貸倒引当金300万円を計上する。よって、貸倒引当金繰入額として行政コスト計算書に300万円費用計上すると同時に、貸倒引当金として貸借対照表に300万円負債計上する。

● 第2節　東京都の財務諸表

借方科目	金額	貸方科目	金額
貸倒引当金繰入額	300万円	貸倒引当金	300万円

・翌年度、貸付金100万円が貸倒れとなった。よって、回収不能となった貸付金を資産から減額すると同時に、前年度に引き当てていた貸倒引当金を負債から減額する。

借方科目	金額	貸方科目	金額
貸倒引当金	100万円	貸付金	100万円

⑦その他流動資産

　その他、上記以外の流動資産を計上します。ただし、金額的に重要性があるものについては独立の科目で表示します。平成18年度決算における東京都の貸借対照表の「その他流動資産」には、土地区画整理事業に係る保留地等を計上しています。

　保留地は、土地区画整理事業の施行により整備された土地のうち、売却して事業費に充当するための土地をいいます。東京都では、保留地を販売目的の土地（たな卸資産）であるととらえ、流動資産に計上しています。

(2) 固定資産

　固定資産は、行政財産、普通財産、重要物品、インフラ資産、建設仮勘定、投資その他の資産の6つに区分して明瞭に表示するとともに、行政財産、普通財産、インフラ資産については、各々を有形固定資産及び無形固定資産に分類します。

　また、東京都は固定資産の評価に、客観性と確実性が高く、かつ、一般財源の使途を表示するという目的にも合致している取得原価主義を採用していますので、固定資産の評価は取得原価を基礎として算定しています。

　なお、償却資産については取得原価から減価償却累計額を控除した価額（これを未償却残高といいます）を計上し、減価償却累計額は有形固定資産及び無形固定資産附属明細書に表示します。

①有形固定資産

地方自治法第238条第1項各号に定める公有財産のうち、建物、工作物、立木、船舶、航空機、浮標、浮桟橋、浮ドック及び土地を指します（ただし、後述の④インフラ資産に属するものを除きます）。

②無形固定資産

地方自治法第238条第1項各号に定める公有財産のうち、地上権等の用益物権、特許権や著作権等の無体財産及びこれらに準ずる権利が該当し、地上権及びその他無形固定資産に分類して計上します。

③重要物品

地方自治法第239条第1項に定める物品で東京都が所有するもののうち、取得価額が100万円以上のものが該当します。東京都の重要物品には自動車や医療機器などがあります。

④インフラ資産

行政財産のうち、道路、橋梁、港湾、漁港、空港及び鉄道をいい、これらの資産と一体となって機能するものを含みます。インフラ資産のうち、有形固定資産は土地と土地以外に区分し、無形固定資産は地上権とその他無形固定資産に区分して計上します。

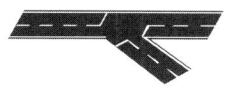

なお、インフラ資産を他の資産と区分して表示するのは、インフラ資産が他の資産にはみられない次のような性質を有しているためです。

①	都市活動の維持及び拡大を図るうえで必要不可欠な社会資本であり、都民の日常生活又は経済活動の基盤であること
②	市場経済に委ねた場合、十分に供給されないため、東京都が自らの責任において整備することが要請される資産であること
③	長期間にわたり広域に及ぶ不特定多数の人々に供用されることから、処分や使途の変更が著しく困難な資産であること

また、インフラ資産を区分計上することには、次のような意義があります。

①	都市基盤整備という行政に固有かつ主要な業務について、その供給実績を会計情報という客観的な指標により把握できること
②	処分して換金することが困難であるという点において、民間が保有する有形の固定資産とは性格を異にしており、行政に固有のものであるため、特に分類して表示する必要があること
③	他の有形固定資産と異なり、金額が多額に及ぶとともに、その機能が長期的かつ広域的に発揮されることから、特に分類して示す必要があること

⑤建設仮勘定

　建物や工作物等の工事などで有形固定資産を形成する支出を行う場合、その資産が完成（公有財産台帳等への登録）した後、該当する資産の勘定科目に計上します。多くの場合、このような資産形成は完成までに数年の期間を要するため、その期間は、本来の勘定科目に計上できないことになります。

　そこで、資産が完成するまでの間、支出金額を計上するために設けられる勘定科目を建設仮勘定といいます。資産が完成した後、建設仮勘定から本来の勘定科目への振替を行います（**図4**）。

【仕訳例】

・工事1年目にA建物の設計委託代金として1億円、工事代金として5億円を現金で支出した。よって、設計委託代金と工事代金の計6億円を建設仮勘定として資産計上すると同時に、資産に計上している現金預金を減額する。

借方科目	金額	貸方科目	金額
建設仮勘定	6億円	現金預金	6億円

⇩

・工事2年目にA建物の施工監理委託代金として1億円、工事代金として16億円を現金で支出した。よって、施工監理委託代金と工事代金の計17億円を建設仮勘定として資産計上すると同時に、資産に計上している現金預金を減額する。

借方科目	金額	貸方科目	金額
建設仮勘定	17億円	現金預金	17億円

図4

建設仮勘定の例

1年目

○設計委託
　1億円支出
○工事
　5億円支出

起工決定！

設計委託 →

工事

○建設仮勘定
　　6億円（1年目）
＝　6億円を計上

2年目

○施工監理委託
　1億円支出
○工事
　16億円支出

施工監理委託 →

○建設仮勘定
　　6億円（1年目）
＋17億円（2年目）
＝23億円を計上

3年目（完成）

○施工監理委託
　1億円支出
○工事
　8億円支出

完成！！

○建設仮勘定
　　6億円（1年目）
　　17億円（2年目）
＋　9億円（3年目）
＝32億円
→建物として計上
　しなおす

東京都が建設仮勘定とするもの

次のいずれかに当てはまるもの
　Ⅰ　有形固定資産等の取得、新築、改築等により、資産価値の上昇を伴う工事等で公有財産台帳に登録されるもの
　Ⅱ　工事完了後、インフラ資産（土地は除く）となり道路台帳に登録されるもの

・工事3年目にA建物の施工監理委託代金として1億円、工事代金として8億円を現金で支出した。よって、施工監理委託代金と工事代金の計9億円を建設仮勘定として資産計上すると同時に、資産に計上している現金預金を減額する。

借方科目	金額	貸方科目	金額
建設仮勘定	9億円	現金預金	9億円

・工事3年目の年度末にA建物が完成した。よって、建設仮勘定から建物勘定へ勘定科目を振り替える。

借方科目	金額	貸方科目	金額
建物	32億円	建設仮勘定	32億円

⑥投資その他の資産

ア　有価証券及出資金

　公有財産のうち、国債、株式、出資証券等が該当します。有価証券及出資金は市場価格の有無にかかわらず、取得原価を貸借対照表に計上します。ただし、取引所の相場のあるものについては、時価が著しく下落したときは、回復の見込があると認められる場合を除いて時価で評価し計上します。また、取引所の相場のないものについては、発行会社の財政状態の悪化により実質価額が著しく低下したときに強制的に相当の減額をします。この減額によって生じた評価差額については、当該年度の「特別費用」として行政コスト計算書に計上します。

【仕訳例】

・1,000万円の有価証券を保有していたが、発行会社の財政状態の悪化により実質価額が100万円と見積られた。よって、有価証券を900万円減額し、同額を投資有価証券評価損として行政コスト計算書に費用計上する。

借方科目	金額	貸方科目	金額
投資有価証券評価損	900万円	有価証券及出資金	900万円

なお、財団法人等に対する出捐(しゅつえん)金については、寄付金としての性格を有するため、東京都では出捐金を資産計上せず、行政費用として行政コスト計算書に計上します。

・財団法人に1,000万円出資した。この支出は寄付金としての性格を有するため、出資金とは認められない。よって、その他行政費用として行政コスト計算書に費用計上すると同時に、資産に計上している現金預金を減額する。

借方科目	金額	貸方科目	金額
その他行政費用	1,000万円	現金預金	1,000万円

イ　公営企業会計出資金
　公営企業会計に対する出資金（公営企業会計の繰入資本金）が該当します。

【仕訳例】
・公営企業に1,000万円出資した。よって、出資した1,000万円を公営企業会計出資金として資産計上すると同時に、資産に計上している現金預金を減額する。

借方科目	金額	貸方科目	金額
公営企業会計出資金	1,000万円	現金預金	1,000万円

ウ　長期貸付金
　貸付金のうち、固定資産に区分されるもの（1年以内に返済期限が到来しないもの）が該当します。
　貸付金が有利子貸付金の場合、貸付金の元本及び利子については、財務諸表にそれぞれ以下のように計上します。
　貸付金の元本は資産であるため貸借対照表に計上するのに対し、貸付金の利子は収入であるため行政コスト計算書に計上します。

貸付金	財務諸表の種類	計上箇所
元本	貸借対照表	流動資産／短期貸付金
		固定資産／長期貸付金
利子	行政コスト計算書	行政収入／諸収入

また、貸付金の元本を回収した場合、当該回収額は、キャッシュ・フロー計算書の社会資本整備等投資活動の区分に貸付金元金回収収入等という勘定科目で計上するのに対し、貸付金の利子を収入した場合、当該収入額は、キャッシュ・フロー計算書の行政サービス活動の区分に諸収入という勘定科目で計上します。

貸付金	財務諸表の種類	計上箇所
元本	キャッシュ・フロー計算書	社会資本整備等投資活動／貸付金元金回収収入等
利子	キャッシュ・フロー計算書	行政サービス活動／諸収入

貸付金の元金と利子が計上される財務諸表は、**図5**参照

エ　その他債権

地方自治法第240条に定める債権のうち、保証金、納付金、財産売払代金、損害賠償金等が該当します。

オ　基金積立金

特定目的基金、定額運用基金及び固定資産に区分される減債基金が該当します。

特定目的基金とは、福祉、施設建設、災害救助及び財政の安定化といった特定の目的のために積み立てている基金のことです。

定額運用基金とは、財源の調達を目的とするものでなく、土地の開発や用品の調達といった特定の目的のために定額の資金を運用する基金です。

カ　その他投資等

土地などを銀行等に信託し、その資産から発生する経済的利益（賃料収入など）を受け取る権利である信託受益権等が該当します。

4　負債

将来的に支払い義務が生じるものは負債として計上されます。具体的には借入金、公債、退職給与引当金などが該当します。

これらの負債は、資産と同様に1年以内に償還期限が到来するかどうかに

図5　貸付金が計上される財務諸表

取引及び仕訳の流れ

貸付金の貸付

現金を500万円貸し付けた。

借方科目	金額（万円）	貸方科目	金額（万円）
貸付金	500	現金預金	500

↓ 元金及び利子の回収

貸付金の利子収入に係る取引

貸付金の利子30万円を調定した。

借方科目	金額（万円）	貸方科目	金額（万円）
収入未済	30	貸付金利子収入	30

調定した貸付金の利子30万円のうち、20万円を収入した。

借方科目	金額（万円）	貸方科目	金額（万円）
現金預金	20	収入未済	20

貸付金の元本回収に係る取引

貸付金の元本200万円を調定した。

借方科目	金額（万円）	貸方科目	金額（万円）
収入未済	200	貸付金	200

調定した貸付金の元本200万円のうち、150万円を収入した。

借方科目	金額（万円）	貸方科目	金額（万円）
現金預金	150	収入未済	150

※現金預金をともなう取引は、すべてキャッシュ・フロー計算書に計上します。

財務諸表（計上箇所）

キャッシュ・フロー計算書

- 行政サービス活動
  - 収入
    - 税収等
    - 国庫支出金等
    - 業務収入その他
      - 諸収入
      - **貸付金利子収入**
    - 金融収入
  - 支出
    - 行政支出等
    - 金融支出
    - 特別支出
- 社会資本整備等投資活動
  - 収入
    - 国庫支出金等
    - 財産収入・基金繰入金
    - **貸付金元金回収収入等**
    - 保証金収入
  - 支出
    - 社会資本整備支出等
- 財務活動
  - 収入・支出
    - 都債等
- 収支差額合計

貸借対照表の貸付金が減少します。

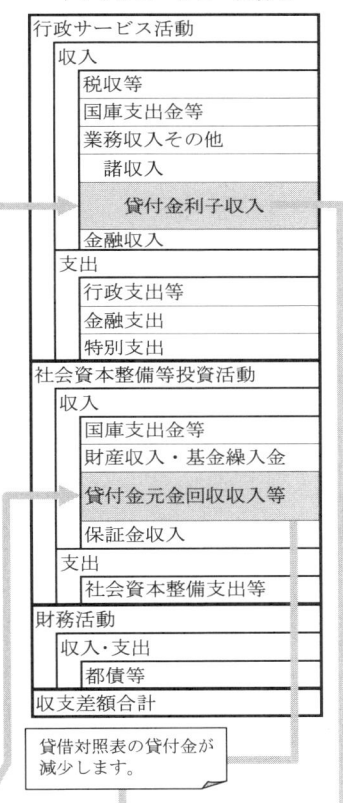

貸借対照表

- 資産の部
  - 流動資産
  - 固定資産
    - **長期貸付金**
- 負債の部
  - 流動負債
  - 固定負債
- 正味財産の部
  - 正味財産

行政コスト計算書

- 通常収支の部
  - 行政収支の部
    - 行政収入
      - **貸付金利子収入**
    - 行政費用
  - 金融収支の部
    - 金融収入
    - 金融費用
- 特別収支の部
  - 特別収入
  - 特別費用
- 収支差額

●第2節　東京都の財務諸表

東京都会計基準による資産の表示科目

科　　目	金額(円)
資産の部	
Ⅰ 流動資産	
現金預金	
収入未済	
不納欠損引当金	△
基金積立金	
財政調整基金	
減債基金	
短期貸付金	
貸倒引当金	△
その他流動資産	
Ⅱ 固定資産	
1 行政財産	
1 有形固定資産	
建物	
工作物	
立木	
船舶等	
浮標等	
土地	
2 無形固定資産	
地上権	
その他無形固定資産	
2 普通財産	
1 有形固定資産	
建物	
工作物	
立木	
船舶等	
浮標等	
土地	
2 無形固定資産	
地上権	
その他無形固定資産	
3 重要物品	
4 インフラ資産	
1 有形固定資産	
土地	
土地以外	
2 無形固定資産	
地上権	
その他無形固定資産	
5 建設仮勘定	
6 投資その他の資産	
有価証券及出資金	
公営企業会計出資金	
長期貸付金	
貸倒引当金	△
その他債権	
基金積立金	
減債基金	
特定目的基金	
定額運用基金	
その他投資等	
資産の部合計	

流動資産
決算日（3月31日）の翌日から起算して1年以内に現金化される資産

不納欠損引当金
時効の完成等によって不納欠損となる可能性がある収入未済について、一定の比率で設定する徴収不能見込額

固定資産
決算日（3月31日）の翌日から起算して1年を超えて現金化される資産、または現金化することを本来の目的としない資産

行政財産
地方自治法第238条第3項に定める行政財産（インフラ資産及び投資その他の資産に属するものは除く。）

普通財産
地方自治法第238条第3項に定める普通財産（インフラ資産及び投資その他の資産に属するものは除く。）

重要物品
地方自治法第239条第1項に定める物品のうち取得価額が100万円以上のもの

インフラ資産
行政財産のうち、道路、橋梁、港湾、漁港、空港及び鉄道、並びにこれらの資産と一体となって機能するもの

建設仮勘定
建設又は製作途中にある固定資産の取得に要した支出の累計額

有価証券及出資金
地方自治法第238条第1項に定める公有財産のうち、国債、株式及び出資証券等

貸倒引当金
返還免除や減免となる可能性がある貸付金について、一定の比率で設定する回収不能見込額

より、流動負債と固定負債に分けて表示します。

なお、未払金（特定の契約等によりすでに確定している債務のうち、未だその支払が終わらないもの）についてですが、東京都の財務諸表では、出納整理期間（4月1日から5月31日までの2か月間）の収支を反映させていますので、未払金は、原則として"0"になります。東京都が、財務諸表に出納整理期間の収支を反映させた理由は主に以下のとおりです。

	理　　　由
①	自治体の場合、会計年度独立の原則のもとに予算統制を受けて業務を執行している以上、出納整理期間を入れないと予算と決算の関係を明確に捉えることができず、財務諸表を適切に活用していくことができません。実際に、出納整理期間中には金額の変動があります。
②	現行官庁会計の決算書とキャッシュ・フロー計算書との間に不整合が生じた場合、都民にとっては、かえって分かりにくいものになります。
③	現金収支について2種類の決算値を管理することとなるので職員の事務負担が増大し、事務の非効率化を招きます。

（1）流動負債

①還付未済金

　過誤納金（納入者が誤って納め過ぎた税金等）のうち当該会計年度末までに納入者等に返還が終わらなかったものです。

②都債（公債）

　公債のうち、来年度に償還される予定のものが該当します。公債は、券面額で計上し、減債基金相当額は控除しません。

　東京都は必要に応じて財産の形成等のために公債を発行しますが、この公債の発行額を貸借対照表に負債として計上し資産と対比して表示することによって、東京都の財政状態を明確にすることができます。

③短期借入金

ア　他会計借入金

　一般会計及び各特別会計からの借入金並びに公営企業会計からの借入金の

うち、1年以内に返済義務が生じるものが該当します。

イ　基金運用金
　基金からの借入金のうち、1年以内に返済義務が生じるものが該当します。

ウ　その他短期借入金
　短期借入金のうち上記以外が該当します。
　国からの借入金などを計上しています。

④未払金
ア　支払繰延
　会計年度末までに支払義務が発生したが、その支払いが当該年度内に終了していないもののうち、還付未済金及び未払保証債務に属するものを除くものが該当します。通常は、"0"となります。

イ　未払保証債務
　地方自治法第214条に定める債務負担行為のうち、債務保証及び損失補償に係るものであって、かつその履行すべき金額が確定したが、その支払いが会計年度末までに終了していないものが該当します。翌年度以降の支出予定額を計上します。

ウ　その他未払金
　未払金のうち上記以外が該当します。

⑤その他流動負債
　流動負債のうち上記以外のものが該当します。
　当該年度返還予定の敷金などを計上します。

(2) 固定負債
① 　都債（公債）
　都債のうち、償還期限まで1年を超えるものが該当します。

② 長期借入金
ア　他会計借入金
　一般会計及び各特別会計からの借入金や公営企業会計からの借入金のうち、1年を超えて返済義務が生じるものが該当します。

イ　基金運用金
　基金からの借入金のうち、1年を超えて返済義務が生じるものが該当します。

ウ　その他長期借入金
　長期借入金のうち上記以外が該当します。

③　退職給与引当金
　職員が退職した際には、退職金が支払われますが、これは職員が複数年にわたって働いた結果として得られるものです。つまり、職員が働けば、潜在的に退職金の支払義務は生じるので、当該時期までに発生している退職金の支払額に見合う金額を退職給与引当金として計上します。
　すなわち、退職給与引当金とは、職員に将来支払う退職金のうち、当期の負担として発生している分を費用化し、その結果として積み上がった負債であるということができます。
　なお、退職給与引当金の計上は発生主義会計特有の概念であり、他の引当金と同様、計上時に現金を伴うものではありません。よって、必ずしも将来実際に支払われる退職金が積み立てられているとは限りません。また、他の引当金と同様、退職給与引当金の計上基準について注記します。

【事例】
　次頁のイメージ図にあるように、発生主義会計では、退職時に退職金3,000万円を受け取る予定の職員の退職金は、現時点で1,500万円発生しているととらえます。よって、現年度の貸借対照表の負債の部に退職給与引当金として、1,500万円計上します（図6）。

【仕訳例】現時点で退職給与引当金を1,500万円計上している。

第2節 東京都の財務諸表

図6 退職給与引当金が発生するイメージ

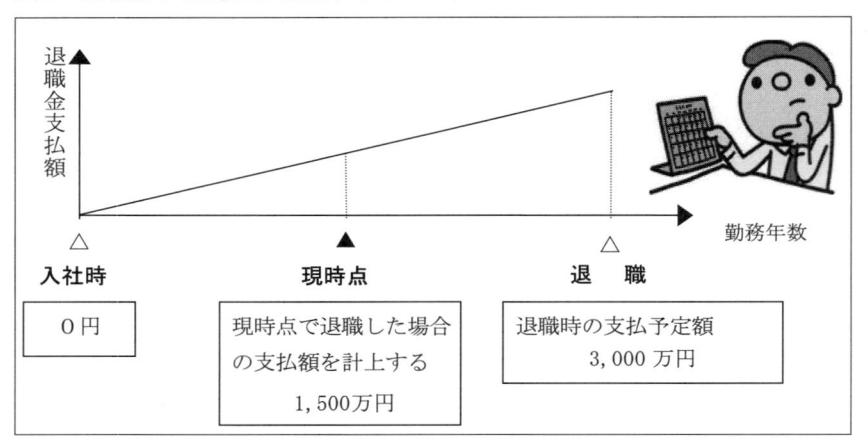

```
退職金支払額 ↑
            |                              /|
            |                           /   |
            |                        /      |
            |                     /         |
            |                  /            |
            |               /               |
            |            /                  |
            |         /                     |
            |      /                        |
            |   /                           |
            |/_____→ 勤務年数
            △           ▲              △
          入社時       現時点            退 職
          
          ┌────┐   ┌──────────────┐   ┌──────────────┐
          │0円 │   │現時点で退職した場合│   │退職時の支払予定額│
          └────┘   │の支払額を計上する  │   │  3,000万円    │
                   │   1,500万円      │   └──────────────┘
                   └──────────────┘
```

・職員が退職したため、退職金1,500万円を支払った。よって、負債に計上している退職給与引当金を1,500万円減額し、同時に資産に計上している現金預金を減額する。

借方科目	金額	貸方科目	金額
退職給与引当金	1,500万円	現金預金	1,500万円

・決算時に退職給与引当金を100万円新たに計上する。よって、退職給与引当金繰入額として行政コストに100万円費用計上すると同時に、同額を退職給与引当金として負債計上する。

借方科目	金額	貸方科目	金額
退職給与引当金繰入額	100万円	退職給与引当金	100万円

④その他引当金

　その他の引当金（修繕引当金等）が該当します。

⑤その他固定負債

ア　預り保証金

　公営住宅の預り保証金（敷金）などが該当します。

東京都会計基準による負債及び正味財産の表示科目

科　目	金額(円)
負債の部	
Ⅰ　流動負債	
還付未済金	
都債	
短期借入金	
他会計借入金	
基金運用金	
その他短期借入金	
未払金	
支払繰延	
未払保証債務	
その他未払金	
その他流動負債	
Ⅱ　固定負債	
都債	
長期借入金	
他会計借入金	
基金運用金	
その他長期借入金	
退職給与引当金	
その他引当金	
その他固定負債	
預り保証金	
その他固定負債	
負債の部合計	
正味財産の部	
正味財産	
（うち当期正味財産増減額）	
正味財産の部合計	
負債及び正味財産の部合計	

流動負債
　決算日（3月31日）の翌日から起算して、1年以内に履行期が到来する負債

未払保証債務
　地方自治法第214条に定める債務負担行為のうち、債務保証及び損失補償に係るものであって、その履行すべき金額が確定したが、その支払が終了していないもの

固定負債
　決算日（3月31日）の翌日から起算して、1年を超えて履行期が到来する負債

退職給与引当金
　在籍する職員が自己都合により退職するとした場合の退職手当要支給額

（退職給与引当金算定式）
職員の平均給与月額×退職手当支給率×職員数

正味財産
　貸借対照表における資産総額と負債総額の差額

イ　その他固定負債

　上記以外の固定負債が該当します。ただし、金額的に重要性があるものについては独立の科目で表示します。

5　正味財産

　資産総額と負債総額の差額は、正味財産として計上されます。貸借対照表の表示としては正味財産という科目で表示し、内訳表示は行いません。

　正味財産の内訳や増減原因は、正味財産変動計算書で各項目の変動状況ごとに表示します。

3 行政コスト計算書

1　行政コスト計算書とは

　民間の企業会計でいう損益計算書（Ｐ／Ｌ～ピーエル～）に該当するものです。ただし、民間企業は利益の獲得を目的として活動しますが、自治体は住民福祉の向上を目的として活動します。また、民間企業では経済活動と獲得される収益との間に直接的な対価性がありますが、自治体ではその主たる収入である税と個別の行政活動との間に直接的な対価性がありません。東京都は、行政コスト計算書において、民間の損益計算書における「収益」という用語は用いず、行政サービスの提供に要した費用（コスト）に対する財源という概念に整理し、「収入」という用語を用いています（図7）。

　したがって、行政コスト計算書は、東京都の行政活動の実施に伴い発生した「費用」と、その財源としての「収入」との対応関係、及びその両者の差額を明らかにすることを目的として作成するものといえます。

　「収入」と「費用」の差額は、行政コスト計算書では、「当期収支差額」として表示します。この「当期収支差額」は、貸借対照表の内訳を表す正味財産変動計算書の、「その他剰余金」に加減算します（136頁参照）。

　従来の官庁会計は、現金の収入と支出により決算が行われていたのに対し、行政コスト計算書では、減価償却費や引当金の繰入額など、現金を伴わないコストも費用として計上して表示します。これにより、行政コスト計算書において真のコスト情報を把握することができます。

図7

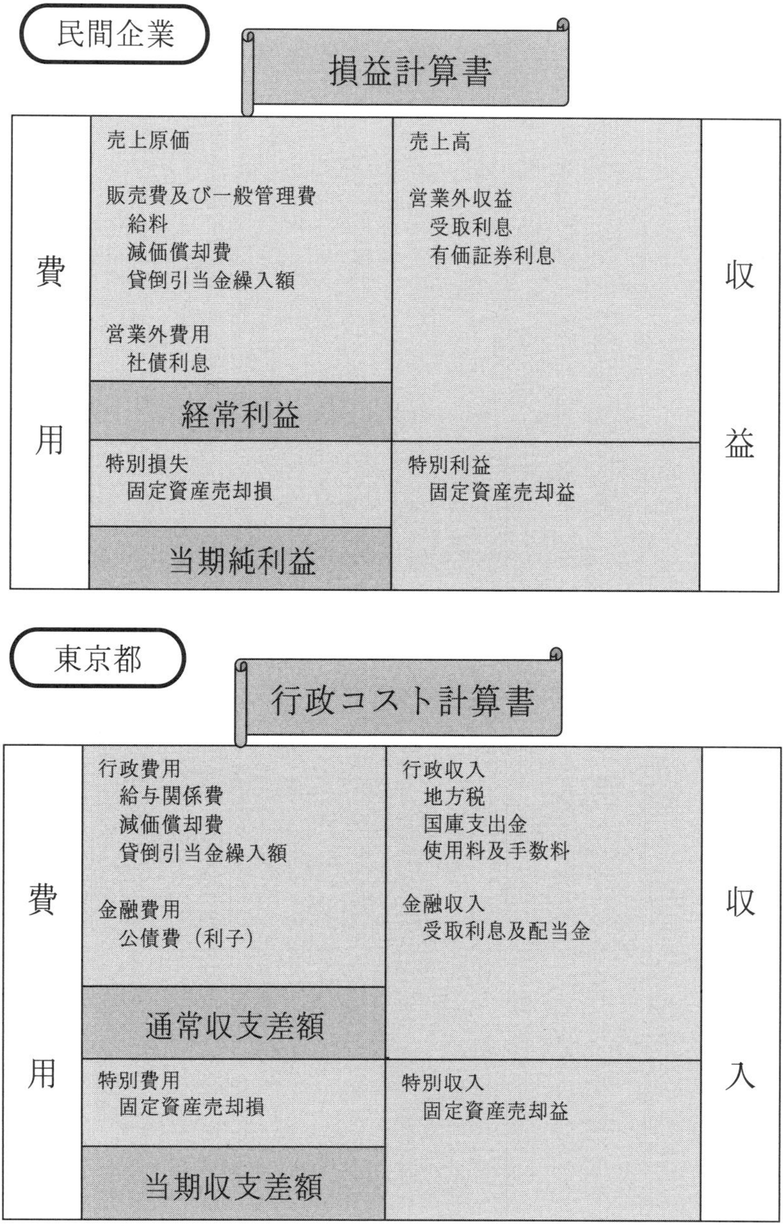

民間企業

損益計算書

費用		収益	
売上原価		売上高	
販売費及び一般管理費 　給料 　減価償却費 　貸倒引当金繰入額		営業外収益 　受取利息 　有価証券利息	
営業外費用 　社債利息			
経常利益			
特別損失 　固定資産売却損		特別利益 　固定資産売却益	
当期純利益			

東京都

行政コスト計算書

費用		収入	
行政費用 　給与関係費 　減価償却費 　貸倒引当金繰入額		行政収入 　地方税 　国庫支出金 　使用料及手数料	
金融費用 　公債費（利子）		金融収入 　受取利息及配当金	
通常収支差額			
特別費用 　固定資産売却損		特別収入 　固定資産売却益	
当期収支差額			

第4章　東京都会計基準とその考え方

● 第2節 東京都の財務諸表

2 行政コスト計算書の科目分類

予算との関連付けを明確にするとともに、経営分析に活用できようにするため、行政コスト計算書及びキャッシュ・フロー計算書の支出に関わる勘定科目について、東京都の一般会計及び特別会計の歳出予算に用いる性質別の科目分類(以下「都予算性質別」という)を採用しました。都予算性質別とは、経費をその経済的機能に着目して給与関係費、物件費及び投資的経費等に分類したものです。

総務省(国)様式の決算で使用する普通会計性質別とほぼ同様の分類ですが、若干異なる点があります(**表1**)。

表1

都予算性質別と普通会計決算性質別との主な相違点

性質別分類		相違点の例
都予算	普通会計決算	
1. 給与関係費	1. 人件費	○事業費支弁人件費(職員費) 　都予算:含む　普通会計:含まない(→普通建設事業費等)
2. 物件費	2. 物件費	○備品購入費(1件百万円以上) 　都予算:含む　普通会計:含まない(→普通建設事業費)
3. 維持補修費	3. 維持補修費	○物件費により取得した物件の修理 　都予算:含む　普通会計:含まない(→物件費)
4. 扶助費	4. 扶助費	普通会計は「被扶助者に直接支給したものに係る経費」のみ計上
5. 補助費等	5. 補助費等	○公営企業会計に係る補助金 　都予算:含まない(→繰出金) 　普通会計:含む(法非適用公営企業会計向け補助金は繰出金とする)
6. 投資的経費	6. 普通建設事業費	○「その団体」「補助金」「受託事業費」の区分 　都予算:行わない　普通会計:行う(執行内容により区分する)
	7. 災害復旧事業費	○事業費支弁人件費(職員分) 　都予算:含まない(→人件費)　普通会計:含む
	8. 失業対策事業費	○最終使途が投資的経費となる出資金(節の投資及出資金) 　都予算:含む　普通会計:含まない(→投資及出資金)
7. 公債費	9. 公債費	○公債費会計への繰出金 　都予算:含む(元利償還金及び減債基金積立金相当分のみ) 　普通会計:含まない(→繰出金)
8. 出資金	11. 投資及び出資金	○公営企業会計に対する出資金 　都予算:含まない(→繰出金) 　普通会計:含む(法非適用公営企業会計向けは繰出金とする) ○最終使途が投資的経費となる出資金(節の投資及出資金) 　都予算:含まない(→投資的経費)　普通会計:含む
9. 貸付金	12. 貸付金	○公営企業会計に対する貸付金 　都予算:含まない(→繰出金) 　普通会計:含む(法非適用公営企業会計向けは繰出金とする)
10. 積立金	10. 積立金	○入札保証金 　都予算:含む　普通会計:含まない(→補助費等)
11. 繰出金	13. 繰出金	○公営企業会計に対する補助金、出資金、貸付金 　都予算:含む 　普通会計:含まない(→補助費、投資及び出資金、貸付金) 　(ただし、法非適用公営企業会計向けは繰出金に含む)

東京都会計基準による行政コスト計算書の表示科目

費用科目

都の予算性質別による分類:
- 行政費用
  - 税連動経費
  - 給与関係費
  - 物件費
  - 維持補修費
  - 扶助費
  - 補助費等
  - 投資的経費補助
  - 投資的経費単独
  - 投資的経費国直轄
  - 出資金（出捐金）
  - 繰出金

発生主義会計による費用:
- 減価償却費
- 債務保証費
- 不納欠損引当金繰入額
- 貸倒引当金繰入額
- 退職給与引当金繰入額
- その他引当金繰入額

目的別予算科目と都予算性質別の関連図

予算科目(節・細節)	目的・内容	都予算性質別
給料	職員の給料	給与関係費
委託料	国際会議の運営委託	物件費
委託料	休日診療運営委託	補助費等
委託料	施設の建築設計委託	投資的経費
工事請負費	施設の新築工事	投資的経費
工事請負費	既存建物外壁塗装工事	維持補修費

第4章 東京都会計基準とその考え方

3 収入科目と費用科目の内訳

東京都は、日々の複式処理で使用する勘定科目を明瞭性の観点から見やすくするため、大括りの勘定科目にまとめた上で公表しています。以下、平成18年度東京都決算参考書財務諸表で公表している勘定科目と日々の複式仕訳で用いる勘定科目を掲載します。なお、公表している勘定科目と日々の複式仕訳で用いる勘定科目が同じものは省略しています。

(1) 収入勘定科目について

収入勘定科目には、主に予算上の「款」の歳入科目名を採用しています（**表2**）。

表2 ①通常収支の部に計上される収入勘定科目一覧

通常収支の部	
公表している勘定科目	日々の複式処理で使用する勘定科目
地方税	都税
	地方消費税
事業収入（特別会計）	貸付金利子収入
	掛金収入
	契約違約金
財産収入	財産貸付等運用収入
	その他財産収入
諸収入	延滞金及加算金
	貸付金利子収入
	収益事業収入（宝くじ）
	物品売払代金
	高速道路等関連施設助成交付金
	住宅関連保証金利子収入
	弁償金及報償金
	雑入

繰入金	特別会計繰入金
	公営企業会計繰入金

表2　②特別収支の部に計上される収入勘定科目一覧

特　別　収　支　の　部	
公表している勘定科目	日々の複式仕訳で用いる勘定科目
その他特別収入	投資有価証券売却益
	不納欠損引当金戻入益
	貸倒引当金戻入益
	退職給与引当金戻入益
	その他過年度損益修正益
	償却債権取立益
	その他特別収入

(2) 費用勘定科目について

費用勘定科目には主に東京都予算性質別に準じた勘定科目名を採用しています（表3）。

表3　①通常収支の部に計上される費用勘定科目一覧

通　常　収　支　の　部	
公表している勘定科目	日々の複式仕訳で用いる勘定科目
税連動経費	補助費等
	繰出金
給与関係費	給料等
	職員手当等
	共済関係費
	災害補償費
物件費	委託料
	需用費
	使用料及賃借料

●第2節　東京都の財務諸表

	備品購入費
	その他物件費
減価償却費	行政財産建物減価償却費
	行政財産工作物減価償却費
	行政財産船舶等減価償却費
	行政財産浮標等減価償却費
	行政財産無形固定資産減価償却費
	普通財産建物減価償却費
	普通財産工作物減価償却費
	普通財産船舶等減価償却費
	普通財産浮標等減価償却費
	普通財産無形固定資産減価償却費
	重要物品減価償却費
	インフラ有形固定資産減価償却費
	インフラ無形固定資産減価償却費

表3　②特別収支の部に計上される費用勘定科目一覧

特　別　収　支　の　部	
公表している勘定科目	日々の複式仕訳で用いる勘定科目
その他特別費用	投資有価証券売却損
	投資有価証券評価損
	その他過年度損益修正損
	その他特別費用

(3) 投資的経費

　投資的経費とは、公共土木施設、文教施設など、基本的に建設事業で社会資本の形成となる支出です（災害復旧事業費を含みます）。

　このため、投資的経費の性質上、本来は資産として貸借対照表に計上されるものが大部分ですが、国道や河川のように国の所有となる資産形成に寄与する経費、取替法を採用している資産の更新経費、事務費等の資産形成に寄

与しない経費等については、行政コスト計算書の費用として計上します。

(4) 国庫支出金

国庫支出金については、当該国庫支出金が都の資産形成に寄与するものか否かで計上する勘定科目が異なります。東京都の資産形成に充当される国庫支出金については、貸借対照表の正味財産（正味財産変動計算書の国庫支出金による固定資産等の増減）として計上しています。これに対し、都の資産形成に寄与しないものについては、行政コスト計算書の収入に計上しています。

(5) 減価償却費

①減価償却費とは

現金主義会計では、固定資産を取得すると取得した年度に支出を行うことで会計処理としては完結しますが、発生主義会計では現金の支出とは別に、その固定資産が利用できる期間にわたって固定資産の価値の減少分を費用として行政コスト計算書に計上します。この費用を減価償却費といいます。

例えば、10年間利用できる機械を100万円で購入した場合、100万円を10年間で償却して費用計上することになります。

東京都では、建物や工作物などの公有財産について、従来から種別や構造により細かく分類し、税法等を参考にし、分類に応じて耐用年数及び残価率の設定を行っていました。資産を管理する財産情報システム及び物品管理システムにおいて減価償却費の算定及び減価償却累計額の把握を行っています。

②定額法採用の理由

減価償却には定額法や定率法などいろいろな方法がありますが、減価償却方法に毎期一定額を費用として計上する定額法を用いることにより、費用が将来にわたって均等配分されます（43頁参照）。これにより、資産の構築に係る費用負担が現役世代と将来世代によって按分されることになります。東京都では減価償却の方法として定額法を採用しています。

③インフラ資産の償却について

インフラ資産の中でも、道路は舗装やガードレールなど更新が頻繁に行わ

れます。個々の道路の更新サイクルは道路事情により様々であり、画一的な耐用年数の適用は実態に合いません。また、全体が繋がって1つの機能を果たしていることから、道路全体で1つの資産としてみなすことができ、個々の資産を償却するという減価償却の手法になじみません。そこで、こうした資産については減価償却を行わず、新規に構築された場合を除き更新経費は行政コスト計算書に費用として計上する、「取替法」を採用しています(図8)。

図8　取替法を適用するインフラ資産

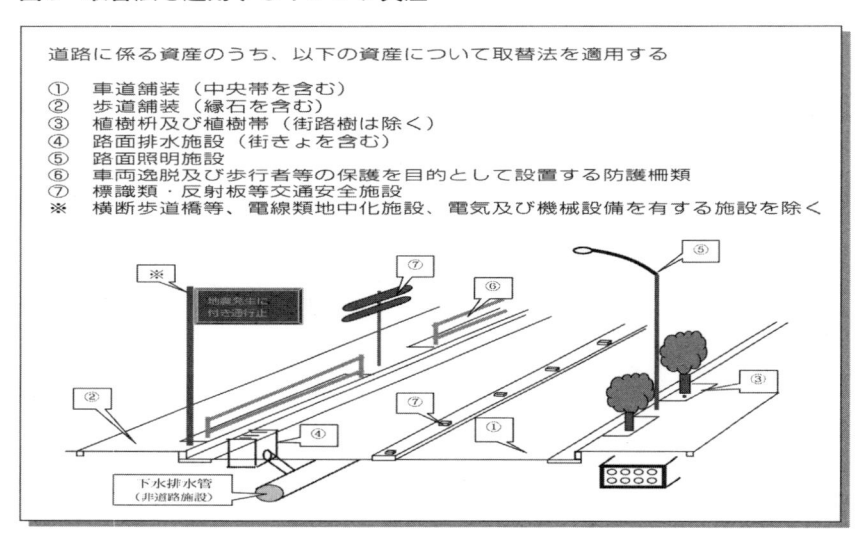

```
道路に係る資産のうち、以下の資産について取替法を適用する

① 車道舗装（中央帯を含む）
② 歩道舗装（縁石を含む）
③ 植樹枡及び植樹帯（街路樹は除く）
④ 路面排水施設（街きょを含む）
⑤ 路面照明施設
⑥ 車両逸脱及び歩行者等の保護を目的として設置する防護柵類
⑦ 標識類・反射板等交通安全施設
※ 横断歩道橋等、電線類地中化施設、電気及び機械設備を有する施設を除く
```

(6) 都債発行費と都債発行差金について

都債発行費は、都債を発行する際に要した経費（都債を引き受ける銀行に対して支払った元利金の償還に係る手数料を含む）をいい、行政コスト計算書の「金融費用／都債発行費」とキャッシュ・フロー計算書の「金融支出／公債費（利子・手数料）」に計上します。

【仕訳例】
・都債1,000万円を平価発行（券面額と同額で発行）した。このとき、手数料として1万円支払った。

借方科目	金額	貸方科目	金額
現金預金	1,000万円	都　債	1,000万円
都債発行費	1万円	現金預金	1万円

　都債の発行に際しては、都債発行差金という費用も発生します。
　都債発行差金とは、都債を割引発行（券面額より低い価額で発行）した場合の券面額と発行価額との差額をいい、行政コスト計算書の「金融費用／都債発行差金」に計上します。通常、公債の発行に当たっては額面金額より小さい金額で発行するのが一般的です。これは、実質利率を調整するために行われる処理で、現金を伴わない取引になるため、キャッシュ・フロー計算書には計上しません。

【仕訳例】
・額面1,000万円の都債を990万円で割引発行した。

借方科目	金額	貸方科目	金額
現金預金	990万円	都　債	1,000万円
都債発行差金	10万円		

4　キャッシュ・フロー計算書

1　キャッシュ・フロー計算書とは

　現金（キャッシュ）の流れ（フロー）を示した表のことです。
　民間企業では、キャッシュ・フローについて、企業の売り上げや販売による収支である「営業活動によるキャッシュ・フロー」、固定資産の取得や売却による収支である「投資活動によるキャッシュ・フロー」、借入金や資本の増減による収支である「財務活動によるキャッシュ・フロー」の3つに分類しています。このように分類することによって、どのような要因でキャッシュが増減したのかが分かるようになります。
　基本的にキャッシュが増えることは、企業の支払い余力が強くなることであり、好ましいことではあるのですが、例えば、同じキャッシュの増加でも、売上が増えた（営業活動によるキャッシュ・フローの増加）のと、借入金が

●第2節　東京都の財務諸表

図9　民間企業と東京都のキャッシュ・フロー科目

民間企業	東京都
区　　　　　　分	科　　　　　　目
Ⅰ　営業活動によるキャッシュ・フロー	Ⅰ　行政サービス活動
営業収入	税収等
原材料又は商品の仕入れによる支出	国庫支出金等
人件費の支出	業務収入その他
その他の営業支出	金融収入
小　　計	税連動経費
利息及び配当金の受取額	行政支出
利息の支払額	金融支出
損害賠償金の支払額	特別支出
法人税等の支払額	
営業活動によるキャッシュ・フロー	行政サービス活動収支差額
Ⅱ　投資活動によるキャッシュ・フロー	Ⅱ　社会資本整備等投資活動
有価証券の取得による支出	国庫支出金等
有価証券の取得による収入	財産収入
有形固定資産の取得による支出	基金繰入金
有形固定資産の売却による収入	貸付金元金回収収入等
投資有価証券の取得による支出	保証金収入
投資有価証券の取得による収入	社会資本整備支出
貸付による支出	基金積立金
貸付金の回収による収入	貸付金・出資金等
	保証金支出等
投資活動によるキャッシュ・フロー	社会資本整備等投資活動収支差額
Ⅲ　財務活動によるキャッシュ・フロー	Ⅲ　財務活動
短期借入れによる収入	短期借入れによる収入
短期借入金の返済による支出	短期借入金の返済による支出
長期借入れによる収入	長期借入れによる収入
長期借入金の返済による支出	長期借入金の返済による支出
社債の発行による収入	社債の発行による収入
社債の償還による支出	社債の償還による支出
財務活動によるキャッシュ・フロー	財務活動収支差額
Ⅳ　現金及び現金同等物に係る換算差額	収支額合計
Ⅴ　現金及び現金同等物の増加額（又は減少額）	前年度からの繰越金
Ⅵ　現金及び現金同等物の期首残高	形式収支
Ⅶ　現金及び現金同等物の期末残高	

増えた(財務活動によるキャッシュ・フローの増加)のでは意味合いが違います。このようにキャッシュ・フローを分類して表示することによって、企業の業績がより分かるようになります。

東京都のキャッシュ・フロー計算書の基本的な構成は民間企業と同じであり、経常的な行政サービスに伴う現金収支を「行政サービス活動キャッシュ・フロー」、固定資産の形成や基金の増減をもたらす現金収支を「社会資本整備等投資活動キャッシュ・フロー」、公債の発行や借入金による財源の調達や償還に伴う現金収支を「財務活動キャッシュ・フロー」に記録し、3区分に分けてキャッシュの増減を表示します。

なお、官庁会計は現金主義会計であり、キャッシュ・フローそのものなので、キャッシュ・フロー計算書は、官庁会計の決算を予算科目に沿って3つの活動区分に分類して表したものであるともいうことができます(図9)。

2　行政コスト計算書とキャッシュ・フロー計算書との金額の違いについて

行政コスト計算書は、基本的にはキャッシュ・フロー計算書のうちの行政サービス活動の収入・費用を計上し、これに非現金取引による損益を加減算することによって作成します。

また、行政コスト計算書は、収入や費用が発生した時点で記帳を行うのに対し、キャッシュ・フロー計算書は、現金の収支があった時点で記帳を行います。この両者の記帳タイミングが異なるということが両者の金額が異なるひとつの原因となります。

なお、東京都の財務諸表においては、両者の違いの原因について、注記により明らかにしています。

【事例】
(1) 使用料の相違

行政コスト計算書では、現金収入がなくても、調定した年度に発生主義に基づき使用料として計上します。これに対し、キャッシュ・フロー計算書では、現金主義に基づき現実に収入した結果を認識するので、調定をしても年度末に現金収入がなく、収入未済のままであれば使用料として計上しません。

【仕訳例】

・当年度に100万円使用料を調定した。よって、収入未済として資産計上すると同時に、行政コスト計算書に使用料として収入計上する。

借方科目	金額	貸方科目	金額
収入未済	100万円	使用料	100万円

・このうち、当年度に90万円の現金収入があった。よって、現金預金として資産計上すると同時に、収入未済を減額する。キャッシュ・フロー計算書には、この時点で使用料を計上する。

借方科目	金額	貸方科目	金額
現金預金	90万円	収入未済	90万円

(2) 国庫支出金の相違

行政コスト計算書では、国庫支出金（例：災害復旧費国庫支出金）を通常収支と特別収支に区分して計上していることに起因します（図10）。

図10　キャッシュ・フロー計算書の国庫支出金の扱い

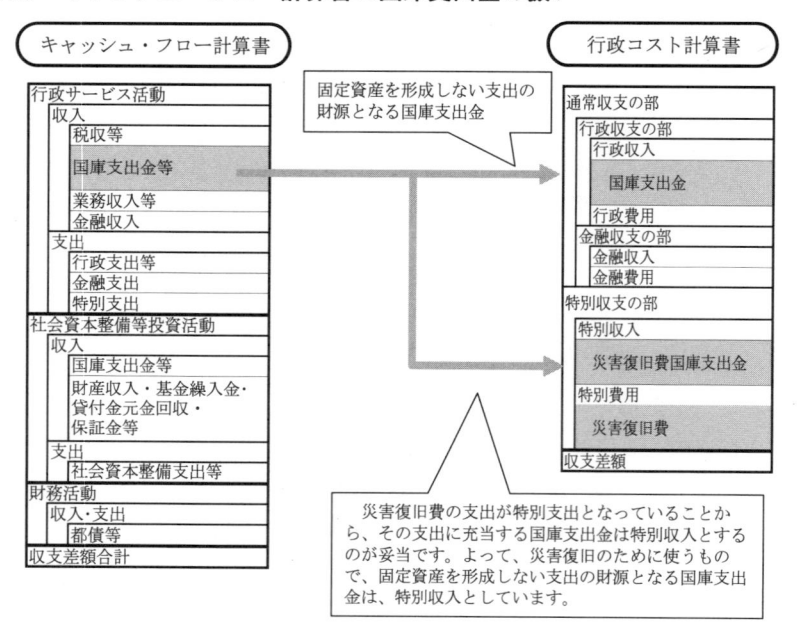

(3) 公債費（利子・手数料）の相違

各局の事業に供されているものについて、可能な限り実態に近づけるため、行政コスト計算書上は各局の会計（一般会計等）に公債費（利子・手数料）を振り替えています。しかし、キャッシュ・フロー計算書上は振り替えず公債費会計に一括して計上するため、両者の計上金額が相違します。

3　一般財源調整について

東京都では、会計別財務諸表のほかに、局別や事業別の財務諸表を作成します。

一般会計の範囲内で局別などの財務諸表を作成する際、税などの一般財源を徴収する局（東京都では主税局及び地方特例交付金を収入する財務局）には大量の現金が収入される一方、それ以外の事業を行う局では、行政活動は主として営利の追求を目的としないものであるため、キャッシュ・フロー計算書の収支が軒並みマイナスになってしまいます。

しかし、実際は現金がないのに支出を行うことはできません。このため、一般会計の中で財源のある局とない局との間で現金預金の調整を行い、各局のキャッシュ・フロー計算書の形式収支を"0"にする仕組みとして、「一般財源調整」を設けました。

都税や地方譲与税など使いみちが制約されない収入を「一般財源」といいます。「一般財源共通調整」とは、主税局等に計上された一般財源を各局に充当するため、一旦「吸い上げて留保する」処理を行うことです。都の場合、この額が主税局等のキャッシュ・フロー計算書の収支差額合計の下欄にマイナスで表示されます。

一方、この留保された一般財源共通調整額で、各局の現金不足分を補う処理を行います。これを「一般財源充当調整」といい、各事業を行う局のキャッシュ・フロー計算書にプラスで表示されます。また、この一般財源充当調整分が、費用に充てられた場合は行政コスト計算書に、固定資産の取得等に充てられた場合は、貸借対照表に計上されます。この一般財源充当調整額を見ることによって、各局に対してどれぐらい税が投入されているかが分かります。

なお、一般財源充当調整の結果生じた残額（余剰あるいは不足額）は、財務局の貸借対照表に前年度からの繰越金と合算して「現金預金」として計上

● 第2節 東京都の財務諸表

されます。
　この「一般財源調整」は、一般財源を有する一般会計においてのみ行われます。特定の事業を行う場合又は特定の収入で事業を行う場合に設けられた特別会計においては、一般財源の充当が無い代わりに、一般会計繰入金及び一般会計繰出金が計上されてキャッシュ・フロー計算書の収支計算を再計するため、形式収支は必ずしも"0"とはなりません（130頁参照）。
　この仕組みは財務会計システムで自動的に調整されます。なお、一般財源共通調整と一般財源充当調整の金額は等しくなるため、各会計合計の財務諸表については、この2つが相殺され表示されません（図11）。

図11　一般財源調整の概念図

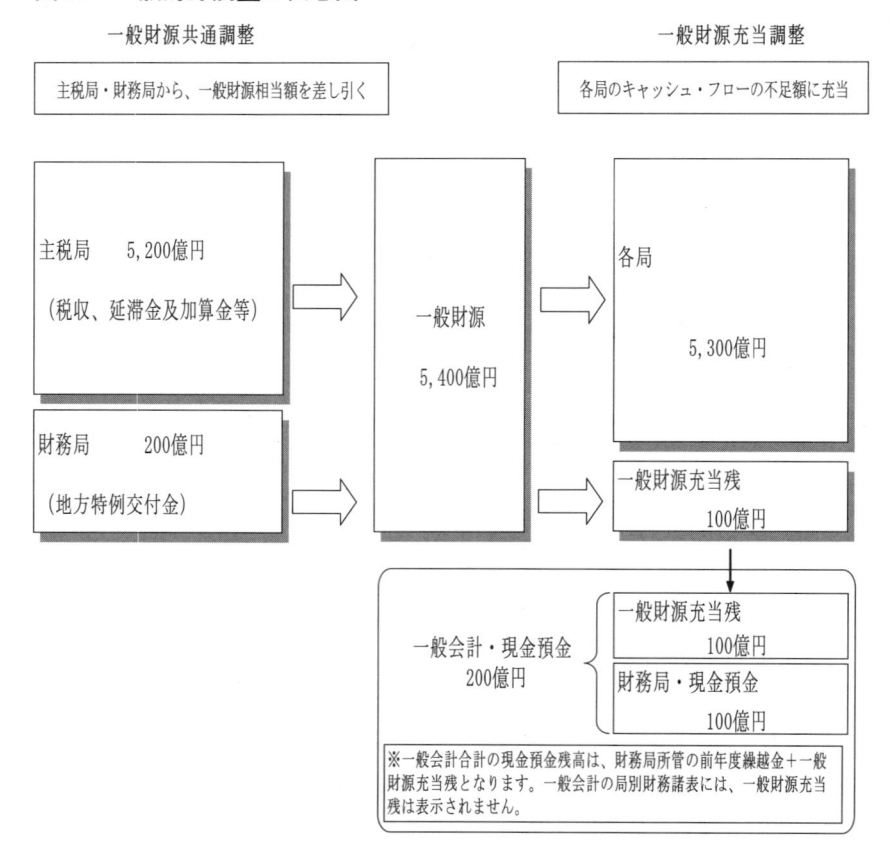

一般財源共通調整　　　　　　　　　　　　　　一般財源充当調整

| 主税局・財務局から、一般財源相当額を差し引く | 各局のキャッシュ・フローの不足額に充当 |

主税局　　5,200億円
（税収、延滞金及加算金等）

財務局　　200億円
（地方特例交付金）

→　一般財源　5,400億円　→

各局　　5,300億円

一般財源充当残　100億円

一般会計・現金預金　200億円
　├ 一般財源充当残　100億円
　└ 財務局・現金預金　100億円

※一般会計合計の現金預金残高は、財務局所管の前年度繰越金＋一般財源充当残となります。一般会計の局別財務諸表には、一般財源充当残は表示されません。

局別財務諸表（調整局）／局別財務諸表（充当局）

局別財務諸表（調整局）

貸借対照表

- 資産の部
  - 流動資産
    - 現金預金
  - 固定資産
- 負債の部
  - 流動負債
  - 固定負債
- 正味財産の部
  - 正味財産／一般財源充当調整

キャッシュ・フロー計算書

- 行政サービス活動
  - 収入
    - 税・国庫支出金・業務収入等
    - 金融収入
  - 支出
    - 行政支出等
    - 金融支出
    - 特別支出
- 社会資本整備等投資活動
  - 収入
    - 国庫支出金等
    - 財産収入・基金繰入金・貸付金元金回収・保証金等
  - 支出
    - 社会資本整備支出等
- 財務活動
  - 収入・支出
    - 都債等
- 収支差額合計
- 一般財源共通調整額
- 前年度からの繰越金
- 形式収支

正味財産変動計算書

	正味財産							合計
	開始残高相当	国庫支出金	負担金及繰入金等	受贈財産評価額	区市町村等移管相当額	局間取引勘定	一般財源充当調整額	一般会計繰入金	その他剰余金	
前期末残高										
当期変動額										
当期末残高										

局別財務諸表（充当局）

キャッシュ・フロー計算書

- 行政サービス活動
  - 収入
    - 税・国庫支出金・業務収入等
    - 金融収入
  - 支出
    - 行政支出等
    - 金融支出
    - 特別支出
- 社会資本整備等投資活動
  - 収入
    - 国庫支出金等
    - 財産収入・基金繰入金・貸付金元金回収・保証金等
  - 支出
    - 社会資本整備支出等
- 財務活動
  - 収入・支出
    - 都債等
- 収支差額合計
- 一般財源充当調整額
  - 行政サービス活動
  - 社会資本整備等投資活動
  - 財務活動
- 前年度からの繰越金
- 形式収支

行政コスト計算書

- 通常収支の部
  - 行政収支の部
    - 行政収入
    - 行政費用
  - 金融収支の部
    - 金融収入
    - 金融費用
- 特別収支の部
  - 特別収入
  - 特別費用
- 収支差額
- 一般財源充当調整
- 再計

貸借対照表

- 資産の部
  - 流動資産
  - 固定資産
- 負債の部
  - 流動負債
  - 固定負債
- 正味財産の部
  - 正味財産／一般財源充当調整

正味財産変動計算書

	正味財産							合計
	開始残高相当	国庫支出金	負担金及繰入金等	受贈財産評価額	区市町村等移管相当額	局間取引勘定	一般財源充当調整額	一般会計繰入金	その他剰余金	
前期末残高										
当期変動額										
当期末残高										

第4章　東京都会計基準とその考え方

● 第2節　東京都の財務諸表

一般会計　財務諸表

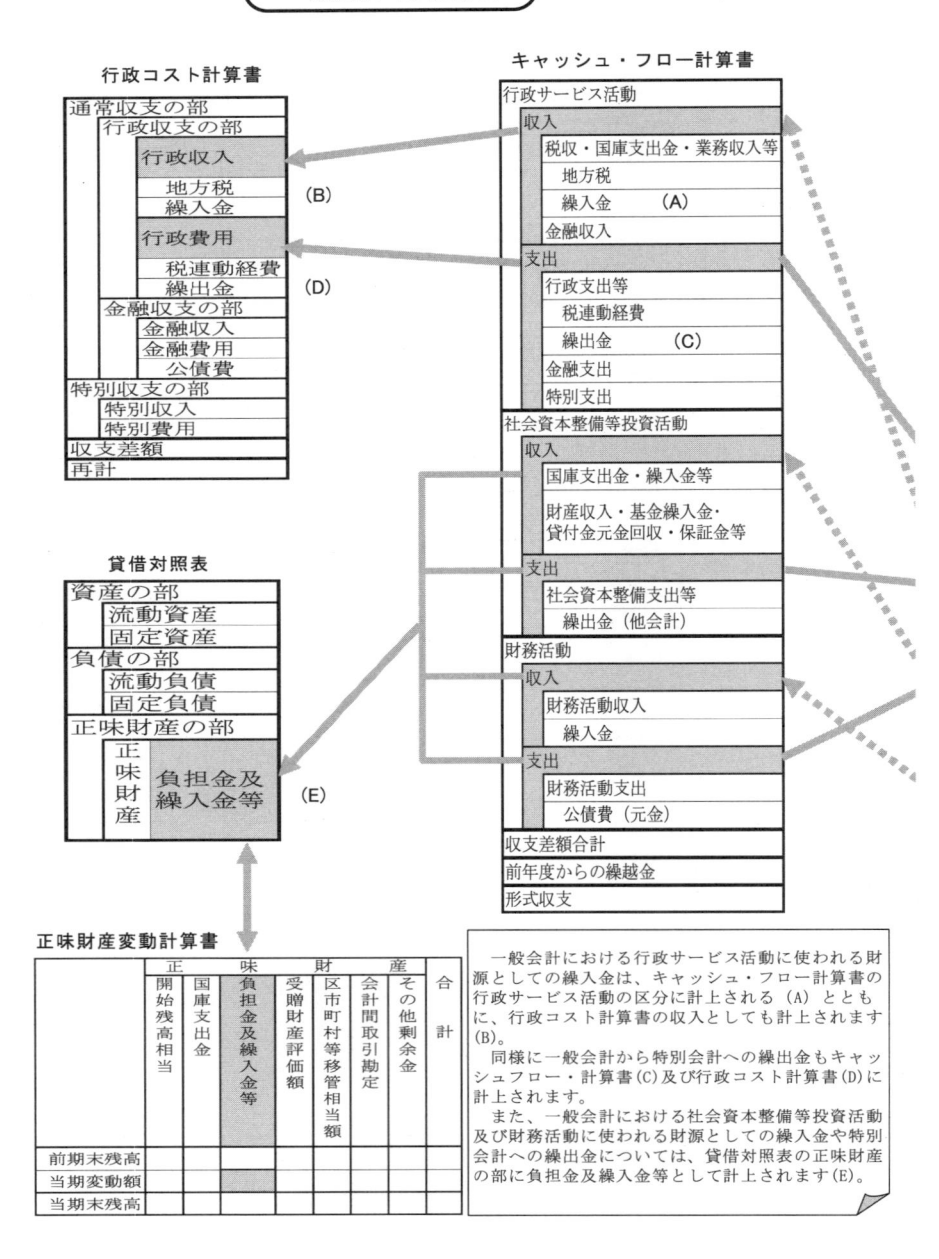

行政コスト計算書

- 通常収支の部
  - 行政収支の部
    - 行政収入
      - 地方税
      - 繰入金　(B)
    - 行政費用
      - 税連動経費
      - 繰出金　(D)
  - 金融収支の部
    - 金融収入
    - 金融費用
    - 公債費
- 特別収支の部
  - 特別収入
  - 特別費用
- 収支差額
- 再計

キャッシュ・フロー計算書

- 行政サービス活動
  - 収入
    - 税収・国庫支出金・業務収入等
      - 地方税
      - 繰入金　(A)
    - 金融収入
  - 支出
    - 行政支出等
      - 税連動経費
      - 繰出金　(C)
    - 金融支出
    - 特別支出
- 社会資本整備等投資活動
  - 収入
    - 国庫支出金・繰入金等
    - 財産収入・基金繰入金・貸付金元金回収・保証金等
  - 支出
    - 社会資本整備支出等
    - 繰出金（他会計）
- 財務活動
  - 収入
    - 財務活動収入
    - 繰入金
  - 支出
    - 財務活動支出
    - 公債費（元金）
- 収支差額合計
- 前年度からの繰越金
- 形式収支

貸借対照表

- 資産の部
  - 流動資産
  - 固定資産
- 負債の部
  - 流動負債
  - 固定負債
- 正味財産の部
  - 正味財産
    - 負担金及繰入金等　(E)

正味財産変動計算書

	正味財産						合計
	開始残高相当	国庫支出金	負担金及繰入金等	受贈財産評価額	区市町村等移管相当額	会計間取引勘定	その他剰余金
前期末残高								
当期変動額								
当期末残高								

> 一般会計における行政サービス活動に使われる財源としての繰入金は、キャッシュ・フロー計算書の行政サービス活動の区分に計上される（A）とともに、行政コスト計算書の収入としても計上されます（B）。
> 　同様に一般会計から特別会計への繰出金もキャッシュフロー・計算書(C)及び行政コスト計算書(D)に計上されます。
> 　また、一般会計における社会資本整備等投資活動及び財務活動に使われる財源としての繰入金や特別会計への繰出金については、貸借対照表の正味財産の部に負担金及繰入金等として計上されます(E)。

特別会計 財務諸表

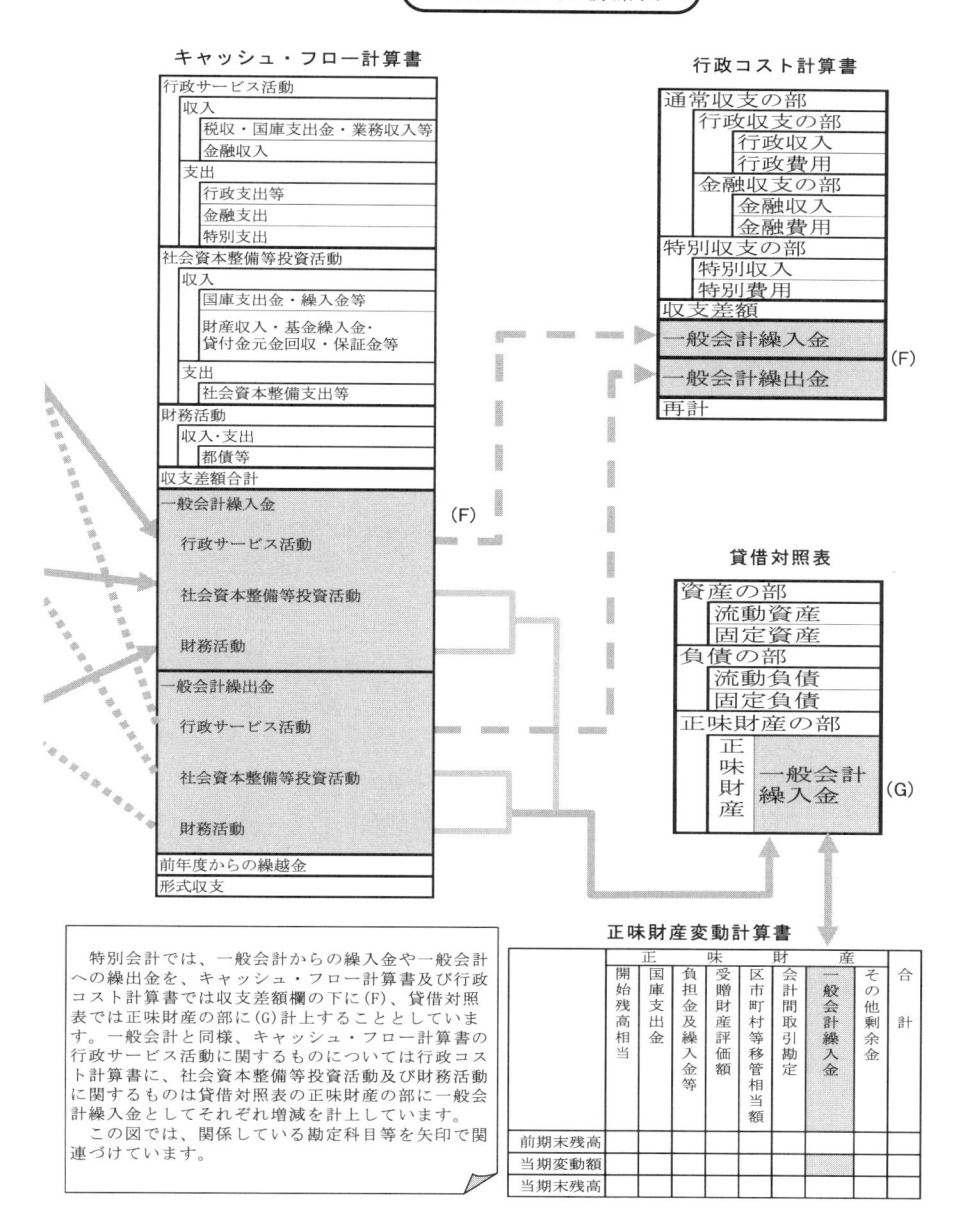

キャッシュ・フロー計算書

- 行政サービス活動
  - 収入
    - 税収・国庫支出金・業務収入等
    - 金融収入
  - 支出
    - 行政支出等
    - 金融支出
    - 特別支出
- 社会資本整備等投資活動
  - 収入
    - 国庫支出金・繰入金等
    - 財産収入・基金繰入金・貸付金元金回収・保証金等
  - 支出
    - 社会資本整備支出等
- 財務活動
  - 収入・支出
    - 都債等
- 収支差額合計
- **一般会計繰入金** (F)
  - 行政サービス活動
  - 社会資本整備等投資活動
  - 財務活動
- **一般会計繰出金**
  - 行政サービス活動
  - 社会資本整備等投資活動
  - 財務活動
- 前年度からの繰越金
- 形式収支

行政コスト計算書

- 通常収支の部
  - 行政収支の部
    - 行政収入
    - 行政費用
  - 金融収支の部
    - 金融収入
    - 金融費用
- 特別収支の部
  - 特別収入
  - 特別費用
- 収支差額
- **一般会計繰入金**
- **一般会計繰出金** (F)
- 再計

貸借対照表

- 資産の部
  - 流動資産
  - 固定資産
- 負債の部
  - 流動負債
  - 固定負債
- 正味財産の部
  - 正味財産 / **一般会計繰入金** (G)

正味財産変動計算書

	正　味　財　産							合計
	開始残高相当	国庫支出金	負担金及繰入金等	受贈財産評価額	区市町村等移管相当額	会計間取引勘定	一般会計繰入金	その他剰余金	
前期末残高									
当期変動額									
当期末残高									

特別会計では、一般会計からの繰入金や一般会計への繰出金を、キャッシュ・フロー計算書及び行政コスト計算書では収支差額欄の下に(F)、貸借対照表では正味財産の部に(G)計上することとしています。一般会計と同様、キャッシュ・フロー計算書の行政サービス活動に関するものについては行政コスト計算書に、社会資本整備等投資活動及び財務活動に関するものは貸借対照表の正味財産の部に一般会計繰入金としてそれぞれ増減を計上しています。

この図では、関係している勘定科目等を矢印で関連づけています。

4 一般会計繰入金・繰出金について

東京都では、一般会計のほかに複数の特別会計があり、会計別財務諸表を作成します。

特別会計の中には一般会計から現金を繰り入れていたり、一般会計に繰り出していたりする場合があります。従来の官庁会計では、これらは繰入金及び繰出金という形の歳入歳出で処理されていました。会計別財務諸表では一般会計と特別会計との間の繰入繰出について、行政コスト計算書とキャッシュ・フロー計算書における収支差額合計の下欄にこれを記録することで、特別会計の単独の収支と、一般会計と特別会計間の繰入繰出の状況が明らかになります。

一般会計繰入金・繰出金のうち、費用に充てられた分は行政コスト計算書の当期収支差額の下欄に計上し、固定資産の取得等に充てられた場合は貸借対照表の正味財産の部に計上されることになります。

5 正味財産変動計算書

1 正味財産変動計算書とは

平成18年5月に施行された会社法により、すべての株式会社は「株主資本等変動計算書」を作成することが新たに義務付けられました。

この株主資本等変動計算書とは、貸借対照表の純資産の部（以前の資本の部）の変動額のうち、主に、株主資本の変動事由を報告するために作成するものです。これに伴い、従来作成されていた利益処分計算書が廃止となりました。

また、平成18年8月に総務省が策定した「地方公共団体における行政改革の更なる推進のための指針」において、地方自治体は貸借対照表、行政コスト計算書、資金収支計算書及び「純資産変動計算書」の整備に取り組むよう示されました。

東京都においても東京都会計基準委員会の審議を経て、平成19年2月に東京都会計基準を改正し、従来の貸借対照表、行政コスト計算書、キャッシュ・フロー計算書に加えて、貸借対照表の正味財産の部の変動状況を表示する「正味財産変動計算書」を新たに財務諸表に追加することとしました（**図12**）。

図12　株主資本等変動計算書と正味財産変動計算書

民間企業の株主資本等変動計算書の様式

純資産の部の項目を表示

	株主資本						自己株式	株主資本合計	評価・換算差額等				新株予約権	純資産合計
	資本金	資本剰余金		利益剰余金					その他有価証券評価差額金	繰延ヘッジ損益	土地再評価差額金	為替換算調整勘定		
		資本準備金	その他資本剰余金	利益準備金	その他利益剰余金									
前期末残高														
当期変動額														
新株の発行														
剰余金の配当														
当期純利益														
自己株式の取得														
自己株式の処分														
株主資本以外の項目の当期変動額														
当期変動額合計														
当期末残高														

（純資産の部の変動事由を表示）

正味財産変動計算書の様式

正味財産の部の勘定科目を表示

	正味財産						合計
	開始残高相当	国庫支出金	負担金及繰入金等	受贈財産評価額	区市町村等移管相当額	会計間取引勘定	その他剰余金	
前期末残高								
当期変動額								
固定資産等の増減								
都債等の増減								
その他会計間取引								
剰余金								
当期末残高								

（正味財産の部の変動要因を表示）

2　正味財産変動計算書の項目

貸借対照表の正味財産の部の内訳科目である、開始残高相当、国庫支出金、内部取引勘定等を表示します。

(1) 開始残高相当

開始残高相当とは、開始貸借対照表(平成18年度期首の貸借対照表)作成時の資産と負債の差額が該当します(161頁参照)。この数値は次年度以降も変わることはありません。

(2) 国庫支出金

正味財産変動計算書に計上している国庫支出金は、国庫支出金のうち社会資本の整備活動等に使うことを目的として収入しているものです。この収入は、直接的には行政サービス活動に使うことを目的としていないので、行政コスト計算書上の収入とせずに、正味財産に直接加算します。

【仕訳例】
・道路を新設するため、国から国庫支出金として、5,000万円受け取った。よって、国庫支出金として正味財産に計上すると同時に、現金預金を資産計上する。

借方科目	金額	貸方科目	金額
現金預金	5,000万円	国庫支出金	5,000万円

また、正味財産変動計算書に計上した国庫支出金に返納金が生じた場合は、直接、正味財産から控除します。

【仕訳例】
・国から国庫支出金として、5,000万円受け取っていたが、精算の結果1,000万円返すことになった。よって、国庫支出金を正味財産から減額すると同時に、現金預金を減額する。

借方科目	金額	貸方科目	金額
国庫支出金	1,000万円	現金預金	1,000万円

(3) 負担金及び繰入金等

正味財産変動計算書に計上している負担金及繰入金等は、負担金及繰入金等のうち社会資本の整備活動等に使うことを目的として収入しているものです。この収入は行政サービス活動に使うことを目的としていないので、行政コスト計算書上の収入とせずに、正味財産に直接加算します。

(4) 受贈財産評価額

無償で受け入れた資産は、行政コスト計算書上の収入とせずに、正味財産に直接加算します。

また、東京都は取得原価主義を採用していますが、無償により取得した固定資産の価額については取得時の評価額で計上しています。

【仕訳例】
・土地を無償で取得した。この土地は時価で1,000万円と評価された。よって、土地を資産計上すると同時に、受贈財産評価額として正味財産を増額させる。

借方科目	金 額	貸方科目	金 額
土　地	1,000万円	受贈財産評価額	1,000万円

(5) 区市町村等移管相当額

事業の移管等に伴い、東京都の資産を区市町村等に譲与した場合、行政コスト計算書の費用とせずに、正味財産から直接控除します。

【仕訳例】
・A市に土地1,000万円を移管した。区市町村等移管相当額を正味財産から減額すると同時に、土地を資産から減額する。

借方科目	金 額	貸方科目	金 額
区市町村等移管相当額	1,000万円	土　地	1,000万円

(6) 内部取引勘定（会計間取引勘定、局間取引勘定）

会計間又は局間で、固定資産の所管換など、勘定科目の金額の異動があっ

た場合、移し換える勘定科目の相手科目として計上される勘定科目のことで、会計処理の便宜上設けられたものです。

「固定資産等の増減」には、会計間または局間で付け替えを行った資産額を計上します。「都債等の増減」には、会計間または局間で付け替えを行った負債額を計上します。「その他内部取引」では、会計間または局間で付け替えを行った正味財産、費用や収入を計上します。金額については、いずれも増加額と減少額を相殺して計上します。

なお、「会計間取引勘定」は、会計処理の便宜上設けられたものですので、各会計合算正味財産変動計算書の「会計間取引勘定」の当期末残高は、毎期末"0"になります。

【事例】
A部署で行っていたスポーツ振興事業を、新しく設置したB部署で行うことになりました（A部署は廃止）。これに伴い、A部署で管理していたスポーツ施設の1,000万円の建物と2,000万円の土地をB部署に引き渡すことになりました（図13）。

図13　部所間における固定資産の引き渡し事務

【取引の流れ】

A部署　スポーツ施設の建物と土地　B部署　引き渡し

(7) 一般財源充当調整額（局別財務諸表の一般会計においてのみ計上）
　各局の社会資本整備等投資活動又は財務活動において投入された一般財源の額を計上しています（125頁参照）。

(8) 一般会計繰入金（特別会計においてのみ計上）
　特別会計が、社会資本整備等投資活動又は財務活動の財源として一般会計から繰り入れた額を計上しています（130頁参照）。

第4章 東京都会計基準とその考え方

【仕訳等の流れ】

A部署 / B部署

スポーツ施設を引き渡す前の両部署の貸借対照表

A部署

科　目	金　額
資産の部	3,000万円
流動資産	0円
固定資産	3,000万円
建　物	1,000万円
土　地	2,000万円
負債の部	0円
流動負債	0円
固定負債	0円
正味財産の部	3,000万円
正味財産	3,000万円
開始残高	3,000万円
内部取引勘定	0円

B部署

科　目	金　額
資産の部	0円
流動資産	0円
固定資産	0円
建　物	0円
土　地	0円
負債の部	0円
流動負債	0円
固定負債	0円
正味財産の部	0円
正味財産	0円
開始残高	0円
内部取引勘定	0円

複式仕訳

A部署

借方科目	金額	貸方科目	金額
内部取引勘定	3,000万円	建　物	1,000万円
		土　地	2,000万円

B部署

借方科目	金額	貸方科目	金額
建　物	1,000万円	内部取引勘定	3,000万円
土　地	2,000万円		

スポーツ施設を引き渡した後の両部署の貸借対照表

A部署

科　目	金　額
資産の部	0円
流動資産	0円
固定資産	0円
建　物	0円
土　地	0円
負債の部	0円
流動負債	0円
固定負債	0円
正味財産の部	0円
正味財産	0円
開始残高	3,000万円
内部取引勘定	△3,000万円

B部署

科　目	金　額
資産の部	3,000万円
流動資産	0円
固定資産	3,000万円
建　物	1,000万円
土　地	2,000万円
負債の部	0円
流動負債	0円
固定負債	0円
正味財産の部	3,000万円
正味財産	3,000万円
開始残高	0円
内部取引勘定	3,000万円

開始残高をA部署からB部署に付け替えるため、複式仕訳を行います。

複式仕訳

A部署

借方科目	金額	貸方科目	金額
開始残高	3,000万円	内部取引勘定	3,000万円

B部署

借方科目	金額	貸方科目	金額
内部取引勘定	3,000万円	開始残高	3,000万円

(9) その他剰余金

正味財産のうち上記に区分されないものを計上しています。その他剰余金の年度の増減額は、行政コスト計算書の当期収支差額と一致します。

6 注記

注記とは資産及び負債等の状況を明瞭に表示するため、財務諸表上の価額の意味等を補足するために記載するものです。例えば、減価償却の方法には、定額法や定率法など様々な方法があるため、それぞれで算定される金額が違ってきます。このため、会計処理としてどのような方法に基づいて行っているのかを示す必要があります。

東京都会計基準で定めた注記事項に係る記載の中には、主として以下のものがあります。

1 重要な会計方針

財務諸表作成のために採用している会計処理の原則及び手続並びに表示方法その他財務諸表作成のための基本となる事項です。具体的には、以下の要領で記載しています。

項目	平成18年度決算参考書財務諸表記載内容
有形固定資産の減価償却の方法	有形固定資産の種別ごとに定額法を採用している旨や耐用年数設定の根拠規定等を掲載しています。
有価証券及出資金の評価基準及び評価方法	原則として取得原価評価を採用する旨等を記載しています。
引当金の計上基準	引当金の種別ごとに算定方法等を掲載しています。

2 重要な会計方針の変更

上記1に示した重要な会計方針のうち会計処理の原則又は手続を変更した場合は、その旨、理由及び当該変更が財務諸表に与える影響の内容を記載し、表示方法を変更した場合は、その内容を記載します。

3 重要な後発事象

会計年度終了後、財務諸表を作成する日までに発生した事象で、翌会計年度以降の財務状況等に重要な影響を及ぼす事象をいいます。具体的には、以下の要領で記載しています。

項目	平成18年度決算参考書財務諸表記載内容
主要な事業の改廃	地方自治法の改正を受け、平成19年4月1日をもって出納長制度が廃止され、一般職の会計管理者を設置し、これに伴い、出納長室の名称も会計管理局に変更した旨を記載しています。
組織・機構の大幅な変更	生活文化局の名称が、生活文化スポーツ局と変更された旨等を記載しています。
地方財政制度の大幅な改正	減税補てん特例交付金の廃止及び所得税から個人住民税への税源移譲について記載しています。
重大な災害等の発生	平成18年度は、重大な災害等と認められるものがなかったため、記載はありません。
その他重要な後発事象	東京都大気汚染公害訴訟について記載しています。

4 偶発債務

会計年度末においては現実の債務ではありませんが、将来一定の条件を満たすような事態が生じた場合に債務となるものをいいます。具体的には、以下の要領で記載しています。

項目	平成18年度決算参考書財務諸表記載内容
債務保証又は損失補償に係る債務負担行為のうち履行すべき額が未確定なもの	公社・協会等に係るものと、その他のものに区分し記載しています。
係争中の訴訟で損害賠償請求等を受けているもののなかで重要なもの	京急連続立体交差事業損失補償増額等請求事件や構造計算書偽装事件に係る損害賠償請求について記載しています。
その他主要な偶発債務	特にないため、記載していません。

5 追加情報

財務諸表の内容を理解するために必要と認められる事項です。具体的には、出納整理期間における現金の受払等を終了した後の計数をもって会計年度末の計数としていることなどを記載しています。

一時借入金等の実績額等も、追加情報として記載します。

6 その他

(1) 貸借対照表関係

都債及び借入金の償還予定額等を記載します。

(2) 行政コスト計算書関係

収入科目の内容及び計上基準等を記載します。

(3) キャッシュ・フロー計算書関係

財務活動における都債収入の内訳や、行政コスト計算書の「当期収支差額」とキャッシュ・フロー計算書の「行政サービス活動収支差額」との差額の内訳等を記載します。これは、一般的に「調整表」と呼ばれるもので表されます。キャッシュ・フロー計算書を直接法で作成した場合、行政サービス活動のキャッシュ・フローを総額で表示できるというメリットがありますが、行政コスト計算書の「当期収支差額」とキャッシュ・フロー計算書の「行政サービス活動収支差額」との金額の相違の要因が不明確になります。そこで、注記に調整表を掲載することにより、金額の相違の要因を明らかにし、財務諸表の連続性を確保しています（**図14**）。

(4) 正味財産変動計算書関係

正味財産の変動に重大な影響を及ぼす財産の移管等を記載します。

図14

```
                 調整表の様式

                                              円
    行政コスト計算書の当期収支差額        ×××××

    ①有形固定資産の増減              ×××××
       減価償却費                ×××××
       固定資産売却損（益）           ×××××
       固定資産除却損              ×××××

    ②事業活動に係る流動資産・負債の変動     ×××××
       収入未済額の減少（増加）         ×××××
       還付未済額の増加（減少）         ×××××
       その他流動資産の減少（増加）       ×××××

    ③その他非現金取引項目             ×××××
       債務保証費                ×××××
       不納欠損引当金繰入額           ×××××
       不納欠損額                ×××××
       貸倒引当金繰入額             ×××××
       貸倒損失                 ×××××
       退職給与引当金繰入額           ×××××
       うち退職手当相当額            ×××××
       その他引当金繰入額            ×××××
       その他非現金の収入・費用項目       ×××××

    ④その他の取引項目               ×××××
       その他特別収入              ×××××
       その他特別費用              ×××××

    キャッシュ・フロー計算書の
    行政サービス活動収支差額           ×××××
```

7 附属明細書

　附属明細書とは、各財務諸表に掲載された項目のうち重要な項目についての明細を示したものであり、財政状態等の理解を深めるために役立つ情報を提供するものです。

●第2節　東京都の財務諸表

　東京都は多額の資産を保有し、その管理が重要であることから、「有形固定資産及び無形固定資産附属明細書」を作成しています（詳細については付録の東京都の財務諸表参照）。

8 財務諸表の公表範囲

　東京都は、一般会計及びすべての特別会計（公営企業会計及び準公営企業会計を除く）において、平成18年度決算から、複式簿記・発生主義会計に基づいた財務諸表を作成しています。作成した財務諸表から、「決算参考書（財務諸表）」を作成して決算の参考資料として議会に提出し、「東京都年次財務報告書」（230頁参照）を作成してアニュアル・レポートとして都民に公表しています。「決算参考書（財務諸表）」には、会計別の財務諸表とともに各会計をすべて合算した財務諸表を掲載しています。「東京都年次財務報告書」には、普通会計及び東京都全体の財務諸表を掲載しています。

　普通会計とは、各地方自治体の財政状況の把握、地方財政全体の分析等に用いられる統計上、観念上の会計で、総務省が定める基準をもって各自治体の会計を統一的に再構成したものです。その対象となる会計は、一般会計に収益性のない特別会計（特別会計から、公営企業会計、準公営企業会計及び普通会計に属さない特別会計3会計を除いたもの）を加えたものであり、会計間の重複額等を控除するなどの調整を行い、純計を算出しています。東京都全体財務諸表は、東京都の全会計と東京都監理団体及び地方独立行政法人を対象としています（**表4**）。

表4　東京都年次財務報告書と東京都決算参考書財務諸表

	平成18年度 東京都年次財務報告書	平成18年度 東京都決算参考書財務諸表
対象とする 会計区分	普通会計（一般会計及び14の特別会計）の範囲内 ○一般会計 ○特別区財政調整会計 ○地方消費税清算会計 ○小笠原諸島生活再建資金会計 ○母子福祉貸付資金会計 ○心身障害者扶養年金会計 ○中小企業設備導入等資金会計 ○農業改良資金助成会計 ○林業・木材産業改善資金助成会計 ○沿岸漁業改善資金助成会計 ○都営住宅等事業会計 ○都市開発資金会計 ○用地会計 ○公債費会計 ○臨海都市基盤整備事業会計	普通会計を構成する各会計及び以下の特別会計（3会計） ○と場会計 ○都営住宅等保証金会計 ○多摩ニュータウン事業会計
位置付け	民間企業でいうアニュアルレポート（年次報告書）に相当	決算の参考資料として議会に提出
作成書類	○貸借対照表 ○行政コスト計算書 ○キャッシュ・フロー計算書 ○正味財産変動計算書	○貸借対照表 ○行政コスト計算書 ○キャッシュ・フロー計算書 ○正味財産変動計算書
連結等について	東京都全体の財務諸表を掲載 【特徴】 ○内部取引の相殺消去（普通会計の範囲内） ○「併記方式」を採用［普通会計に属さない特別会計（3会計）、公営企業会計（11会計）、監理団体（42団体）及び地方独立行政法人（2法人）について、各々の決算書を並べて表記］ ○貸借対照表のみでなく、行政コスト計算書による当該年度の事業収支も表記	連結等は行っていない。
所管局	財　務　局	会　計　管　理　局

【参考】　東京都の財務諸表の相互関係

　貸借対照表、行政コスト計算書、キャッシュ・フロー計算書及び正味財産変動計算書の財務諸表は、それぞれが密接なつながりを持つことによって、東京都の財務状況を表しています。

● 第2節　東京都の財務諸表

【各表の関係】

① キャッシュ・フロー計算書の「行政サービス活動」に計上される現金収支は、発生主義により行政コスト計算書に計上されます。

　　現金主義：収入済額・支出済額
　　発生主義：調定額・支出負担行為額

② キャッシュ・フロー計算書の「社会資本整備等投資活動」と「財務活動」に計上される現金収支は、発生主義により貸借対照表に計上されます。

③ 貸借対照表の正味財産の内訳の一年度間における増減の状況を明らかにしたものが、正味財産変動計算書です。

　　正味財産の内訳：開始残高相当、国庫支出金、負担金及繰入金等、
　　　　　　　　　受贈財産評価額、区市町村等移管相当額、
　　　　　　　　　会計間取引勘定、その他剰余金　等

④ キャッシュ・フロー計算書の「形式収支」は、貸借対照表の「現金預金」に反映され、両者の金額は一致します。

⑤ 行政コスト計算書の「当期収支差額」は、貸借対照表の正味財産の「その他剰余金」に反映され、両者の金額は一致します。

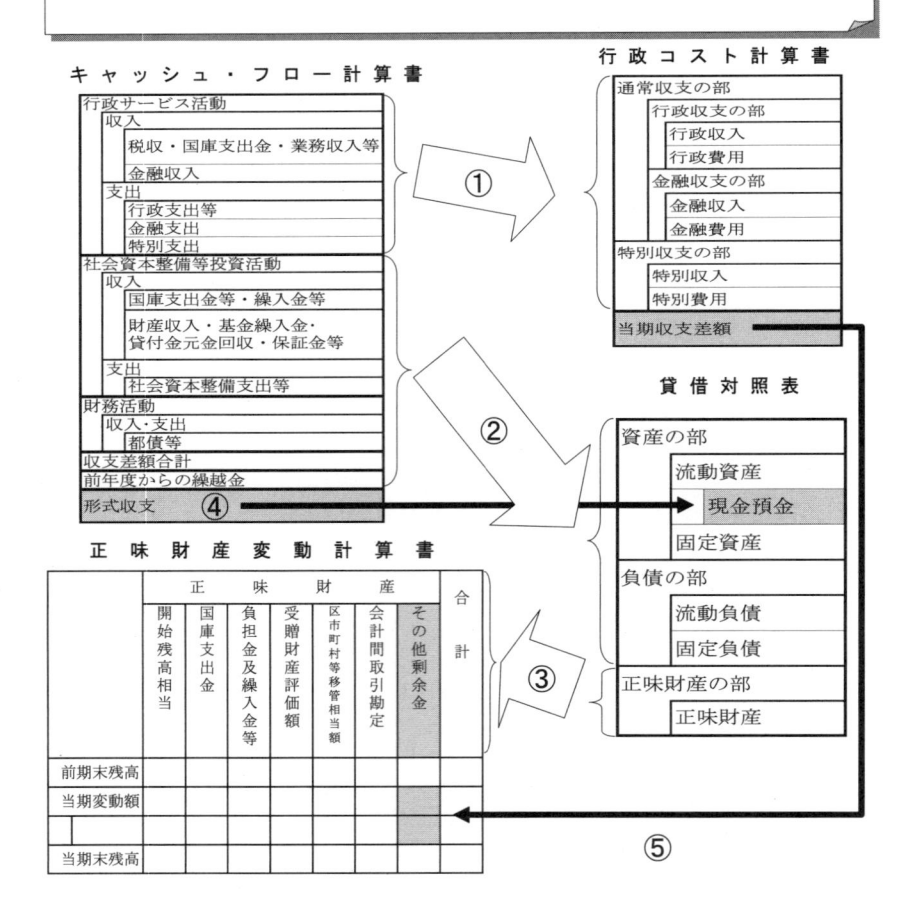

キャッシュ・フロー計算書

- 行政サービス活動
  - 収入
    - 税収・国庫支出金・業務収入等
    - 金融収入
  - 支出
    - 行政支出等
    - 金融支出
    - 特別支出
- 社会資本整備等投資活動
  - 収入
    - 国庫支出金等・繰入金等
    - 財産収入・基金繰入金・貸付金元金回収・保証金等
  - 支出
    - 社会資本整備支出等
- 財務活動
  - 収入・支出
    - 都債等
- 収支差額合計
- 前年度からの繰越金
- 形式収支　④

行政コスト計算書

- 通常収支の部
  - 行政収支の部
    - 行政収入
    - 行政費用
  - 金融収支の部
    - 金融収入
    - 金融費用
- 特別収支の部
  - 特別収入
  - 特別費用
- 当期収支差額

貸借対照表

- 資産の部
  - 流動資産
    - 現金預金
  - 固定資産
- 負債の部
  - 流動負債
  - 固定負債
- 正味財産の部
  - 正味財産

正味財産変動計算書

	正味財産						合計
	開始残高相当	国庫支出金	負担金及繰入金等	受贈財産評価額	区市町村等移管相当額	会計間取引勘定	その他剰余金	
前期末残高								
当期変動額								
当期末残高								

コラム3

公会計の国際的な状況

借男　日本では、割と最近になってから発生主義会計の導入の動きが盛んになってきているけど、海外ではどんな感じなんだろう？

貸子　海外でも国によって違うけど、概ね発生主義会計による経理が行われているといえるよ。例えば、アメリカやイギリスなんかでは中央政府でも地方レベルでも発生主義会計の導入が進んでいるし。

借男　ふーん。では日本以外の先進国では、大体発生主義会計の導入が進んでいるの？

貸子　ドイツなんかは中央政府についてはまだカメラル式と呼ばれる単式簿記による会計処理が行われているようだよ。でも地方レベルだと、複式と単式のどちらかを選択的に適用できるような状況のようだけど。

借男　ドイツの状況は日本と同じような感じなのかな。ところで、複式簿記といってもいろいろな処理の仕方があると聞いたことがあるのだけど、国によって処理が違ったりしないのかな。

貸子　例えばイギリス、ニュージーランドなんかは資源会計という考え方による処理を行っている。この資源会計は予算との関連性を重視していて、それに固定資産も時価で評価したうえで更新に係る経費を明らかにする更新会計という手法がとられているよ。アメリカなんかは企業会計と近い形で財務諸表が作成されているし。

借男　じゃあ、公会計の分野では、国際的な統一化といった動きはないのかな。

貸子　そうでもないよ。公会計の分野でも国際公会計基準（IPSAS）というのが策定されていて、国際機関と途上国などかなりの数の団体に採用されていたり、採用が検討されているよ。

借男　国際公会計基準かぁ。何か急に話が大きくなったような気がするなぁ。そんなものがあるなんて知らなかったよ。じゃあ、日本もそれに従わないといけないんじゃないの？

貸子　国際公会計基準は国際会計士連盟という団体が作ったもので、適用することが義務付けられているわけではないよ。

借男　でも、前に話ししたとおり（コラム2参照）、企業会計だと会計基準の国際的な統一化が進んでいるんだよね。それだと公会計でもいずれ統一化ということになるんじゃないのかな。

貸子　その可能性はあるね。ちなみに国際公会計基準は、企業会計をベースにしているので、企業会計に近いものになっているよ。東京都の会計基準とも基本的なつくりは同じなので、いずれ公会計基準の収斂化ということになっても対応はできると思うよ。

借男　へえ、そうなんだ。いろいろ考えて作っているんだね。

（IPSASについては、国際会計士連盟（IFAC）のホームページからダウンロードできます。ただし、英語です。
http://www.ifac.org/PublicSector/）

第5章 東京都の複式簿記
～日々の仕訳から財務諸表作成までの実務

● 第1節 複式簿記の業務の流れ

第1節 複式簿記の業務の流れ

　東京都会計基準に基づいた財務諸表を作成するためには、複式簿記・発生主義会計による会計処理を行わなければなりません。東京都では、職員の事務負担を最小限に留めつつ正確な財務諸表を作成するため、日々の官庁会計の事務処理に対応して自動的に仕訳を行うシステムを構築しました。
　本章では、財務会計システムを中心とした日々の会計処理から財務諸表作成までの実務について説明します。

1 官庁会計の会計処理から複式簿記の仕訳へ

　地方自治体におけるこれまでの財務諸表作成の取り組みとしては、官庁会計による歳入・歳出決算の数字を組み替えて作成する、いわゆる総務省方式の財務諸表があります。
　これに対し、東京都では、官庁会計の会計処理1件1件について複式簿記の仕訳を起こし、その結果により財務諸表を作成しています（図1）。
　官庁会計の会計処理に対応して、複式簿記の仕訳を起こすためには、2つのアプローチがあります。
　① 年間の歳入・歳出履歴を年度末に一括変換する方法
　② 日々の会計処理ごとに仕訳を起こす方法
　導入費用に影響するシステム改修の規模という観点でこれらを比較すると、①の一括変換方式は、既存の官庁会計のシステムをそのままにして、最後に仕訳への変換処理を追加するため、比較的改修規模が少なくてすみます。これに対し、②の日々仕訳方式は、官庁会計のシステムの歳入・歳出等の各業務に対し、同時に行う複式簿記の仕訳処理を追加する必要があります（図2）。

図1　決算組替方式と複式簿記による財務諸表作成の違い

【決算組替による財務諸表の作成】

官庁会計決算、財産台帳、公債情報 → 決算統計から、支出の性質により分類、計算を行って作成 → 財務諸表

【複式簿記による財務諸表の作成】

複式簿記による仕訳 → 複式簿記の仕訳を集計するだけで、自動的に財務諸表が作成される → 財務諸表

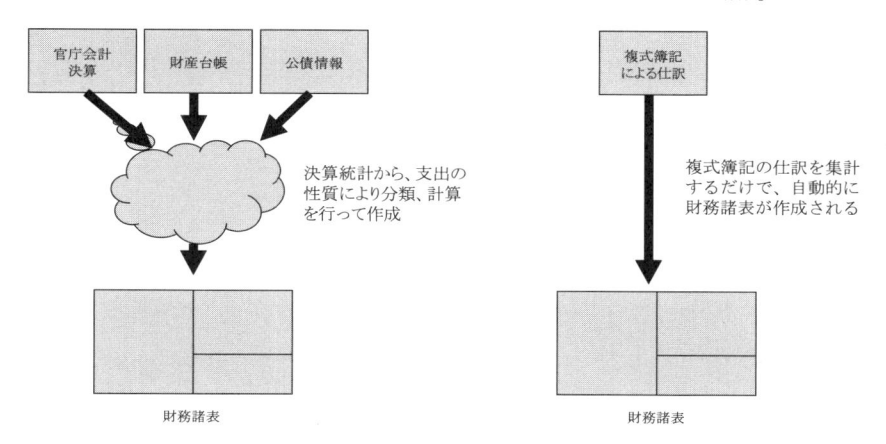

図2　一括変換方式と日々仕訳方式のシステム改修

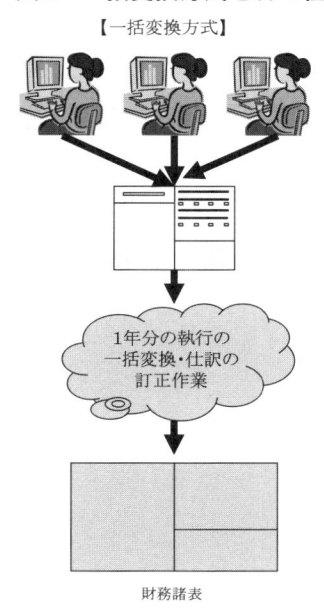

【一括変換方式】

→ 1年分の執行の一括変換・仕訳の訂正作業 → 財務諸表

日々の執行は従来どおりだが、1年分の執行を一括変換し、仕訳の確認・訂正作業が必要

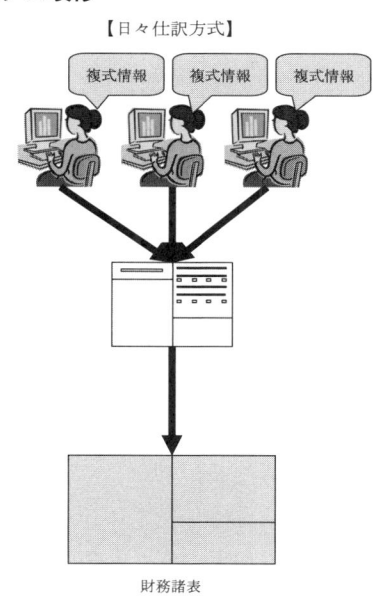

【日々仕訳方式】

複式情報　複式情報　複式情報 → 財務諸表

日々の執行時に複式情報を入力し、決算時には自動的に財務諸表を作成

第5章　東京都の複式簿記　〜日々の仕訳から財務諸表作成までの実務

● 第1節　複式簿記の業務の流れ

　ところが、どちらのアプローチを取っても、官庁会計の会計処理の情報だけでは、複式簿記の仕訳を起こすには不十分です。

　たとえば、歳出の「15節　工事請負費」による支出は、新たに施設を建設する場合（資産の増）もあれば、既存の施設を修繕する場合（費用）もあります。同様に、「23節　償還金利子及割引料」による支出は、公債の元金の償還の場合（負債の減）もあれば、利子の支払の場合（費用）もあります。

　このため、①の一括変換方式の場合は、たとえばいったんすべて費用として変換した後に、1件1件の支出命令を確認し、個別に資産等に修正するか、まとめて資産・費用を按分するなどの対応が必要となり、財務諸表の正確性を確保するためには、決算時の作業負担が著しく重くなるという問題点があります（図3）。

　一方、②の日々仕訳方式の場合は、日々の会計処理の時点で、官庁会計の情報に加え、費用、資産等の複式情報を追加入力する必要があります。

　東京都では、②の日々仕訳方式をとっており、日々の会計処理における正確性の確保と職員の負担軽減を図るため、予算情報等を利用し複式情報の選択を絞り込むシステムを構築しました。

図3　官庁会計の会計処理の情報だけでは不十分

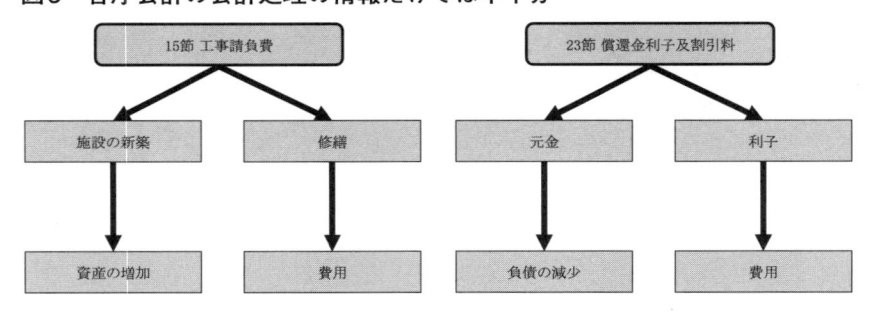

```
        15節 工事請負費                    23節 償還金利子及割引料
         ↓        ↓                         ↓           ↓
      施設の新築   修繕                     元金          利子
         ↓        ↓                         ↓           ↓
      資産の増加  費用                    負債の減少      費用
```

支出の内容により複式簿記の仕訳が異なるため官庁会計の節だけでは正確な仕訳ができない

　また、複式簿記では、財産の除却（資産の減少）や減価償却（資産の減少）のような、現金収支を伴わないため官庁会計では会計処理とならない行為に対しても、仕訳を起こします。

　東京都では、官庁会計の会計処理以外の情報について、所管する財産情報システム・物品管理システム・公債管理システムから取り込み、仕訳を起こす仕組みを構築しました。

2 複式簿記の年間の流れ

東京都における年間の複式処理の流れは、以下のとおりです。

図4　貸借対照表の引継ぎ

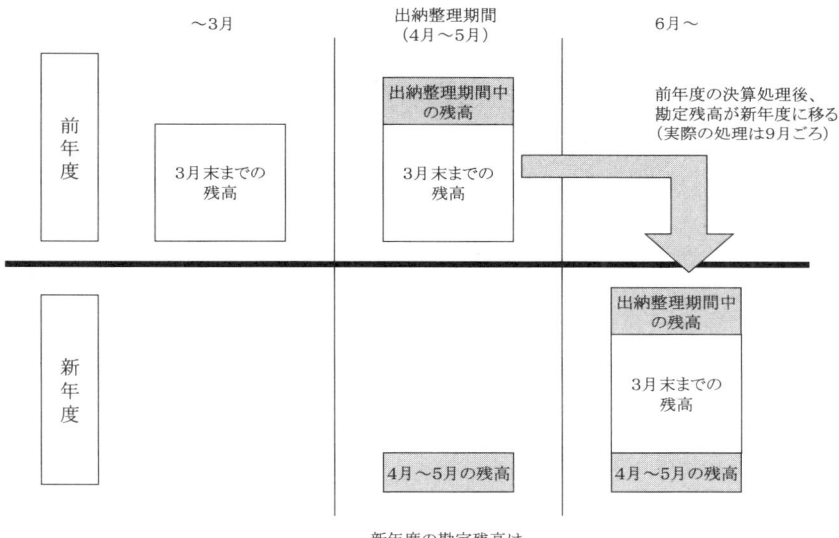

```
           ～3月           出納整理期間          6月～
                         （4月～5月）

                       ┌──────────┐   前年度の決算処理後、
                       │出納整理期間中│   勘定残高が新年度に移る
        ┌──────┐   │  の残高   │   （実際の処理は9月ごろ）
  前    │      │   ├──────────┤
  年    │3月末 │   │          │
  度    │までの│   │3月末までの│ ──────┐
        │残高  │   │  残高    │        ↓
        └──────┘   └──────────┘
────────────────────────────────
                                    ┌──────────┐
                                    │出納整理期間中│
                                    │  の残高    │
        ┌──────┐                    ├──────────┤
  新    │      │                    │          │
  年    │      │                    │3月末までの│
  度    │      │                    │  残高    │
        │      │                    │          │
        │      │   ┌──────────┐  ├──────────┤
        │      │   │4月～5月の残高│  │4月～5月の残高│
        └──────┘   └──────────┘  └──────────┘

                    新年度の勘定残高は
                    0円からスタートする
```

　4月から翌年5月末の出納整理期間後まで、複式簿記の仕訳を官庁会計の会計処理と同時に行い、官庁会計決算後の6月から8月に決算整理作業を行い、財務諸表を作成します。

　民間企業では、前期末が終了すると続けて翌年度となり、当然に貸借対照表の残高が引き継がれます。ところが、東京都会計基準では、出納整理期間に行われた現金収支を算入しているため、前年度決算額は翌年度当初の4月時点では確定していません。

　このため、システム上、年度当初は貸借対照表の残高を0円で開始しておき、前年度の決算処理後（9月ごろ）に前年度貸借対照表の残高を引き継ぐ仕組みとしています（図4）。

　また、複式簿記を開始した平成18年度については、前年度の貸借対照表が存在しなかったため、代わりに「開始貸借対照表」を作成する必要があり

● 第1節　複式簿記の業務の流れ

ました（161頁参照）。

　4月から翌年5月までの会計年度内の執行では、歳入調定・支出命令等の財務会計システムで行う会計処理の際に、これまでも入力が必要であった官庁会計の科目情報に加え、仕訳区分等の複式情報を追加入力することで、複式簿記の仕訳を起こしています（168頁参照）。

　また、給与支払や税収のように取扱件数の多い歳入・歳出については、財務会計システムとは別のシステムで処理を行っています。これらの関連システムの歳入・歳出情報を財務会計システムに取り込む際に、同時に仕訳を起こす仕組みとしています（187頁参照）。

　6月から8月の決算期においては、財産・負債の異動情報等に伴う自動仕訳処理、引当金の計上等の決算整理作業を行います（201頁参照）。

　まず資産を管理するシステム（財産情報システム・道路資産管理システム・物品管理システム）から、資産の異動情報及び減価償却情報を財務会計システムに取り込み、自動仕訳を起こします（図5）。

　ただし、財産の取得等、現金収支を伴う場合は、日々の会計処理の時点で

図5　資産に係る自動仕訳、照合

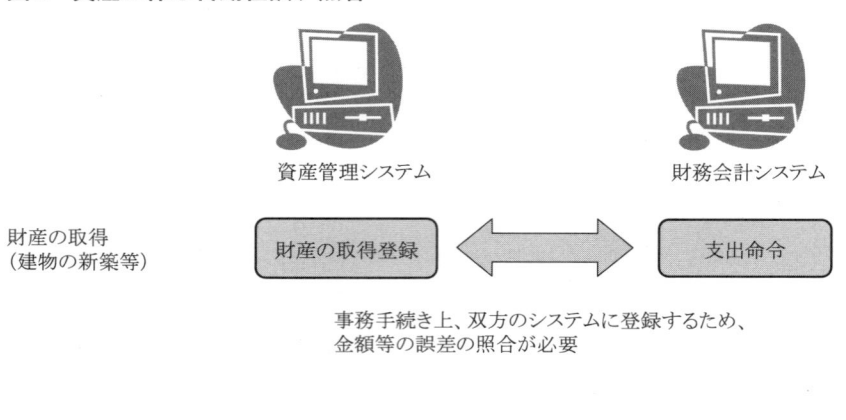

```
                資産管理システム         財務会計システム

財産の取得
（建物の新築等）   [財産の取得登録] ⇔ [支出命令]

                事務手続き上、双方のシステムに登録するため、
                金額等の誤差の照合が必要

財産の除却
（建物の撤去等）   [財産の除却登録] ⇒ [除却の仕訳]

                支出命令等の現金の動きがないため、
                資産管理システムの異動情報により自動仕訳を発生
                （必ず一致するので照合は不要）
```

仕訳が起きているため、財務会計システムにおいて自動仕訳は行われません。そこで、資産管理システムの異動情報と財務会計システムの仕訳情報が一致しているかの照合作業を行います（202頁参照）。

　次に負債を管理する公債管理システムからは、起債・償還等の情報を財務会計システムに取り込み、自動仕訳を起こします。

　このほか、決算整理作業として、引当金の計上や資産・負債の固定から流動への振替を行った上で、歳出目別の歳入額の確認等のデータ点検を行い、財務諸表を完成させます（207頁参照）。

第2節 財務諸表作成のためのシステム

1 財務会計システムの再構築

　東京都では、従来から利用してきた財務会計システムが平成4年に稼働したものであり、運用機器の老朽化や運用経費の抑制が課題となっていたことから、システムの再構築を検討していました。

　一方、新公会計制度の導入にあたっては、財務会計システムに複式簿記の機能が必要です。そこで、システム再構築として、従来の官庁会計の機能に加え、複式簿記・発生主義会計に必要な機能を備える新しい財務会計システムを開発することとしました。

　再構築スケジュールの検討においては、平成18年度からの新公会計制度導入という期限が前提となるため、ここから逆算して開発スケジュールの作成、システム開発委託の業者選定を実施しました（**図1**）。

　システム開発委託の業者選定には約半年間が見込まれました。これは、東京都の財務会計システムは利用者数が数千人、旧端末台数が約1,000台と比較的規模が大きいことから、契約目途額がＷＴＯ政府調達協定に基づく総合評価一般競争入札の対象額となり、入札手続きに公示期間や意見招請といった事務手続きが必要となったためです。

　業者選定期間と稼働開始時期、開発スケジュールを考慮すると、新公会計制度の制度設計は、業者選定とある程度並行して進めなければなりませんでした。このため、業者選定の前提となるシステム開発委託の仕様書公示までに、仕様書に影響する新公会計制度の基本事項（仕訳の時期、方法、作成する財務諸表のイメージ等）を確定させる必要がありました。仕様書公示後は、

図1　再構築スケジュール概略

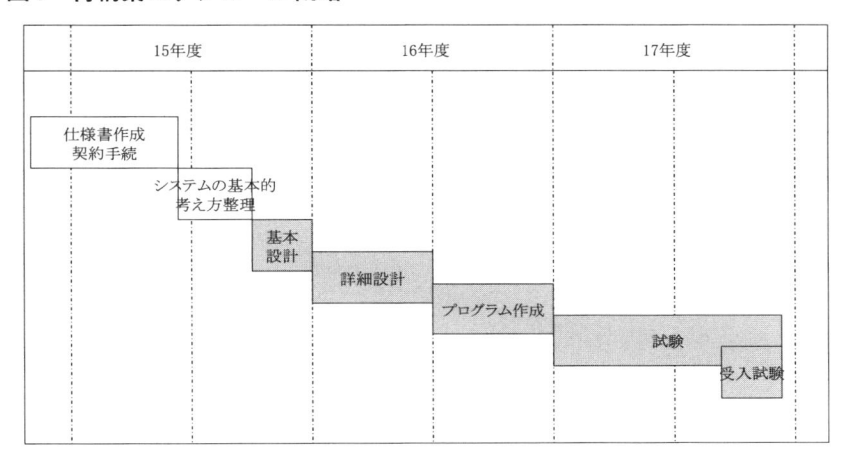

	15年度	16年度	17年度
仕様書作成契約手続			
	システムの基本的考え方整理		
	基本設計		
	詳細設計		
		プログラム作成	
			試験
			受入試験

　業者選定作業と並行して、財産評価等、システム仕様に影響しない項目に関しての検討を進めました。

　システム再構築の進捗管理については、システム構築の各段階ごとに非常に厳しく行われました。これは、稼働時期が遅延した場合、年度途中から複式簿記による仕訳を開始して財務諸表を作成することは困難であり、最悪で稼働を1年遅らせなければならない可能性があったためです。

2　システム再構築の各フェイズ

　財務会計等の業務アプリケーションは、地方自治体の一般的な業務に対応して開発されているパッケージソフトを、対象自治体の制度に合わせ、部分的に修正（カスタマイズ）して使用するのが一般的です。

　東京都の財務会計システム再構築の開発手法は、開発業者提案によるものとしており、入札の結果、業務の規模等を考慮し、現行システムを参考にした新しいシステムをオーダーメイドで構築することとなりました。

　一般に、新たにシステムを開発する場合は、いくつかの段階（フェイズ）に分けて作業を行い、フェイズの呼称はシステム会社により異なります。

　今回の財務会計システム再構築は、大きく分けて、次の5つのフェイズで行われました。

● 第2節　財務諸表作成のためのシステム

1　基本的考え方の整理（平成15年8月から12月）

都と開発業者の双方で、仕様書の内容を整理し、システムの備える機能の概要、サブシステムへの分類、再構築後の業務フロー、サーバ等の技術的仕様等の明確化を行いました。

システム開発委託においては、職員側の技術的な知識が万全でないことから、仕様書に盛り込まれた機能、仕様の定義について、双方で確認が必要でした。

都職員のかかわりとしては、旧システムを担当した職員、官庁会計制度の担当職員、複式簿記を検討する職員が参画し、開発業者の各サブシステム担当ＳＥと検討を行いました。

2　基本設計（平成16年1月から3月）

各サブシステムの備える機能ごとに、処理の概要、画面・帳票の入出力項目を開発業者が設計しました。

都職員のかかわりとしては、職員を各サブシステムの担当に分け、週1回程度、開発業者からのレビュー（説明）を受け、設計内容の確認を行いました。

複式処理サブシステム固有の事項としては、複式機能付与後の官庁会計業務の入出力項目について検討を行いました。

3　詳細設計（平成16年4月から9月）

各機能の画面レイアウト、帳票レイアウト、処理内容等について、開発業者が設計しました。

都職員のかかわりとしては、基本設計同様に、開発業者からのレビューを受け、設計内容の確認を行いました。すべての機能について、設計の詳細を確認したことから、レビューの実施回数も1機能ごとに数回を要し、最も労力を要した期間となりました。

複式処理サブシステム固有の事項としては、財務諸表のレイアウトの決定、複式データの蓄積方法について確認を行いました。

4　プログラム開発（平成16年10月から平成17年3月）

これまでのフェイズで作成された設計書に基づき、開発業者がプログラム

設計、プログラム作成を行う期間です。

　専門的な工程であることから、基本的に都職員はかかわらない期間でしたが、設計仕様の疑問点の調整等の打合せを開発業者と週1回程度実施しました。

5　試験（平成17年4月から平成18年2月）

　前フェイズで作成されたプログラムが設計書どおり動作するかの確認を行う期間です。

　開発業者が実施する試験としては、単体試験、結合試験、総合試験等の分類があります。開発業者は仕様書どおりの動作をすることを確認した上で、発注者に引き渡すことになります。

　都職員は、開発業者から試験結果の経過報告を受け、内容を確認し、問題等の指摘を行いました。

6　受入試験（平成17年11月から平成18年2月）

　システムの試験工程の一環として、開発業者が実施する試験とは別に、都が発注者の観点から業務に正しく使用できるかを確認する試験を実施しました。

　具体的には、開発業者の使用する試験用システムとは別に、受入試験用に複写したシステムを準備し、都職員が通常の業務操作を行って、正しく動作するかの試験を行いました。

3　新システム導入に伴う職員への周知

　システム再構築の各フェイズと並行して、複式簿記の知識や新公会計制度、新システムに関する職員への周知を行いました。

　複式簿記の一般的な知識については、導入の1年ほど前となる、平成17年7月に、各局所の経理担当職員延べ約1,500人を集め、集合形式による説明会を開催し、周知を図りました。

　都の新公会計制度については、各局で事業分野が大きく異なることから、各局別に個別の説明会を開催し、局の予算担当職員、財産管理担当職員に対し、該当する事業内容にあわせた事例により説明を行いました。説明内容は、

●第2節　財務諸表作成のためのシステム

制度及びシステムの概要、建設仮勘定や資産、負債の調査、開始貸借対照表の作成準備などについて実施しました。

新システムに関する職員への周知については、システムの試験フェイズと並行し、平成17年12月から3か月程度をかけて、新システムの操作研修（延べ約2,000人）を行いました。研修内容としては、官庁会計の歳入・歳出処理、物品管理、複式処理について、それぞれ1日ずつ（延べ56回）実施しました。

4 会計処理を行うシステムの全体像

東京都の財務会計システムは、官庁会計の予算執行管理と歳入・歳出を行うシステムであり、新公会計制度の導入に伴うシステム再構築により、新たに複式簿記に対応する機能が加わりました。

ところで、東京都の会計処理は、全て財務会計システムのみで行われているわけではありません。大量の情報や専門的な情報については、別のシステムで管理しており、これらのシステムと連携して会計処理を行っています。

1　官庁会計で連携しているシステム

新公会計制度の導入以前から連携していたシステムは、税収等の取扱件数の多い歳入・歳出を扱う「関連システム」、予算編成を行う「予算計数情報システム」の大きく2種類があります。

関連システムは、給与の支払や、税収の管理等を行う個別の業務システム（給与システム等、合計58システム・平成19年度現在）であり、関連システム側で算出した支出情報、関連システムで発行した納付書に対応する収入情報等のデータを交換しています。複式簿記の導入にあたっては、授受する官庁会計の歳入・歳出情報に対し、複式簿記の情報を付与することで仕訳を行っています（195頁参照）。

予算計数情報システムは、歳入・歳出予算を編成するシステムであり、年度当初に、予算情報を財務会計システムに引き継ぎます。予算情報には、歳出予算の性質別分類や、歳入予算の充当事業（＝歳出目）情報も含まれています。この情報をもとに、財務会計システムで使用する歳出仕訳区分や歳入充当歳出目といった複式情報の選択肢の絞込みを行っており、職員負担の軽

減に寄与しています。

2 複式簿記で新たに連携したシステム

複式簿記の導入に伴い、ストック情報である資産、負債の残高の把握が必要となったことから、財産情報システム、道路資産管理システム及び公債管理システムと新たにデータ交換を行うこととなりました（図2）。

財産情報システム、道路資産管理システムは、それぞれ公有財産、道路の台帳情報を管理しているシステムです（187頁参照）。複式簿記・発生主義会計の導入に伴って、取得・除却・所管換え等の現金収支を伴わない異動情報や、新たに作成する減価償却計算等のデータを媒体に出力し、財務会計システムへ提供する機能を設けました。

図2　東京都の会計処理を行うシステムの全体像

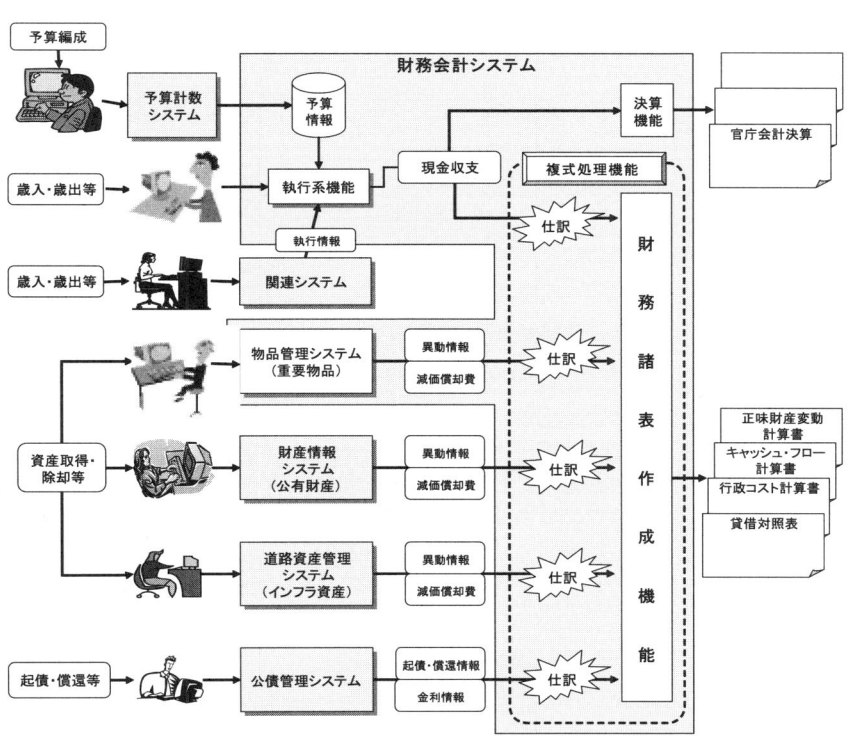

● 第2節　財務諸表作成のためのシステム

　公債管理システムは、都債を管理しているシステムです（191頁参照）。都の局別財務諸表では、財務局で発行した都債を、事業を所管する各局へ振り替えることから、これに必要な起債情報・償還情報等のデータを媒体に出力し、財務会計システムへ提供する改修を行いました。

5 財務会計システムの特色

　東京都の財務会計システムに複式簿記の機能を追加するにあたっての方針は、現行の官庁会計と並存して処理を行うため、職員負担を軽減しつつ、多様な財務諸表を正確かつ迅速に作成する、というものでした。

1　職員負担の軽減

　現金収支を伴う仕訳は、官庁会計の会計処理の際に同時に仕訳を起こす、日々仕訳方式をとっています。

　その際に、予算の性質別情報（物件費、投資的経費等）を利用し、複式情報の選択肢を絞り込む仕組みにより、職員に複式簿記の知識を要さずに、ほぼ自動的に仕訳を起こします（**図3**）。

　この他、財務会計システムには、仕訳を誤ったときに修正する仕訳区分訂正機能、現金収支以外の仕訳を行う複式仕訳機能、関連システムからの自動仕訳機能を備えています。

2　多様な財務諸表の正確かつ迅速な作成

　日々蓄積された仕訳情報をもとに財務諸表を作成するため、従来の官庁会計決算の組替による財務諸表作成よりも迅速に作成することができます。

　財務諸表作成の最小単位は「歳出目」としているため、予算体系に沿って積み上げることにより、局別や会計別などの単位で財務諸表を作成することができます（**図4**）。

　また、システムによる積み上げとは別に、1回ごとの仕訳に付加した「管理事業コード」を用いて、表計算ソフトで集計することにより、管理事業別財務諸表を作成することも可能です。

図3 仕訳区分で絞込み＋その他の仕訳のルート

歳出　予算科目 ＋ 仕訳区分
（現金収支を伴うもの：財務会計システムの官庁会計業務に加えて複式情報を入力）
選択肢は予算情報で絞込み

歳入　予算科目 ＋ 仕訳区分
選択肢は予算情報で絞込み

複式簿記の仕訳：費用／資産・負債／収入

複式仕訳（現金収支を伴わないもの：財務会計システムの複式仕訳業務で入力）

自動仕訳 ← 関連システム（関連システムの情報を用いて自動仕訳）

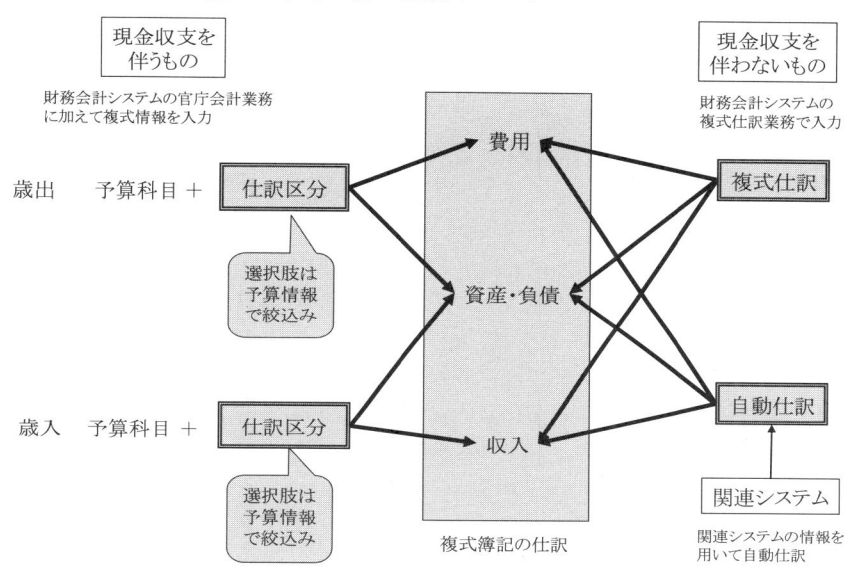

図4 多様な財務諸表の正確かつ迅速な作成

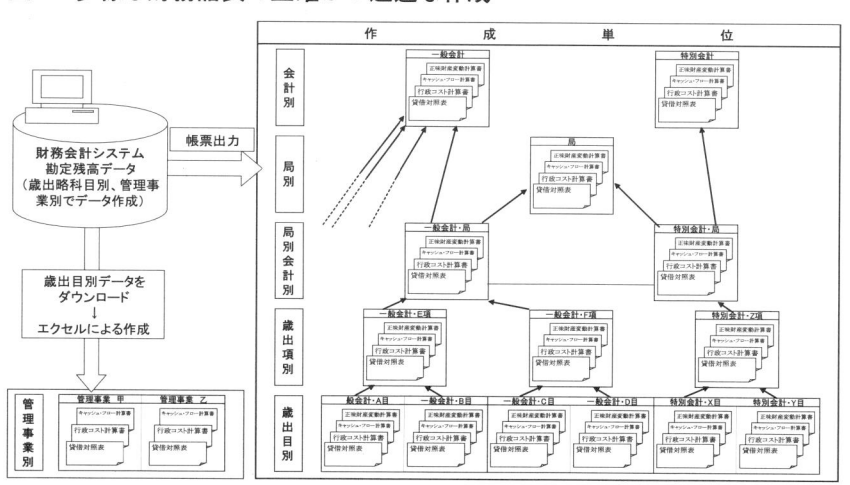

財務会計システム勘定残高データ（歳出略科目別、管理事業別でデータ作成）
→ 帳票出力

作成単位：
- 会計別：一般会計／特別会計
- 局別
- 局別会計別：一般会計・局／特別会計・局
- 歳出項別：一般会計・E項／一般会計・F項／特別会計・Z項
- 歳出目別：一般会計・A目／一般会計・B目／一般会計・C目／一般会計・D目／特別会計・X目／特別会計・Y目

各単位で正味財産変動計算書、キャッシュ・フロー計算書、行政コスト計算書、貸借対照表を作成

歳出目別データをダウンロード → エクセルによる作成
→ 管理事業別：管理事業 甲／管理事業 乙（行政コスト計算書、貸借対照表）

第5章　東京都の複式簿記　～日々の仕訳から財務諸表作成までの実務

● 第2節 財務諸表作成のためのシステム

エピソード2　開発よりも長〜い新財務会計システムの試験

　東京都の新財務会計システムは、プログラム開発終了後、約1年という長い期間をかけて試験を行いました。プログラム開発にかかった期間が半年ということを考えると、いかに試験を重視していたかが想像できるかと思います。

　試験は、開発業者が実施する試験のほか、東京都側でも4か月ほどの期間で試験を行いました。これは、都職員の視点で様々な歳出・歳入のパターンを想定し、実際の業務画面にデータを打ち込み、正しく動作するかどうかを確認するものでした。実際に確認してみると、表示されるべきエラーメッセージとは別のメッセージが表示されるなど、300あまりの懸念事項が発見され、それらはシステム稼働前に解決しました。

　その甲斐あって、稼働後には大きな問題もなく運用することができています。

第3節 開始貸借対照表の作成

1 開始貸借対照表とは

　複式簿記・発生主義会計導入後（平成18年4月以降）は、日々の仕訳処理や財務会計システムと資産・公債の管理システムとが連携することで、資産と負債の情報が積み上がっていきます。しかし、複式簿記・発生主義会計の導入前（東京都では平成17年度以前）から存在する資産と負債の金額については、このような仕組がないために、決算作業時までに導入直前（東京都では平成17年度末時点）の資産・負債及び正味財産の金額を反映させた開始貸借対照表を作成する必要があります。

　開始貸借対照表とは、複式簿記・発生主義会計の導入時のみ必要となる貸借対照表のことで、平成18年3月31日時点（出納整理期間を含む）における資産及び負債の情報を財務会計システムに投入します。この投入された数字が基礎となり、平成18年4月1日以降の日々の会計処理がそこに蓄積され、以後の貸借対照表が作成されます。

　なお、東京都の開始貸借対照表の金額については、その資産と負債の差額を、正味財産変動計算書の「開始残高相当」の項目に計上しています。

2 作成単位

　東京都の複式簿記・発生主義会計は、予算科目の「歳出目」を最小単位とする財務諸表を作成し、その積上げの結果として、局別会計別財務諸表を作成します。このため、開始貸借対照表も、資産及び負債を歳出目の単位に分

類した歳出目別開始貸借対照表の作成が必要となります。

また、局別会計別財務諸表に加えて、各局が任意に定めた管理事業単位の財務諸表の作成も可能となることから、歳出目別に分類した開始貸借対照表を、さらに管理事業別に分類し作成しました。

3 作成時期

開始貸借対照表の作成時期についてですが、新年度による決算作業時までには投入しておく必要はありますが、必ずしも複式簿記・発生主義会計の導入時までに整備する必要はありません。

なぜなら、決算作業時までにデータが確定していれば、期中の仕訳処理を開始貸借対照表に反映することで、期末の貸借対照表は作成できるからです。

しかし、データの確定は早い方が望ましいといえます。その理由は以下のとおりです。

期中において、平成17年度以前の資産に関連する取引が発生した場合は、主に開始貸借対照表のデータ投入時まで、その取引にかかわる複式処理の一部を保留し、個別に管理しておく必要があります。例えば、平成17年度以前の資産として建設仮勘定が計上され、平成18年度に工事が完成した場合、本来は、平成18年度に建設仮勘定を精算する処理を行わなくてはなりません。しかし、開始貸借対照表のデータが投入されていない場合、財務会計システムでは、過年度の建設仮勘定がないために、この処理はできないことになります。したがって、データの投入が完了するまで、この処理を保留し、データ投入後遡って処理することが必要になります。

東京都では、当初平成18年6月から約3か月程度の作業期間を想定していましたが、予想以上に、公有財産や重要物品などの固定資産の計数の精査に時間を要してしまったため、結局、開始貸借対照表が完成し、データの投入を完了したのは、同年12月となりました（図1）。

4 作成方法

開始貸借対照表は、勘定科目に応じて、既存の決算参考資料の金額、資産管理システムや公債管理システムのような各システムに登録された金額及び

図1　開始貸借対照表の作成時期のイメージ図

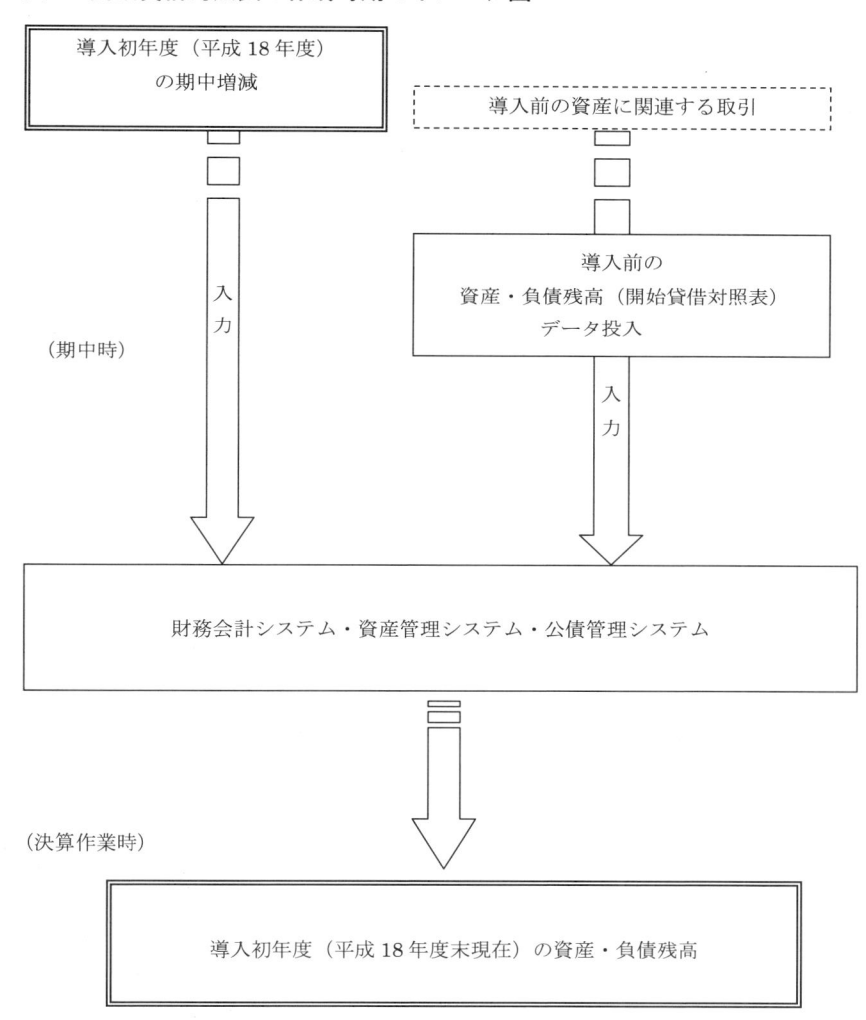

```
┌─────────────────────┐      ┌─ ─ ─ ─ ─ ─ ─ ─ ─ ─ ─ ─ ┐
│ 導入初年度（平成18年度）│       導入前の資産に関連する取引
│     の期中増減       │      └ ─ ─ ─ ─ ─ ─ ─ ─ ─ ─ ─ ─ ┘
└─────────────────────┘                  │
           │                              ▼
           │                  ┌──────────────────────────┐
           │                  │        導入前の           │
(期中時)    │入力              │ 資産・負債残高（開始貸借対照表）│
           │                  │     データ投入           │
           │                  └──────────────────────────┘
           │                              │入力
           ▼                              ▼
┌──────────────────────────────────────────────────────┐
│   財務会計システム・資産管理システム・公債管理システム    │
└──────────────────────────────────────────────────────┘
                          │
(決算作業時)               ▼
            ┌──────────────────────────────────────┐
            │ 導入初年度（平成18年度末現在）の資産・負債残高 │
            └──────────────────────────────────────┘
```

第5章　東京都の複式簿記　～日々の仕訳から財務諸表作成までの実務

●第3節　開始貸借対照表の作成

個別に金額を算定することによって、作成します。

収入未済や債権等については決算資料を、土地や建物等の公有財産については財産情報システムを、重要物品については、物品管理システムを、道路の舗装や橋梁については道路資産管理システムを、都債については公債管理システムを、不納欠損引当金や貸倒引当金については、過去の実績に基づいて算定した金額をもとに、それぞれ歳出目別に計上します。

以下、これらについて詳述します（図2）。

図2　作成方法のイメージ図

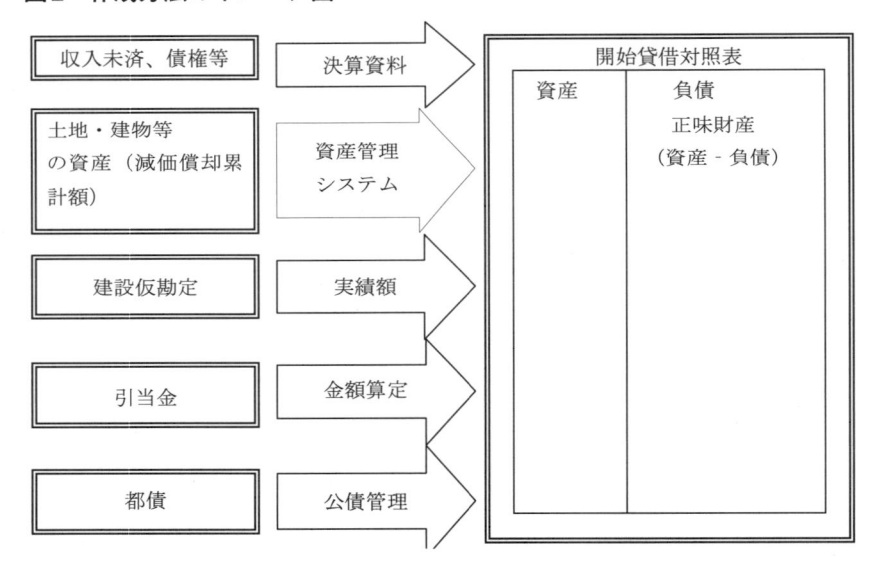

収入未済、債権等	→ 決算資料 →	開始貸借対照表
土地・建物等の資産（減価償却累計額）	→ 資産管理システム →	資産 ／ 負債 ／ 正味財産（資産－負債）
建設仮勘定	→ 実績額 →	
引当金	→ 金額算定 →	
都債	→ 公債管理 →	

1　決算資料の金額を用いるもの

現金預金、収入未済、投資有価証券、長期貸付金、差入保証金、財産売払代金等が該当します。

これらは、これまでの官庁会計で金額を把握していたものであり、開始貸借対照表の作成にあたっては、歳出目と管理事業別に計上先を分類する作業を行いました。

2　金額を算定するもの

不納欠損引当金、貸倒引当金及び退職給与引当金が該当します。

これらは、複式簿記・発生主義会計特有の概念で、これまでの官庁会計では、把握していなかった金額です。
　不納欠損引当金や貸倒引当金については、過去3年間の実績をもとに歳出目ごとに算定します。
　退職給与引当金については、一般会計及び特別会計の範囲において、在職する全職員が自己都合により退職するとした場合の退職手当要支給額を計上します。

3　平成17年度以前の実績金額を算定するもの

　建設仮勘定（平成18年3月31日時点で工事中の未完成の固定資産）や還付未済金が該当します。

4　資産管理システムに登録されている資産額を計上するもの

　土地や建物、重要物品など、財産情報システム及び物品管理システムに登録されている資産に関しては、貸借対照表上の資産の表示単位ごとに、貸借対照表作成単位である歳出目別に分類し、計上します。
　開始貸借対照表作成において、最も労力を要したのは、土地や建物等の資産の金額を把握することでした。これらの金額を正確に把握するためには、その基礎となる財産台帳の整備が不可欠です。しかし、これまでの官庁会計における財産台帳は、主に財産の管理運用を目的として整備しており、会計情報の管理は乏しかったといえます。また、そもそも価格を把握していない道路などの財産は、一から価格を算定しなければなりませんでした。
　東京都では、道路などの一部の財産を除き、保有する土地や建物等の資産の金額は、これまでも東京都公有財産規則等に基づき財産台帳により把握してきました。しかし、多くの財産の中には価格が不明なものや、そもそも記録されていないものもありました。具体的には約6万4,000件の財産に歳出目情報を付与する作業を行うとともに、取得価格の再確認を行う必要があったのです。これらの作業を財産を所管するすべての部署で行いました。また、取得価格が不明なものについては、あらかじめ定められた基準に基づき、できる限り関係資料や類似する財産もしくは基準地価格等から取得価格を推定しました。いわば、財産台帳に記載された情報を組織別から歳出目別にグルーピングしたのです。

また、約3万4,000件の重要物品も同様に作業を行いました。

5 その他

基金、減債基金及び都債については、所管局で把握するデータをもとに計上しました。

5 インフラ資産の評価

東京都会計基準では、インフラ資産とは、道路、橋梁、港湾、漁港、空港及び鉄道と定義しています。このうち、道路、橋梁（以下「道路等」という）については、前述の財産台帳の整備は東京都公有財産規則上要請されていません。道路法による道路台帳は整備されていましたが、価格の把握はそもそも必要ありませんでした。

また、道路等は他の行政財産と同様、売却を目的とはしていません。しかし、道路等についても、他の財産と同様に取得原価を計上すること、受贈や除却などの非現金取引による価格の増減を把握することを基本としました。道路等は、土地と道路舗装やトンネルなどの構造物に区分されます。具体的な価格の算定方法は次のとおりです。

1 土地の評価方法

道路の底地など土地の評価方法としては、過去2年間の事業中の土地及び供用開始した土地については、実際の取得価格を集計しました。さらに、東京都では、道路等の供用面積とその年次については、道路台帳で把握していたことから、供用開始した年度ごとの面積に単価を乗じて算定しました。単価は、東京都基準地価格やその増減率等をもとに算出しました。区市町村等へ移管した要因で供用面積が減少する年には、最も古い単価で減ずることとしました。また、供用面積を価格算定の基礎としているため、道路敷地構成図等により、東京都が有する土地以外の土地相当分を一定の割合により除することとしました（図3）。

2 道路の構築物

道路等のうち舗装や橋梁などの構造物については、供用した時点からイン

図3 インフラ資産土地の評価イメージ図

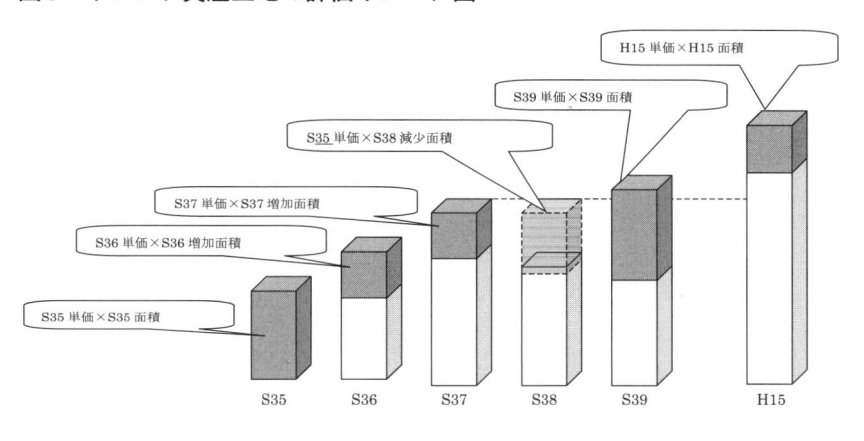

（図：S35単価×S35面積、S36単価×S36増加面積、S37単価×S37増加面積、S35単価×S38減少面積、S39単価×S39面積、H15単価×H15面積）

フラ資産として計上し、事業中のものは、土地とは異なり、建設仮勘定として計上します。過去2年間については実際の構築原議を基に取得価格を集計するとともに、それ以前のものについては、既存の管理（施設）台帳等を利用し、再調達価格（現在構築するとした場合の取得価格）を算出し、物価水準等に基づき取得価格を算定したうえで、減価償却累計額を算定し、施設別に集計しました。

6 開始貸借対照表確定後の訂正処理

開始貸借対照表データ確定後、計上すべき資産を計上していなかったり、除却すべき資産を計上したままにしていたりと、計数の誤りが見つかった場合はどのように処理すべきでしょうか。

東京都では、開始貸借対照表の確定後に計数の誤りがあった場合、その原因を明らかにするため、行政コスト計算書の特別収支科目（その他過年度損益修正益又はその他過年度損益修正損）により処理しています。なお、平成18年度財務諸表において、多額の特別収入や特別費用が発生していますが、このような処理を行ったためです。

第4節 仕訳区分の設定と選択

1 仕訳発生の仕組み

1 東京都の新たな公会計制度における仕訳の考え方

　東京都の新たな公会計制度は、官庁会計の処理に加えて複式簿記・発生主義会計の処理を同時に行います。官庁会計による処理では、予算科目（款・項・目・節）を用いて「現金の出入り（これを現金収支と呼びます）」のみを記録します。対して、複式簿記・発生主義会計による処理では、資産や負債などのストック情報や減価償却費などの現金収支を伴わないコスト情報についても、「勘定科目」を用いた「仕訳」を行うことで記録します。

　東京都では日々の官庁会計の処理と同じタイミングで仕訳を起こすように制度設計を行いました。それは、日々の会計処理1件1件から仕訳を起こし複式のデータを積み上げて財務諸表を作成することにより、仕訳の正確性が担保されるなどのメリットがあったからです。

　一方で、官庁会計と複式簿記の処理を同時に行うということは、日々の予算執行の段階で、職員が勘定科目による仕訳を行うということを意味します。これでは、複式簿記にあまり慣れていない職員にとって、過度な負担となるだけでなく、間違いのもとにもなってしまいます。

　日々の予算執行の段階で、職員に負担感がなく正確な方法で仕訳を行うにはどうすればよいでしょうか。この課題の解決策として、東京都では、日々の予算執行の段階でこれまでも入力していた「予算科目（款・項・目・節）」から、発生する可能性がある仕訳パターンをすべて洗い出し、その仕訳パターンを「仕訳区分」として整理しました（図1）。

図1　仕訳パターンの洗い出しと仕訳区分の設定

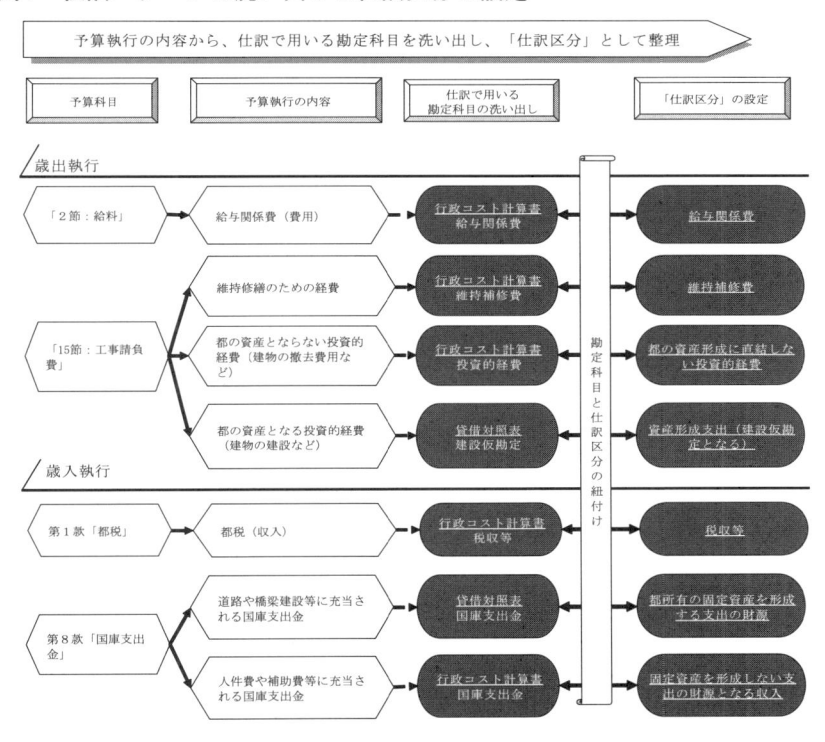

予算執行の内容から、仕訳で用いる勘定科目を洗い出し、「仕訳区分」として整理

予算科目	予算執行の内容	仕訳で用いる勘定科目の洗い出し	「仕訳区分」の設定
歳出執行			
「2節：給料」	給与関係費（費用）	行政コスト計算書 給与関係費	給与関係費
「15節：工事請負費」	維持修繕のための経費	行政コスト計算書 維持補修費	維持補修費
	都の資産とならない投資的経費（建物の撤去費用など）	行政コスト計算書 投資的経費	都の資産形成に直結しない投資的経費
	都の資産となる投資的経費（建物の建設など）	貸借対照表 建設仮勘定	資産形成支出（建設仮勘定となる）
歳入執行			
第1款「都税」	都税（収入）	行政コスト計算書 税収等	税収等
第8款「国庫支出金」	道路や橋梁建設等に充当される国庫支出金	貸借対照表 国庫支出金	都所有の固定資産を形成する支出の財源
	人件費や補助費等に充当される国庫支出金	行政コスト計算書 国庫支出金	固定資産を形成しない支出の財源となる収入

（中央に「勘定科目と仕訳区分の紐付け」）

「仕訳区分」には、あらかじめ仕訳パターンが設定されているため、職員はこの「仕訳区分」を選択し入力するだけで、自動的に仕訳が起きる仕組みになっています。予算執行時に職員が意識するのは「仕訳区分」のみであり、複式簿記の知識をそれほど必要とせず簡単に仕訳を起こすことが可能となりました。

2　予算科目ごとの仕訳パターンについて

予算科目（節・細節）の執行内容から、仕訳パターンの洗い出しを行い、そのパターン1つひとつに、「仕訳区分」を関連づけています。

第4章で述べたとおり、東京都の予算科目から勘定科目への変換は**図2**のように関連していることから、仕訳パターンについても、①東京都の資産形

● 第4節　仕訳区分の設定と選択

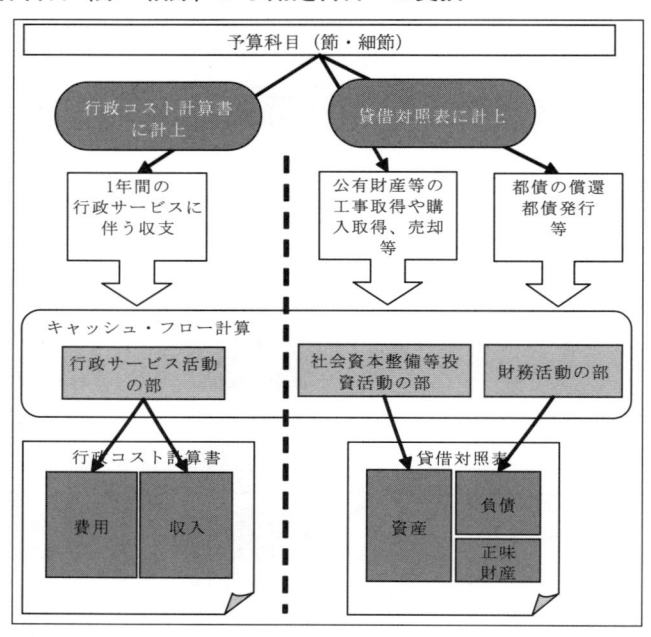

図2　予算科目（節・細節）から勘定科目への変換

成に寄与しない取引、②東京都の資産形成に寄与する取引、③都債の償還、発行などの財務活動に関する取引の3分類を基準として、設定を行いました。

では、歳出予算科目である「13節：委託料」を例に、仕訳区分と仕訳パターンの設定を見ていきましょう（**図3**）。

委託料の執行内容は多岐にわたります。政策立案のための調査委託や、都有施設の警備委託といった行政サービス活動に用いられる経費もあれば、道路や建物などの設計委託といった東京都の資産形成のために用いられる経費もあります。これらの経費の内容から、行政サービス活動に用いられるものと東京都の資産形成に用いられるものとに大別し、前者には行政コスト計算書の勘定科目を、後者には貸借対照表の勘定科目をそれぞれ用いて、仕訳パターンを洗い出していきました。

洗い出された仕訳パターン1つひとつに「歳出仕訳区分」を付与しています。「歳出仕訳区分」は、自動的に仕訳を行うためのキー情報となるものですから、入力の際に職員が判断に迷わないようにわかりやすい名称を設定しました。

図3 13節：委託料の執行と歳出仕訳区分の設定

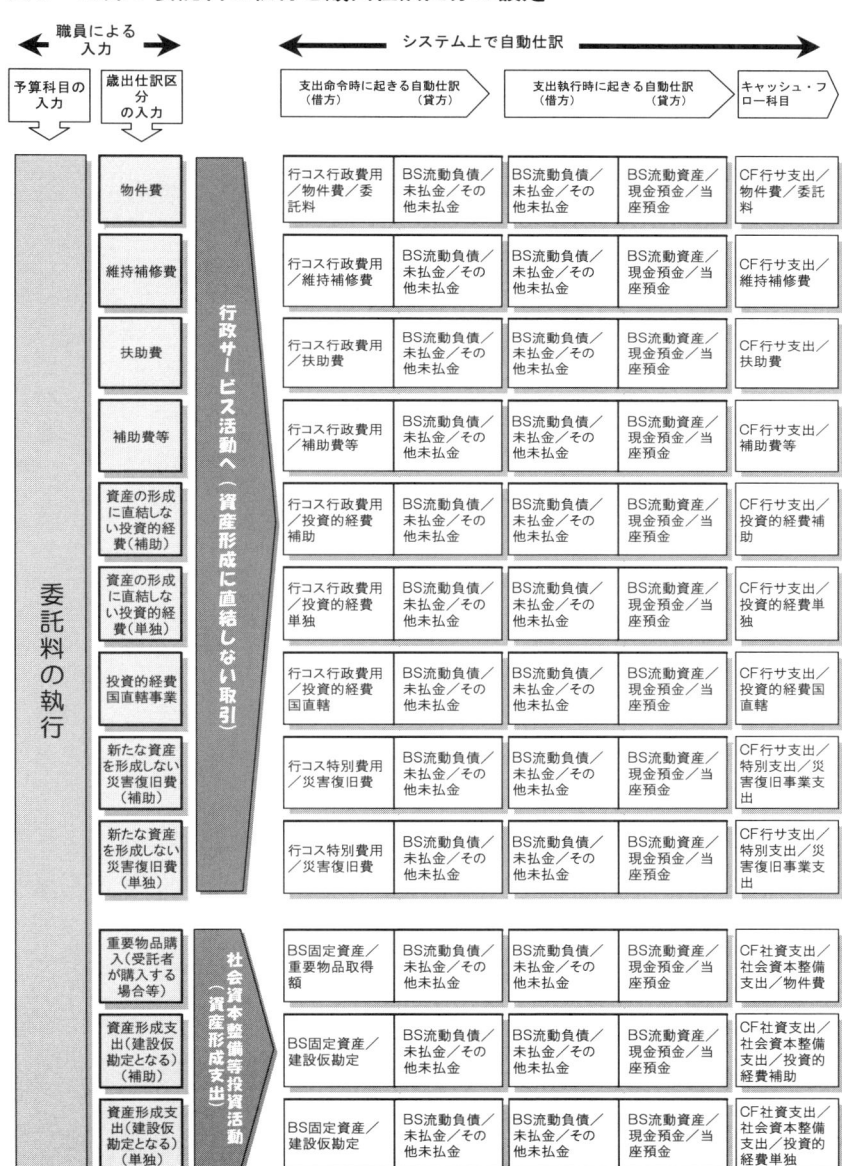

予算科目の入力 (職員による入力)	歳出仕訳区分の入力 (職員による入力)	行政サービス活動／社会資本整備等投資活動	支出命令時に起きる自動仕訳（借方／貸方）	支出執行時に起きる自動仕訳（借方／貸方）	キャッシュ・フロー科目
委託料の執行	物件費	行政サービス活動へ（資産形成に直結しない取引）	行コス行政費用／委託料 ／ BS流動負債／未払金／その他未払金	BS流動負債／未払金／その他未払金 ／ BS流動資産／現金預金／当座預金	CF行サ支出／物件費／委託料
	維持補修費		行コス行政費用／維持補修費 ／ BS流動負債／未払金／その他未払金	BS流動負債／未払金／その他未払金 ／ BS流動資産／現金預金／当座預金	CF行サ支出／維持補修費
	扶助費		行コス行政費用／扶助費 ／ BS流動負債／未払金／その他未払金	BS流動負債／未払金／その他未払金 ／ BS流動資産／現金預金／当座預金	CF行サ支出／扶助費
	補助費等		行コス行政費用／補助費等 ／ BS流動負債／未払金／その他未払金	BS流動負債／未払金／その他未払金 ／ BS流動資産／現金預金／当座預金	CF行サ支出／補助費等
	資産の形成に直結しない投資的経費（補助）		行コス行政費用／投資的経費補助 ／ BS流動負債／未払金／その他未払金	BS流動負債／未払金／その他未払金 ／ BS流動資産／現金預金／当座預金	CF行サ支出／投資的経費補助
	資産の形成に直結しない投資的経費（単独）		行コス行政費用／投資的経費単独 ／ BS流動負債／未払金／その他未払金	BS流動負債／未払金／その他未払金 ／ BS流動資産／現金預金／当座預金	CF行サ支出／投資的経費単独
	投資的経費国直轄事業		行コス行政費用／投資的経費国直轄 ／ BS流動負債／未払金／その他未払金	BS流動負債／未払金／その他未払金 ／ BS流動資産／現金預金／当座預金	CF行サ支出／投資的経費国直轄
	新たな資産を形成しない災害復旧費（補助）		行コス特別費用／災害復旧費 ／ BS流動負債／未払金／その他未払金	BS流動負債／未払金／その他未払金 ／ BS流動資産／現金預金／当座預金	CF行サ支出／特別支出／災害復旧事業支出
	新たな資産を形成しない災害復旧費（単独）		行コス特別費用／災害復旧費 ／ BS流動負債／未払金／その他未払金	BS流動負債／未払金／その他未払金 ／ BS流動資産／現金預金／当座預金	CF行サ支出／特別支出／災害復旧事業支出
	重要物品購入（受託者が購入する場合等）	社会資本整備等投資活動（資産形成支出）	BS固定資産／重要物品取得額 ／ BS流動負債／未払金／その他未払金	BS流動負債／未払金／その他未払金 ／ BS流動資産／現金預金／当座預金	CF社資支出／社会資本整備支出／物件費
	資産形成支出（建設仮勘定となる）（補助）		BS固定資産／建設仮勘定 ／ BS流動負債／未払金／その他未払金	BS流動負債／未払金／その他未払金 ／ BS流動資産／現金預金／当座預金	CF社資支出／社会資本整備支出／投資的経費補助
	資産形成支出（建設仮勘定となる）（単独）		BS固定資産／建設仮勘定 ／ BS流動負債／未払金／その他未払金	BS流動負債／未払金／その他未払金 ／ BS流動資産／現金預金／当座預金	CF社資支出／社会資本整備支出／投資的経費単独

● 第4節　仕訳区分の設定と選択

　この「歳出仕訳区分」には、支出命令時に起きる仕訳と支出執行時に起きる仕訳、キャッシュ・フロー計算書の勘定科目が設定されています。支出命令時には、行政コスト計算書もしくは貸借対照表の勘定科目が借方（左側）に計上されるとともに、貸方（右側）に未払金が計上されます。実際に支出執行され、債権者に払込が行われると、借方に未払金が計上されることで支出命令時に貸方に計上されていた未払金が相殺され、貸方に現金預金が計上されます。

3　職員の作業負担を抑えるための「工夫」

　2では、歳出予算の「13節：委託料」を例に、仕訳区分と仕訳パターンの設定について説明しました。「仕訳区分」の入力によって自動で仕訳が行われることにより、複式簿記についての知識をそれほど持っていなくても簡単に仕訳を起こすことができるようになりました。

　「仕訳区分」の採用による仕訳の自動化の次に検討したのが、職員による「仕訳区分」の入力負荷を減らすための工夫です。

(1) コードブックによる入力

　従来の財務会計システムでは、予算科目や執行用事業などの入力項目について、数値コードを画面に直接入力する方式でした。この方式だと、職員はコード表から必要な数値コードを自分で探し出す必要があったため、入力に手間取ったり、入力ミスが起きたりしていました。

　新システムでは、画面上に選択肢を表示する「コードブック」方式を採用し、画面上でのクリックによる選択で入力できるようにしました。これにより、入力の手間が省け、入力ミスが減少するなど、職員の業務負担の軽減を図ることができました（**図4**）。

(2) 仕訳区分の絞込み

　2でも触れましたが、「仕訳区分」は「予算科目」の節・細節ごとに設定されています。節・細節の執行内容によって仕訳パターンの数も異なってくることから、設定される「仕訳区分」の数もまちまちです。例えば、「2節：給料」の場合は、想定される仕訳パターンは、「行政コスト計算書/給与関係費」のみとなります。従って、仕訳区分の設定は1種類で済みます。

図4 コードブックによる表示(歳出仕訳区分コード入力時)

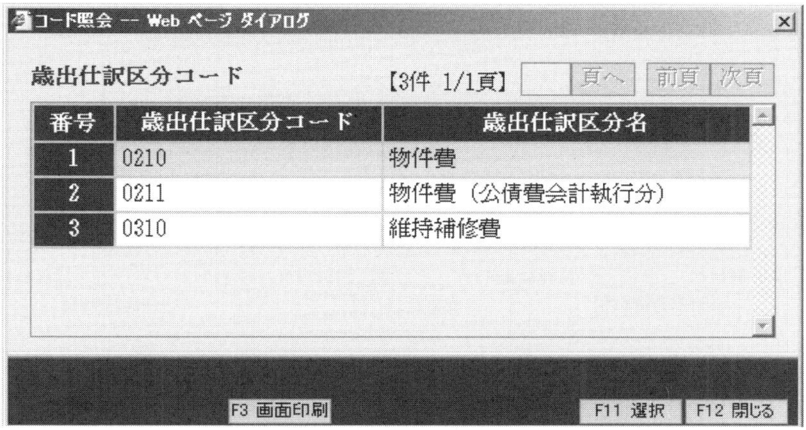

番号	歳出仕訳区分コード	歳出仕訳区分名
1	0210	物件費
2	0211	物件費(公債費会計執行分)
3	0310	維持補修費

　一方、「13節:委託料」を執行した場合の仕訳区分は最大で12種類あるため、その中から職員が適切な仕訳区分を選ぶ必要があります。選択肢が多ければ多いほど、職員の判断を必要とするため、入力負荷が高まるとともに、入力ミスの可能性も高まります。そのため、東京都では仕訳区分を事前に絞り込む機能を開発しました。

　東京都では、予算編成については「予算計数情報システム」を用います。この予算計数情報システムでは、歳出予算科目の節・細節ごとに「都予算性質別」の情報を入力します。性質別情報とは、人件費、物件費、維持補修費など、予算をその経済的機能に着目して分類したものであり、東京都の行政コスト計算書、キャッシュ・フロー計算書の歳出系の勘定科目にも、都予算性質別の体系を採用しています。

　そこで、予算計数情報システムの都予算性質別情報を財務会計システムに取り込むことで、その性質別情報に合致した歳出仕訳区分のみをコードブックに表示させる仕組みを構築しています。

　具体的な絞込み例として、**図5**では「13節:委託料」の絞込み方法を説明しています。

　予算計数情報システムでは、歳出予算科目に沿って性質別情報を入力しています。**図5**の場合だと、当該予算科目では物件費と維持補修費が入力されているとします。財務会計システムでは、歳出目ごとにこの情報を取込んで、

●第4節　仕訳区分の設定と選択

図5　13節：委託料執行時の歳出仕訳区分の絞込み

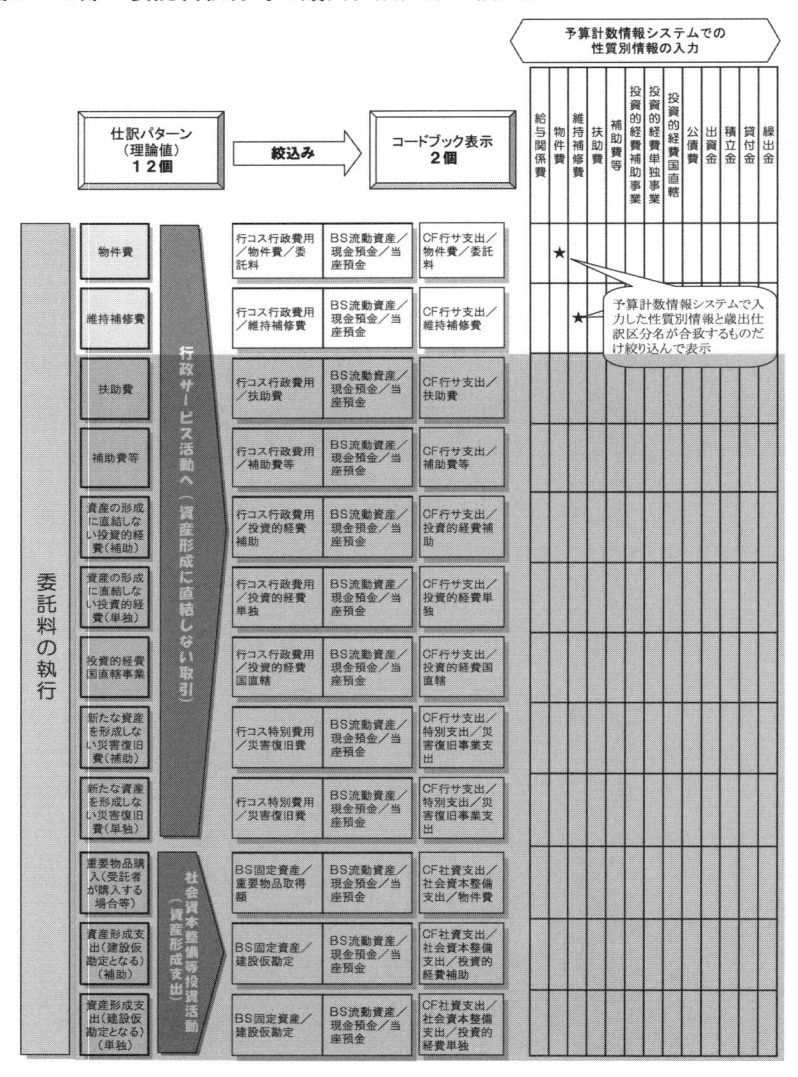

性質別情報と合致する歳出仕訳区分のみを絞り込んでコードブックに表示させます。

「13節：委託料」は、理論値で12種類の仕訳区分が設定されていますが、この絞込み機能を用いることで、選択肢が2種類に絞られます。絞込み機能

の導入により、不必要な仕訳区分を表示しなくても済むようになり、職員の入力負担を軽減するとともに、入力ミスを未然に防ぐことができました。

2 財務会計システムの歳入・歳出業務と複式情報の蓄積

次に、職員が実際に行っている日々の会計事務のうち、事務の流れと財務会計システムへの入力方法についてみていきます。

1 日々の歳入歳出業務から財務諸表の作成までの業務フロー

東京都では、職員が日々の会計処理を行う段階で仕訳を起こし、その仕訳の蓄積から財務諸表を作成していきます。日々の会計処理から財務諸表作成までの一連の流れを示したものが、次の図6になります。

職員は、日々の会計処理の段階で、財務諸表作成のために必要な項目を入力します（手順①）。この財務諸表作成のための入力項目のことを「複式情報」といいます（176頁参照）。

複式情報を入力することで、自動的に仕訳が起こり、仕訳履歴情報に蓄積されていきます。仕訳履歴情報に蓄積された仕訳は、勘定科目ごとに集計され、勘定残高情報にまとめられます（手順②）。

この仕訳履歴情報と勘定残高情報は、それぞれ「仕訳履歴一覧表」と「勘定残高一覧表」として、オンラインでダウンロードができるようになっており、これをもとに仕訳のチェックを行います（手順③）。

図6 財務会計システムでの入力から財務諸表作成までのフロー

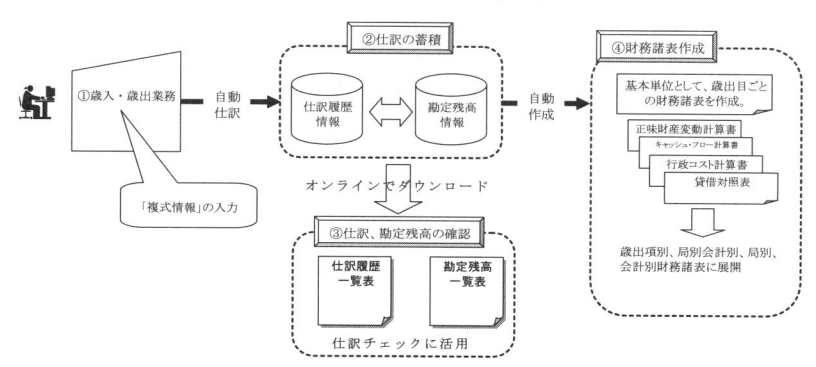

●第4節 仕訳区分の設定と選択

　決算期には、勘定残高情報に蓄積された勘定科目ごとの金額を基に、歳出目別財務諸表を基本単位として、様々な財務諸表を作成します（手順④）。
　では、次に実際に職員が行う日々の会計処理について、見ていきます。

2　歳入業務

(1) 歳入業務で新たに入力する項目について

　歳入業務を行う際に、財務諸表を作成するための新たな入力項目である「複式情報」を入力します。複式情報には、仕訳を起こすためのコードである歳入仕訳区分、当該歳入がどの歳出目別財務諸表に計上されるのかを特定するための歳出略科目、当該歳入がどの管理事業別財務諸表に計上されるのかを特定するための管理事業コードの3つとなります。

複式情報名	説　明
歳入仕訳区分	自動的に仕訳を起こすための情報です。 歳入仕訳区分ごとに、仕訳のパターンが設定されているので、歳入仕訳区分を入力することで自動的に仕訳を起こします。
歳出略科目 (歳入充当歳出目)	当該歳入が、どの歳出事業の財源となっているかを表す情報です。
管理事業	事業別財務諸表を作成するために入力する情報です。当該歳入が、どの事業に充当されているかを特定します。各局で任意に設定しています。

(2) 歳入業務フロー

　図7は、一般的な歳入業務と仕訳のフロー図になります。
　まず、職員は財務会計システムで調定を行う際に複式情報（歳入仕訳区分、歳出略科目、管理事業）を入力します（手順①）。
　調定時に入力された複式情報をもとに、調定時の仕訳を起こします（手順②）。調定時の仕訳では、まだ現金が収入されていないことから、収入未済が借方（左側）に計上され、貸方（右側）には収入勘定科目が計上されます。
　実際に収入があった場合、収入登録に併せて収入時の仕訳を起こします（手順③）。収入時には、実際に現金が東京都の預金口座に入金されるので、借方（左側）に資産の増加として「現金預金」が計上され、貸方（右側）に

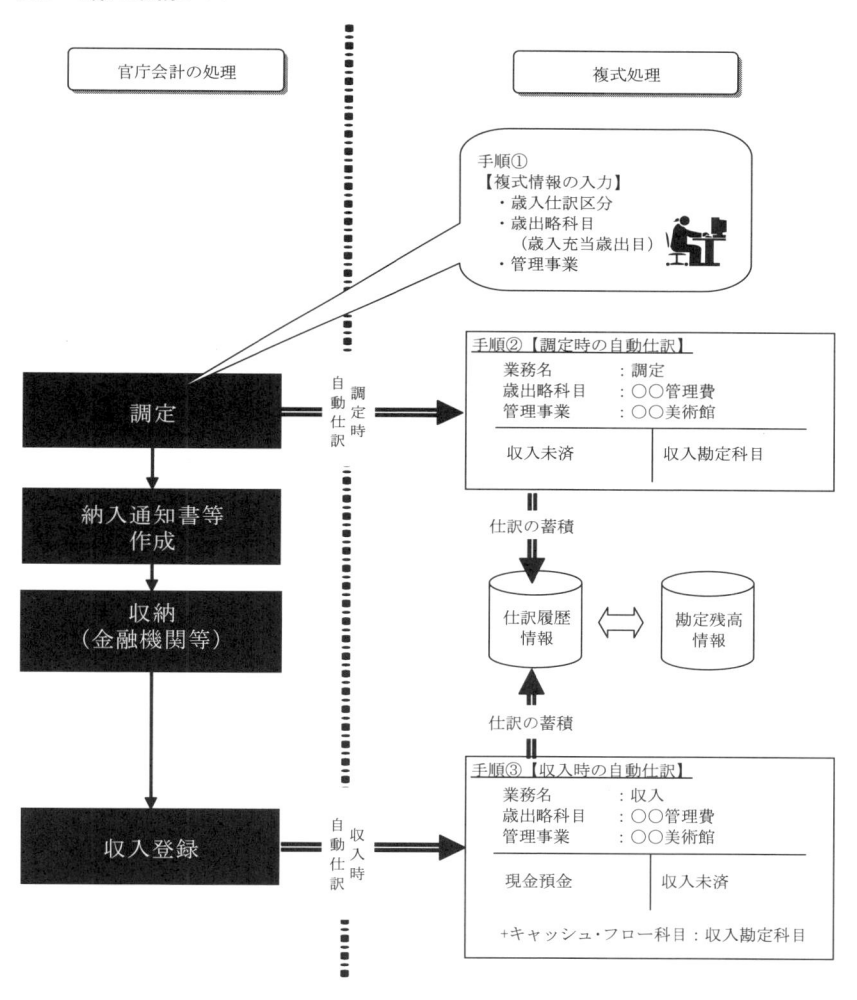

図7 歳入業務フロー

官庁会計の処理

調定 → 納入通知書等作成 → 収納（金融機関等） → 収入登録

複式処理

手順①【複式情報の入力】
・歳入仕訳区分
・歳出略科目（歳入充当歳出目）
・管理事業

手順②【調定時の自動仕訳】（調定時・自動仕訳）
業務名　　：調定
歳出略科目：○○管理費
管理事業　：○○美術館

| 収入未済 | 収入勘定科目 |

手順③【収入時の自動仕訳】（収入時・自動仕訳）
業務名　　：収入
歳出略科目：○○管理費
管理事業　：○○美術館

| 現金預金 | 収入未済 |

＋キャッシュ・フロー科目：収入勘定科目

仕訳の蓄積 → 仕訳履歴情報 ⇔ 勘定残高情報

「収入未済」が計上されます。調定時に借方（左側）に計上された「収入未済」は、収入時に貸方（右側）に計上されることで相殺される仕組みになります。

　調定時及び収入時に起きた仕訳は、「仕訳履歴情報」として財務会計システムに蓄積されていきます。「仕訳履歴情報」に蓄積された1件1件の仕訳を集計して「勘定残高情報」を更新します。この「勘定残高情報」をもとに、

●第4節　仕訳区分の設定と選択

財務諸表を自動的に作成することになります。

(3) 財務会計システムでの入力画面（歳入業務）

では、財務会計システムでの歳入業務の中から、「調定登録」の画面を見てみましょう。図8では、歳出略科目「高齢福祉費」の充当財源である国庫支出金の歳入を例示しています（図8）。

図8　財務会計システムの画面（歳入）

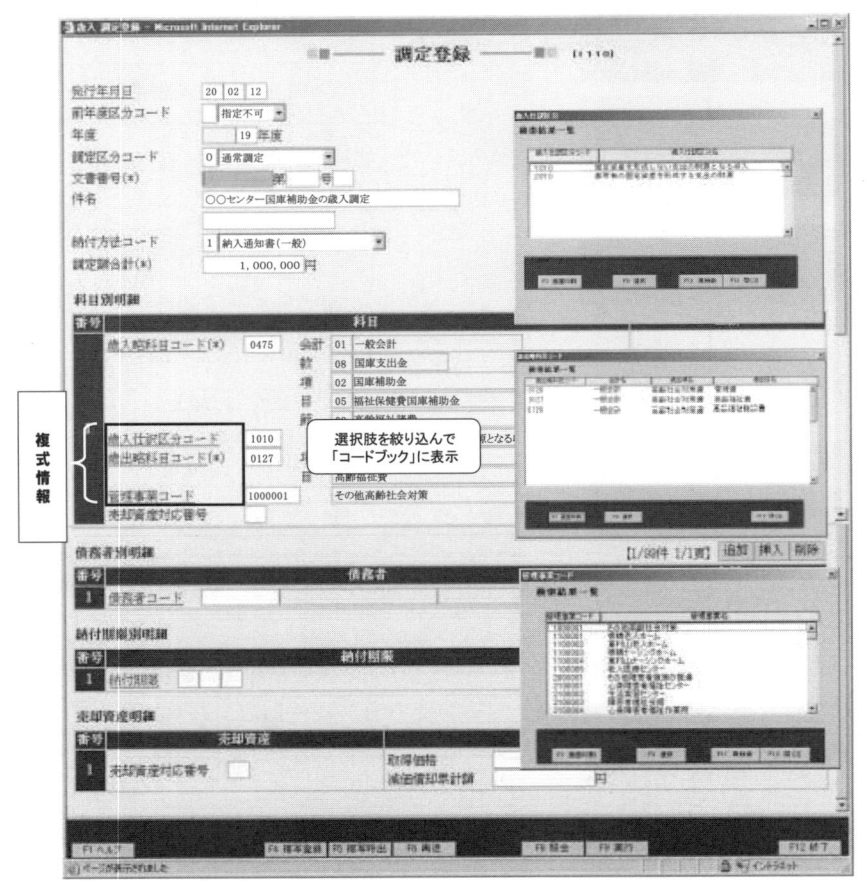

178

2　歳出業務

(1) 歳出業務で新たに入力する項目について

　歳出業務を行う際に、財務諸表を作成するための新たな入力項目である「複式情報」を入力します。複式情報は、仕訳を起こすためのコードである歳出仕訳区分、当該歳出がどの管理事業別財務諸表に計上されるのかを特定するための管理事業コード、歳出仕訳区分で「資産形成支出（建設仮勘定となる）」を選択した際に、当該支出がどの資産を形成するための支出かを特定するために入力する資産区分コードの3つとなります。

複式情報名	内　容
歳出仕訳区分	自動的に仕訳を起こすための情報です。 歳出仕訳区分ごとに仕訳のパターンが設定されているので、歳出仕訳区分を入力することで自動的に仕訳を起こします。
管　理　事　業	事業別財務諸表を作成するために入力する情報です。当該歳入が、どの事業に充当されているかを特定します。各局で任意に設定しています。
資　産　区　分	有形固定資産形成に係る支出時に限り、資産ごとの建設仮勘定の金額を容易に把握するために設定する情報です。

(2) 歳出業務フロー

　次に歳出業務のフローについて見てみましょう。

　財務会計システムで予算推定差引業務を行う際に、複式情報（歳出仕訳区分、管理事業、資産区分）を入力します（手順①）。歳出業務では、予算推定差引の段階ではまだ仕訳は発生しません。予算推定差引時に入力した複式情報をもとに、支出命令時に仕訳を発生させます。従って、確定額登録時及び支出命令時に複式情報を上書きして変更することが可能です。

　支出命令業務で最終的に入力した複式情報をもとに、支出命令時の仕訳を発生させます（手順②）。支出命令時には、まだ現金を支払っていないため、貸方（右側）に未払金（負債）を計上し、借方（左側）に支出勘定科目（費用・資産）を計上します。

　実際に東京都の預金口座から債権者へ対して現金の支払が行われると、支出執行時の自動仕訳が発生します。実際に現金を支払っていることから貸方

●第4節　仕訳区分の設定と選択

（右側）に現金（資産）を計上し、借方（左側）に未払金（負債）を計上することで、支出命令時に貸方（右側）に仕訳された未払金を相殺します。

　歳出業務で発生した自動仕訳についても、仕訳履歴一覧表に蓄積され、勘定残高一覧表に集計されることとなります（**図9**）。

図9　歳出業務フロー

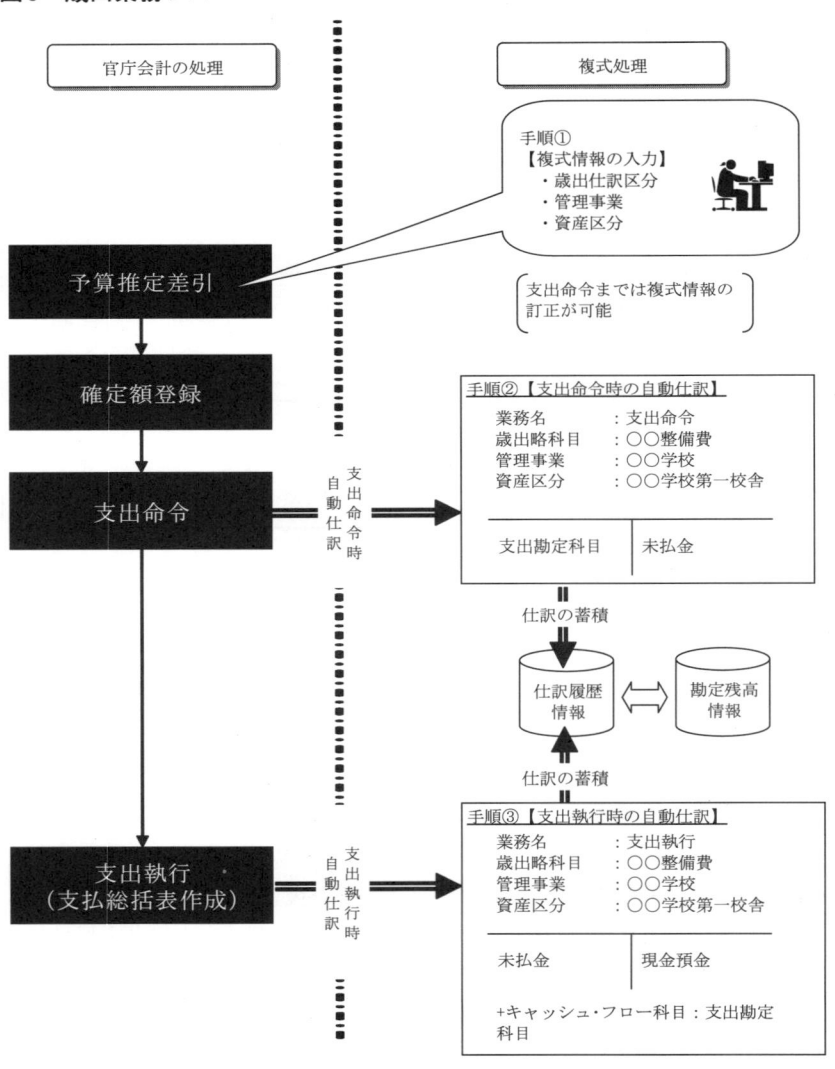

```
[官庁会計の処理]                    [複式処理]

                              手順①
                              【複式情報の入力】
                              ・歳出仕訳区分
                              ・管理事業
                              ・資産区分

予算推定差引 ────────────┘
                              ┌─────────────────────┐
                              │支出命令までは複式情報の │
                              │訂正が可能              │
                              └─────────────────────┘

確定額登録
                              手順②【支出命令時の自動仕訳】
                              業務名      ：支出命令
                              歳出略科目  ：○○整備費
支出命令 ──支出命令時自動仕訳──→ 管理事業    ：○○学校
                              資産区分    ：○○学校第一校舎
                              ─────────────────────
                              支出勘定科目 │ 未払金

                                    ‖
                                  仕訳の蓄積
                                    ↓
                              ┌──────┐    ┌──────┐
                              │仕訳履歴│◄──►│勘定残高│
                              │情報    │    │情報    │
                              └──────┘    └──────┘
                                    ↑
                                  仕訳の蓄積

                              手順③【支出執行時の自動仕訳】
                              業務名      ：支出執行
支出執行                       歳出略科目  ：○○整備費
（支払総括表作成）─支出執行時自動仕訳→ 管理事業    ：○○学校
                              資産区分    ：○○学校第一校舎
                              ─────────────────────
                              未払金      │ 現金預金

                              ＋キャッシュ・フロー科目：支出勘定
                              科目
```

(3) 財務会計システムでの登録画面(歳出業務)

では、財務会計システムでの歳出業務の中から、「支出命令兼予算差引」の画面を見てみましょう。図10では、施設の修繕を行うための一般需用費の支出を例示しています。

図では、歳出仕訳区分、管理事業コード、資産区分コードがコードブックで表示されています。このコードブックから、職員が正しい歳出仕訳区分コ

図10 財務会計システムのコードブック

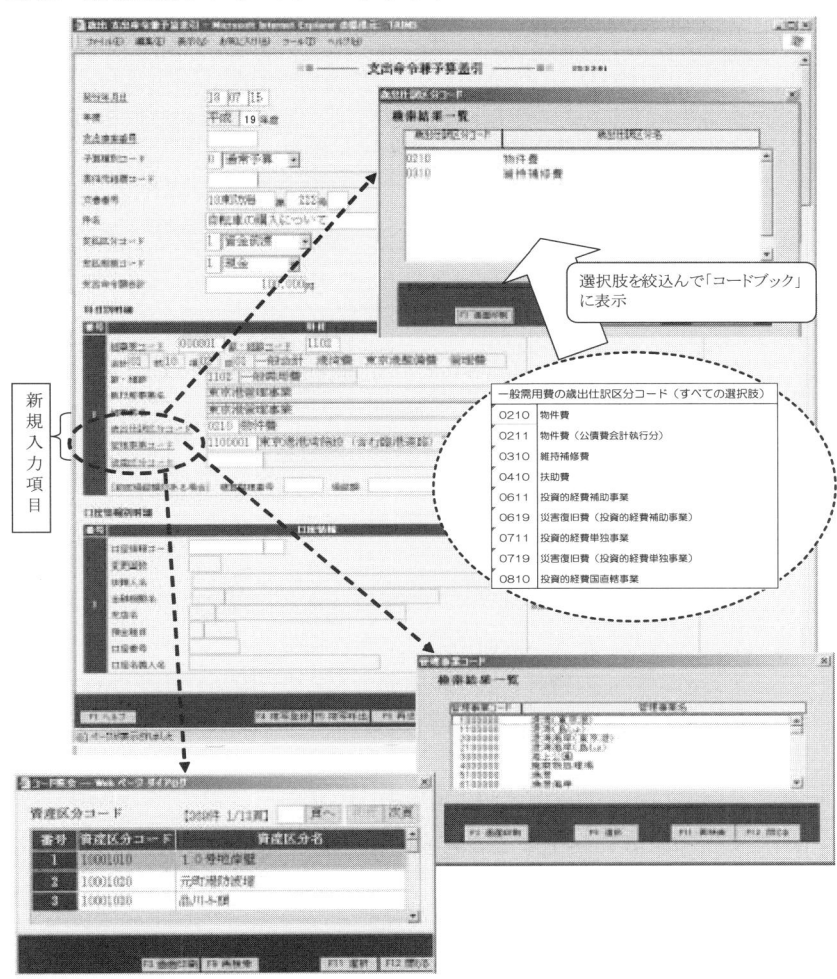

3 仕訳の訂正

職員が支出命令や歳入調定などの際に、誤った複式情報を入力してしまう場合があります。誤った複式情報を入力すると、仕訳を誤ったり、正しい歳出目別財務諸表に金額が計上されなかったりします。誤った仕訳は、財務会計システムで訂正を行います。

仕訳の訂正には、「歳入・歳出仕訳区分訂正」業務と「複式仕訳」業務の2種類があります（**表1**）。

表1　仕訳区分訂正と複式仕訳

業務名	目的	機能
（歳入・歳出）仕訳区分訂正	現金収支を伴う仕訳の訂正 ⇒キャッシュ・フロー計算書の残高の訂正を伴う	○予算執行時に入力した複式情報の訂正 ・（歳入・歳出）仕訳区分コード ・資産区分コード ・歳出略科目コード（歳入充当歳出目） ・管理事業コード
複式仕訳	現金収支を伴わない仕訳の訂正 ⇒キャッシュ・フロー計算書の残高の訂正を伴わない	○決算整理 ・流動から固定への振替作業 ・引当金の計上 ・各種財務諸表間の残高付け替え

1　歳入・歳出仕訳区分訂正業務

（1）歳入仕訳区分訂正業務

歳入業務の際に、複式情報を入力ミスした場合の訂正を行います。財務会計システムの画面上では、間違えて入力してしまった複式情報と訂正後の正しい複式情報を入力します。画面上では、複式情報の訂正のみを入力すればよく、入力された訂正前情報と訂正後情報をもとに、訂正仕訳を自動で行います。そのため、複式簿記における訂正仕訳を行う必要はありません。

例：○○事業貸付金の利子5万円を収入するために、歳入調定を行った。その際に「貸付金の利子による収入」を選択すべきところを、間違えて「貸付金の元金償還収入」を選択してしまった（**図11**・**図12**）。

図11 財務会計システムの入力画面

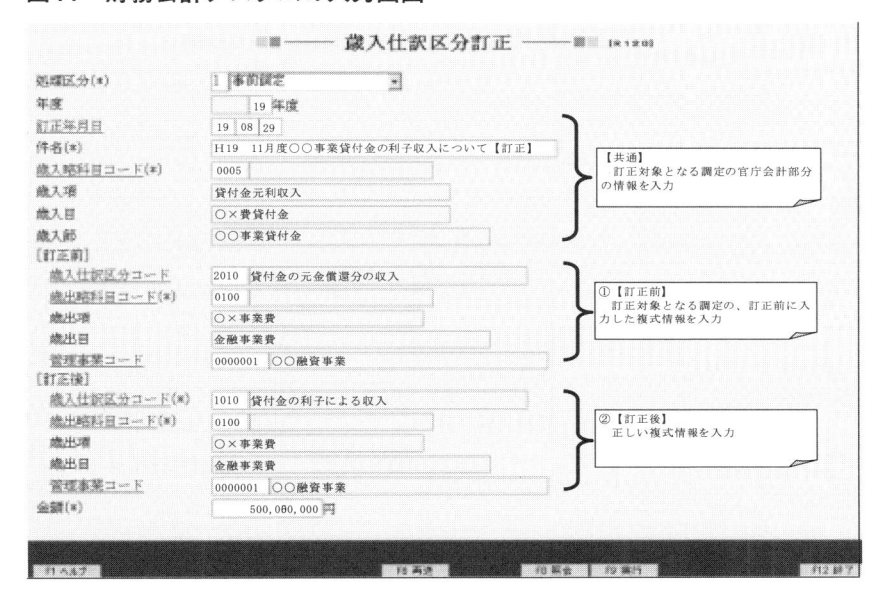

（歳入仕訳区分訂正画面）

処理区分(*)：1 事前設定
年度：19 年度
訂正年月日：19 08 29
件名(*)：H19 11月度○○事業貸付金の利子収入について【訂正】
歳入略科目コード(*)：0005
歳入項：貸付金元利収入
歳入目：○×費貸付金
歳入節：○○事業貸付金

【訂正前】
歳入仕訳区分コード：2010 貸付金の元金償還分の収入
歳出略科目コード(*)：0100
歳出項：○×事業費
歳出目：金融事業費
管理事業コード：0000001 ○○融資事業

【訂正後】
歳入仕訳区分コード(*)：1010 貸付金の利子による収入
歳出略科目コード(*)：0100
歳出項：○×事業費
歳出目：金融事業費
管理事業コード：0000001 ○○融資事業
金額(*)：500,080,000 円

【共通】
訂正対象となる調定の官庁会計部分の情報を入力

① 【訂正前】
訂正対象となる調定の、訂正前に入力した複式情報を入力

② 【訂正後】
正しい複式情報を入力

図12 歳入仕訳区分訂正業務によって起きる仕訳

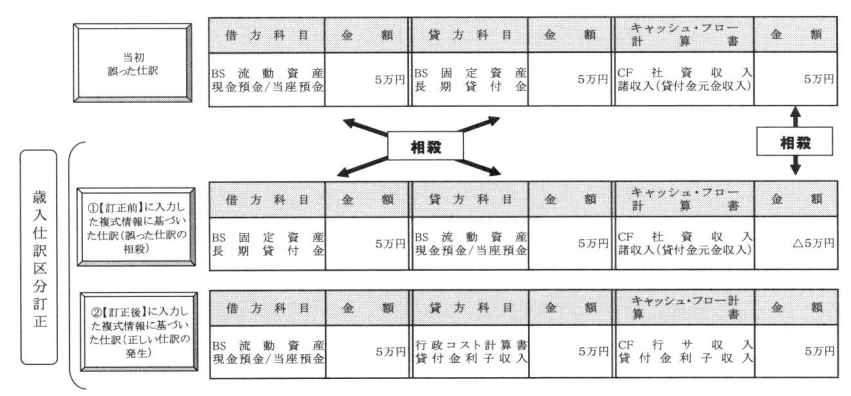

	借方科目	金額	貸方科目	金額	キャッシュ・フロー計算書	金額
当初誤った仕訳	BS 流動資産 現金預金/当座預金	5万円	BS 固定資産 長期貸付金	5万円	CF 社資収入 諸収入(貸付金元金収入)	5万円

相殺 ／ 相殺

歳入仕訳区分訂正

	借方科目	金額	貸方科目	金額	キャッシュ・フロー計算書	金額
①【訂正前】に入力した複式情報に基づいた仕訳(誤った仕訳の相殺)	BS 固定資産 長期貸付金	5万円	BS 流動資産 現金預金/当座預金	5万円	CF 社資収入 諸収入(貸付金元金収入)	△5万円
②【訂正後】に入力した複式情報に基づいた仕訳(正しい仕訳の発生)	BS 流動資産 現金預金/当座預金	5万円	行政コスト計算書 貸付金利子収入	5万円	CF 行サ収入 貸付金利子収入	5万円

(2) 歳出仕訳区分訂正

歳出業務の際に、複式情報の入力を誤った場合の訂正を行います。財務会計システムの画面上では、誤って入力してしまった複式情報と訂正後の正しい複式情報を入力します。画面上では、複式情報の訂正のみを入力すればよ

●第4節　仕訳区分の設定と選択

く、入力された訂正前情報と訂正後情報をもとに、訂正仕訳を自動で行います。

　例：150万円の業務用コンピューターを「18節：備品購入費」で購入した。その際、歳出仕訳区分を「重要物品購入（物件費）」とするところを誤って、「重要物品以外の備品購入（物件費）」を選択してしまった（**図13・図14**）。

図13　財務会計システムの入力画面

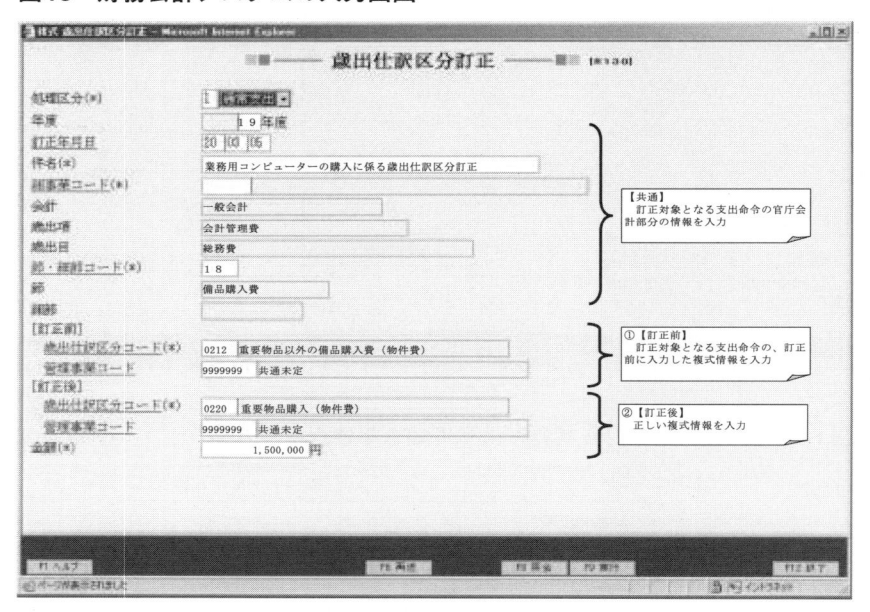

図14　歳出仕訳区分訂正業務で起きる仕訳

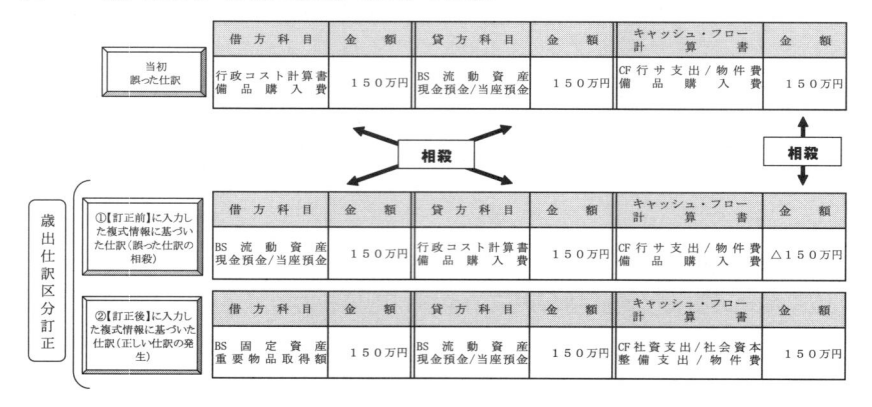

		借方科目	金額	貸方科目	金額	キャッシュ・フロー計算書	金額
当初誤った仕訳		行政コスト計算書 備品購入費	150万円	BS 流動資産 現金預金/当座預金	150万円	CF 行サ支出/物件費 備品購入費	150万円
歳出仕訳区分訂正	①【訂正前】に入力した複式情報に基づいた仕訳（誤った仕訳の相殺）	BS 流動資産 現金預金/当座預金	150万円	行政コスト計算書 備品購入費	150万円	CF 行サ支出/物件費 備品購入費	△150万円
	②【訂正後】に入力した複式情報に基づいた仕訳（正しい仕訳の発生）	BS 固定資産 重要物品取得額	150万円	BS 流動資産 現金預金/当座預金	150万円	CF 社資支出/社会資本整備支出/物件費	150万円

3 複式仕訳による訂正

複式簿記では現金の出入りを伴う仕訳のほかにも、貸倒引当金、不納欠損引当金、退職給与引当金現金の計上といった、現金の出入りを伴わない仕訳も決算整理仕訳として行います。財務会計システムでは、現金の出入りを伴わない仕訳については、「複式仕訳」業務を用いて行います。「複式仕訳」業務は、一般的な複式簿記による仕訳を入力する作業となります。従って、基本的な複式簿記の知識が必要となります。

資産科目間の残高付替えのように、キャッシュ・フロー科目の変動を伴わない場合については、「複式仕訳」業務で訂正を行うことができます。

例：工事によって取得した工作物を、取得価格400万円で貸借対照表に計上した。後に、当該工作物のうち、200万円が重要物品として管理すべきものだったことが判明した（**図15・図16**）。

図15 財務会計システムでの入力画面

● 第4節　仕訳区分の設定と選択

図16　入力によって起きる仕訳

①当初の仕訳

借方科目	金額	貸方科目	金額
BS固定資産/行政財産 工作物取得額	400万円	BS　流動資産 現金預金/当座預金	400万円

②複式仕訳

借方科目	金額	貸方科目	金額
BS　固定資産 重要物品取得額	200万円	BS固定資産/行政財産 工作物取得額	200万円

訂正後の仕訳

借方科目	金額	貸方科目	金額
BS固定資産/行政財産 工作物取得額	200万円	BS　流動資産 現金預金/当座預金	400万円
BS　固定資産 重要物品取得額	200万円		

第5節 関連システムとの連携

1 資産に関するシステム

行政財産や普通財産などの固定資産の金額に異動が生じた場合、財務諸表にも異動額を反映させる必要があります。東京都では、資産を管理するシステム（財産情報システム、物品管理システム及び道路資産管理システムの3つがあります。これらを以下「資産管理システム」といいます）から必要な情報を取得し、必要な仕訳を起こすことで財務諸表に反映させています（図1）。

図1　資産管理システムと財務会計システム

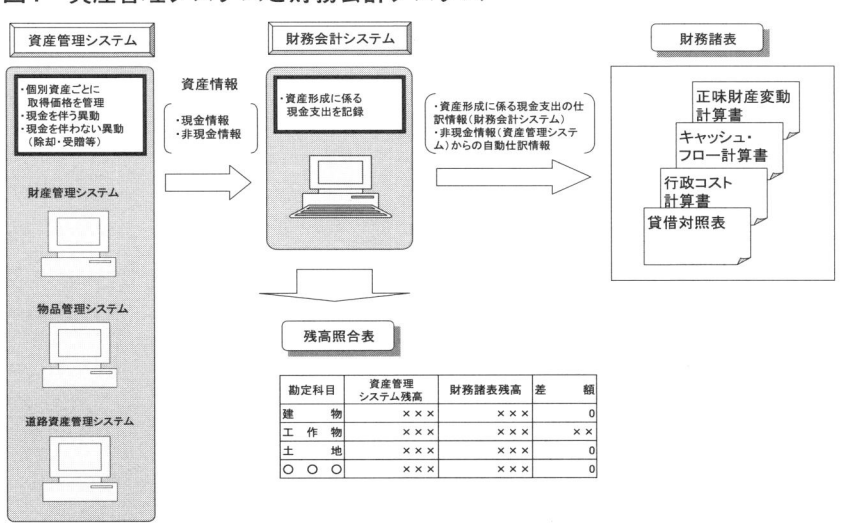

勘定科目	資産管理システム残高	財務諸表残高	差　額
建　　　物	×××	×××	0
工　作　物	×××	×××	××
土　　　地	×××	×××	0
○　○　○	×××	×××	0

●第5節　関連システムとの連携

1　非現金取引仕訳の自動化

複式簿記・発生主義会計では、資産が何らかの異動をすれば、それは取引であり、仕訳が発生します。取引には、購入や売却など現金収支を伴うもののほか、受贈、用途廃止、除却、所管換など、現金収支を伴わないものも含まれます。財務会計システムでは、現金収支を伴う取引を把握できますが、資産管理システムでは、非現金収支を含めた資産の異動について把握することができます。

例えば、重要物品を購入した場合を考えてみます。財務会計システムでは、現金の支出手続を行うとともに、いくらの重要物品を取得したのかを記録します。一方、物品管理システムではこの重要物品の詳細についての管理台帳を作成します。

次に、重要物品の耐用年数が経過し、売払いを行う場合はどうなるでしょうか。財務会計システムでは、いくらで売却するのかという調定手続とともに、いくらの重要物品を売却するのかという情報を記録します。

さらに、購入でも売却でもなく、単に廃棄する例を考えてみます。廃棄するために費用がかかる場合、この経費を支出するため、財務会計システムで現金の支出手続を行います。資産を形成する経費ではないので、この経費は費用として記録します。これとは別に具体的にいくらの重要物品が廃棄されたのかを把握する必要があります。これは、物品管理システムに登録されている管理台帳の廃棄処理手続を行うことにより、決算期に財務会計システムにより自動で必要な仕訳が行われ、把握することができます。

上記の例では、現金支出を行って物品を廃棄したわけですが、例えばこれが、現金支出を伴わずに単に廃棄した、区市町村等に無償譲渡した、あるいは寄付を受けた、といった取引が発生した場合、財務会計システムでは処理を行いません。そこで、決算期に資産管理システムに記録された非現金取引の情報を財務会計システムに取込むことで、別途、財務会計システムには個別の仕訳を入力しなくても仕訳を自動で発生させる仕組としています（自動仕訳）。

2　異動事由と自動仕訳の関係

このような自動仕訳が発生するか否か、さらにどのような仕訳を発生させるかは、資産管理システムに登録する「異動事由」により設定しています。

「異動事由」とは資産の増減の原因となる理由のことであり、個々の台帳を作成する際に必ず入力する必要があるものです。

例えば、東京都が10億円の土地を購入するとしましょう。財務会計システムでは、10億円の現金の支出手続を行うとともに、現金という資産が10億円減り、10億円の土地という資産が増えるという仕訳が記録されます。

一方、この購入した土地について、財産情報システムにおいては管理台帳を作成します。この管理台帳を作成する際にどういう理由で10億円の土地が東京都の資産になったのかを、「異動事由」（例の場合「買入受」とする）を選択することにより、財産情報システムに記録します。そして決算期にこれらの財産情報システムに蓄積された資産の異動情報についてのデータを財務会計システムに取込みます。この10億円の土地の異動事由は「買入受」であるため、自動仕訳は発生せず、決算作業時には後述の資産照合作業を行うのみです。

それでは次に、取得価格が10億円の土地を区市町村に無償譲渡した場合はどうなるでしょうか。この場合、現金収支を伴わないため、財務会計システム上の操作は行いません。しかし、前述のように複式簿記・発生主義会計ではこのような事象も取引として認識する必要があります。

この無償譲渡を行う土地は、財産情報システム上に管理台帳がすでに作成されています。この管理台帳について「異動事由」（この場合「譲与払」とする）を選択することにより、財産情報システムでは管理台帳の閉鎖処理が行われます。そして決算期に財務会計システムに資産の異動情報についてのデータを取込むと、異動事由が「譲与払」であることから、自動仕訳が発生することになります。これにより、財務会計システムに必要な仕訳が自動的に記録され、財務諸表に必要な情報が蓄積されます。

なお、決算整理仕訳に必要な減価償却情報も財産情報システムの情報をもとに自動仕訳を起こします。

3 「異動事由」と仕訳パターン

このように、「異動事由」は財務会計システムにおいて決算期に自動仕訳を発生させるか否かを決定するとともに、自動仕訳が発生する場合には、仕訳の内容をも決定する重要な要素であるということができます。

この「異動事由」は資産が異動する都度、資産管理システムに職員が選択

し登録することで、異動履歴が蓄積されていきます。そして年度末の資産管理システム入力終了後、財務会計システムにこの異動履歴データを取込み、仕訳が行われる仕組となっています。

参考までに主な「異動事由」と自動仕訳のパターンを挙げておきます(**表1**)。

表1 「異動事由」と自動仕訳のパターン

資産管理システムの異動事由	自動仕訳の有無	財務会計システムにより発生する自動仕訳のパターン
・買入受 ・増改築（建物の増改築工事等） ・売払い など	無	（現金収支を伴うことから、その都度、財務会計システムの歳入歳出業務等を通じて仕訳）
・贈与受 ・設定受（特許権等が発生した場合） など	有	借方科目：固定資産勘定 ／ 貸方科目：受贈財産評価額
・廃棄 ・増改築減（建物の一部解体） など	有	借方科目：固定資産除却損、減価償却累計額 ／ 貸方科目：固定資産勘定
・譲与払 ・区市町村移管	有	借方科目：区市町村等移管相当額、減価償却累計額 ／ 貸方科目：固定資産勘定
（減価償却） なお、減価償却については、資産管理システムで計算される	有	借方科目：減価償却費 ／ 貸方科目：減価償却累計額

2 負債に関するシステム

1 東京都における都債の取扱い

　国や地方自治体は、道路や橋梁、港湾施設などの社会資本の整備を行っています。こうした社会資本は長期にわたって利用されることが想定されることから、単年度の税収だけでなく、長期にわたり償還を行うことのできる債券による資金調達のほうが、世代間の公平性の観点から望ましい場合があります。従って、国や地方自治体では、社会資本の整備等の財源については、債券を発行することで資金調達を行っています。このように国や地方自治体が発行する債券のことを一般的に、「公債」と呼んでいます。公債のうち、地方自治体が発行するものを「地方債」といい、東京都では地方債として「都債」を発行しています。

　債券を発行すると、その償還だけでなく、それに伴って投資家への利子の支払や当該債券の受託会社（銀行や信託会社など）への手数料の支払が発生します。東京都では、都債の発行や償還に関する経理事務は、財務局で一元的に行っています。

　東京都の財務局では、都債発行による現金の収入、都債償還や金利、手数料支払による現金の支出を財務会計システムで行っています。一方、都債を発行した際の発行条件（起債額、発行利子率、手数料額）や、都債がどのような事業に充当されているのかなどの詳細な情報については、財務局所管の「公債管理システム」で管理を行っています。

2 東京都の新公会計制度における都債の取扱い

　東京都の財務諸表は歳出目別を作成の基本単位としていることから、都債の残高についても各局の歳出目別財務諸表に配賦する処理が必要となります。

　先ほど述べたように、財務局では都債がどのような事業（歳出目）に充当されているかという情報を公債管理システムで把握していることから、この公債管理システムから事業ごとに、1年間の発行額や償還額、利子支払額、手数料額のデータ（これを「公債管理仕訳情報」と呼んでいます）を財務会計システムで受け取り、歳出目ごとに勘定残高を配賦する処理を行います

（**図2**）。

これにより、貸借対照表では、資産額とその取得の原資となる都債残高を、行政コスト計算書では、当該資産を保有することにより発生する金利負担額を把握することができるようになりました。

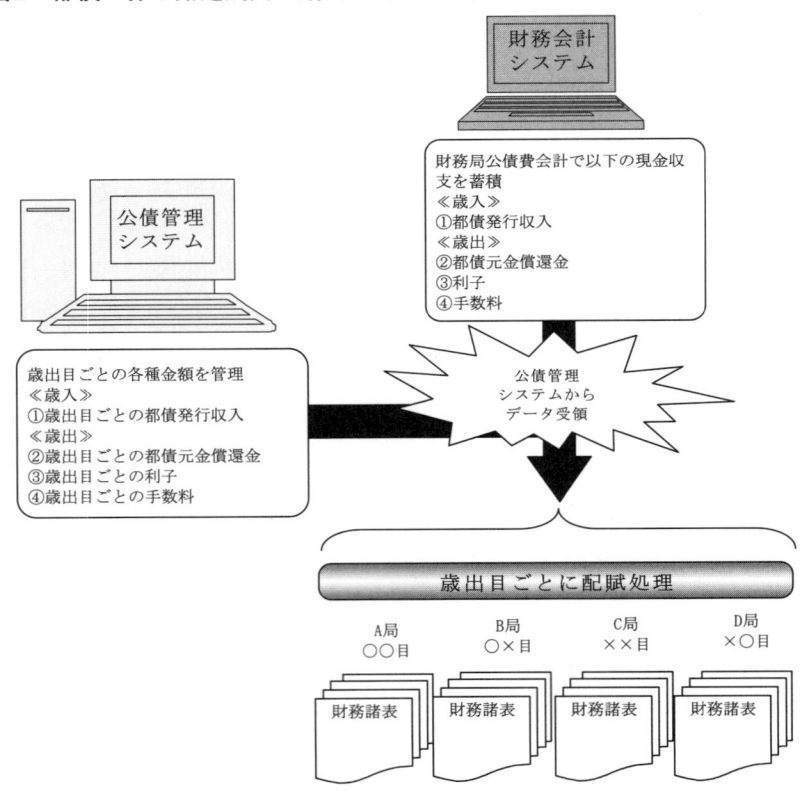

3　公債管理仕訳情報とは

公債管理システムから、歳出目ごとに、以下の6つの種別の情報を財務会計システム側で受け取ります。公債管理システムで管理している種別ごとに対応する仕訳を自動で行います。これを「都債インターフェース仕訳」と呼びます（**表2**）。

図2　都債に係る勘定残高の歳出目別財務諸表への配賦処理

表2　公債管理仕訳情報

業務	公債管理システムで管理している情報	対応する仕訳（借方）	対応する仕訳（貸方）	備考
起債	都債発行収入額	都債内部取引勘定	ＢＳ／都債	都債を発行した際、実際に収入する額。発行価格に当たる ＊債券は額面価格と公社債市場で発行する際の価格（発行価格）が異なっており、一般的に、発行価格は額面価格未満であることが多い
	発行差額	行コス／都債発行差金	ＢＳ／都債	額面価格と発行価格の差額
	起債手数料	行コス／都債発行費	都債内部取引勘定	起債に関する手数料
償還	元金	ＢＳ／都債	都債内部取引勘定	償還対象の都債の額面額
	利子	行コス／公債費（利子）	都債内部取引勘定	債券保有者に対して支払う利息
	償還手数料	行コス／都債発行費	都債内部取引勘定	都債の償還に関する手数料

4　都債インターフェースによって起きる自動仕訳

それでは、都債を発行（これを「起債」といいます）した場合と、都債を返済した場合（これを「償還」といいます）に分けて、インターフェースによってどのような仕訳を起こすか見てみましょう。

（1）起債時の自動仕訳

公債管理システムから受け取る起債時のデータは、都債発行収入、発行差額、起債手数料の3つです。

例えば、額面価格200万円、発行価格198万円、起債手数料1万円の「東京都再生債」を発行したとして、起債時に起きる仕訳を見てみます（図3）。

発行価格198万円は実際に収入する金額を表し、額面価格200万円は償還すべき金額を表します。つまり、本来200万円の債券として売るものを、実際には「割り引いて」198万円で売り出しているということです。発行価格と額面価格との差額は、発行者が負担すべき費用として認識し、「都債発行差金」として費用計上します。

従って、起債時には発行価格である198万円と発行差金分の2万円を足した額が、貸借対照表の負債の部に「都債」として計上されます。また、発行差金分の2万円は、行政コスト計算書に「都債発行差金」として計上されます。起債時には、引受銀行に対して事務手数料を払うため、この金額を行政コスト計算書に「都債発行費」として計上します。

図3　都債の起債時の処理

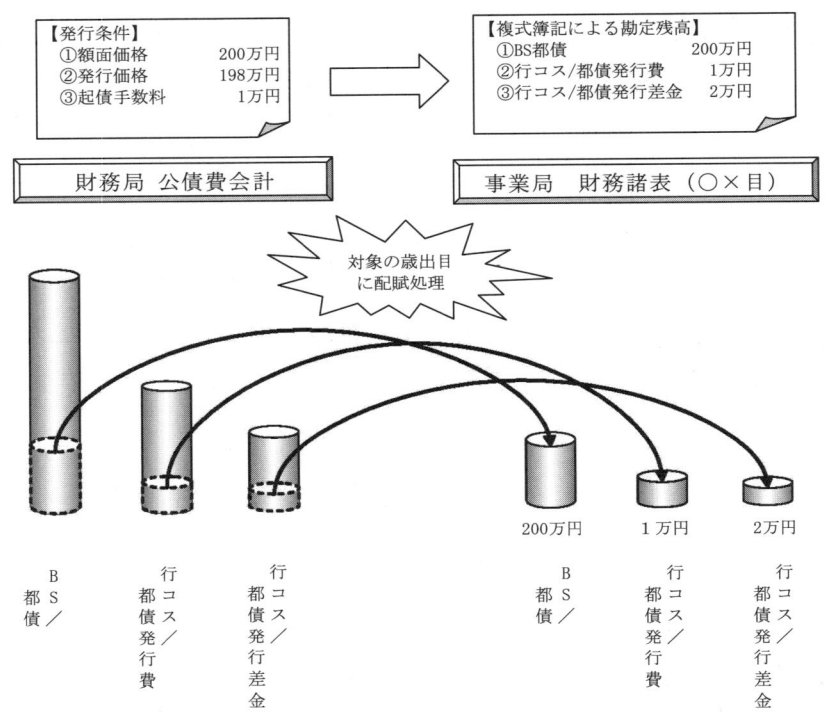

【発行条件】
① 額面価格　　200万円
② 発行価格　　198万円
③ 起債手数料　　1万円

【複式簿記による勘定残高】
① BS都債　　　　　　　　200万円
② 行コス/都債発行費　　　　1万円
③ 行コス/都債発行差金　　　2万円

財務局　公債費会計　　　　　事業局　財務諸表（○×目）

対象の歳出目に配賦処理

BS都債／　行コス／都債発行費　　行コス／都債発行差金　　BS都債／　行コス／都債発行費　　行コス／都債発行差金
　　　　　　　　　　　　　　　　　　　　　　　　　　200万円　　1万円　　2万円

② 償還時の自動仕訳

公債管理システムから受け取る償還時のデータは、元金、利子、償還手数料の3つです。

先ほど例として挙げた「東京都再生債」が満期一括償還された場合に、どのような仕訳を行うかを見てみます（**図4**）。

償還時に元本分である200万円を支払います。それにより、貸借対照表の負債の部に計上されていた「都債」200万円が減ります。

都債を発行すると、額面価格に表面利率を乗じた分だけ、都債保有者に対して利子を支払います。例では、額面価格200万円で表面利率が1.5％であることから、3万円の利子支払が生じます。この利子支払分の3万円は、行政コスト計算書の「都債利子」に計上されます。起債時と同様に、償還時にも引受銀行に対して事務手数料を支払うため、この金額を行政コスト計算書の「都債発行費」に計上します。

図4　都債の償還時の処理

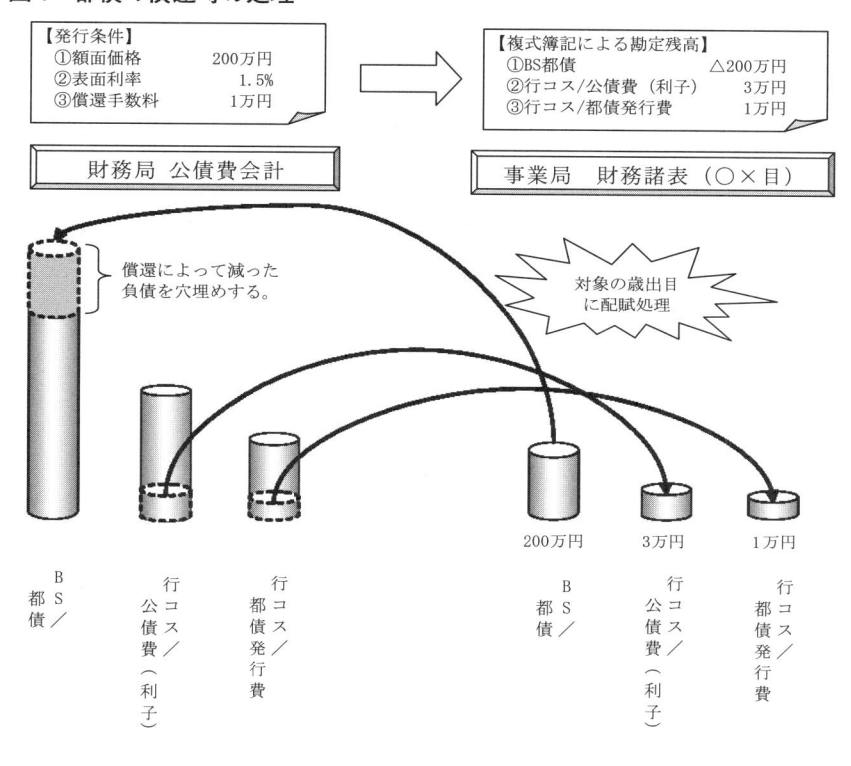

【発行条件】
①額面価格　　200万円
②表面利率　　　1.5%
③償還手数料　　1万円

【複式簿記による勘定残高】
①BS都債　　　　　　　△200万円
②行コス/公債費（利子）　　3万円
③行コス/都債発行費　　　　1万円

財務局　公債費会計

事業局　財務諸表（○×目）

償還によって減った負債を穴埋めする。

対象の歳出目に配賦処理

200万円　3万円　1万円

BS／都債
行コス／公債費（利子）
行コス／都債発行費
BS／都債
行コス／公債費（利子）
行コス／都債発行費

3　その他関連システムとの連携

1　関連システムとは

　歳入や歳出業務の中には、税の収納管理や給与支払など、1回の処理件数が非常に多い、または債権ごとに複雑な計算が必要など、業務の特性上財務会計システムでは処理が難しいものがあります。

　そのような場合、業務所管部署で独自システムを作って個別の債権や債務を管理し、財務会計システムでは個別の債権や債務の管理を行わない場合があります。これらの独自システムを、東京都では「関連システム」と総称しています。

●第5節　関連システムとの連携

　しかし、個別の債権や債務の管理は関連システムに任せる一方で、決算書は財務会計システムを用いて作成されることから、予算の執行情報については財務会計システムで一元的に管理される必要があります。

　そこで、関連システムから財務会計システムには、予算の執行情報が定期的に引継がれています。予算の執行情報とは、例えば「AシステムのB歳入科目で、4月に総額6,000円調定した」といったものになります。

　このような関連システムが、東京都では平成20年3月現在58システム存在し、東京都全体の歳入額の7割強、歳出の2割強が処理されています（代表的なシステムは**表3**）。

表3　東京都の代表的な関連システム

	主なシステム	システム概要	授受する主なデータ	規模等
歳入系	税務情報総合オンラインシステム	都税収納管理	調定額 収入済額	28税目 4兆8,771億円 （18年度決算）
歳出系	人事給与システム	給与支払	支出額	442,500件／年 （17年度概算）

2　複式簿記導入にあたっての問題点

　ところで関連システムのほとんどは、複式簿記・発生主義会計を導入する以前に開発されているため、財務諸表を作るために必要な複式情報を持ちません。

　そのため、これらのシステムから従前どおり予算の執行情報を引継いだだけでは、仕訳を起こすことができないという問題があります。

　仕訳を起こすために必要となる複式情報は、東京都においては以下のとおりです（**表4**）。

3　複式情報の暫定値の設定

　そこで、財務会計システムの再構築の際に、関連システムから引継がれる予算の執行情報をもとに、どうやって仕訳を起こすかを検討しました。その結果、関連システムの処理を分析すると、処理件数は多いものの、特定の業

表4　システムの複式情報

情報種類	歳入系システム	歳出系システム
仕訳区分	○	○
管理事業	○	○
歳出略科目（歳入充当歳出目）	○	
資産区分		(○)

務に特化されている性質上、仕訳パターンとしては一種類に絞られるものがほとんどであることが判明しました。

そこで、関連システムから引継ぐ予算の執行情報に対して、財務会計システム側で仕訳区分等の複式情報を、一律で付加する方式を採用しました。

このような方式の場合通常、仕訳の精度が懸念されますが、関連システムからの予算執行情報に関しては先述の分析結果から誤った仕訳を起こす確率は少ないと判断できました。

4　具体的な処理方法

関連システムからの情報をもとに仕訳を発生させる仕組みは、次のとおりです。

まず新年度の会計処理が始まる前に、財務会計システム側で、各関連システムの予算科目単位に、仕訳区分等の複式情報を設定します〈**(図5)** の「関連システム用複式情報」〉。この情報は毎年度見直しを行います。

そして新年度の会計処理が始まり、各関連システムから予算の執行情報を受領〈**(図5)**　①〉した際に、この設定内容を参照して〈**(図5)**　②〉仕訳を発生させ、勘定残高を更新します〈**(図5)**　③〉。

このような仕組みにより、関連システム側は仕様変更を一切行うことなく、仕訳を行えるようになりました。

ただし財務会計システム上の制約もあります。各関連システムで用いる予算科目に対して、複式情報の設定は1パターンしか行えません。

そこで、1つの予算科目で複数の仕訳パターンがありうる場合は、事後に訂正作業を行う必要があります。

例えば有利子貸付金の償還収入には、「元金償還分」と「利子分」という

●第5節　関連システムとの連携

図5　関連システムの運用イメージ

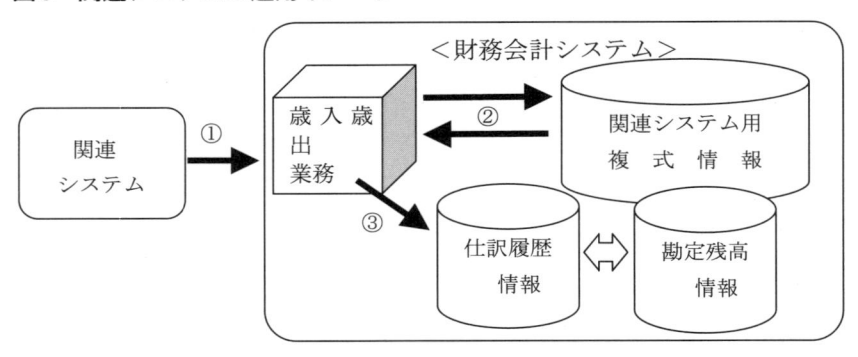

＜財務会計システム＞

関連システム → ① → 歳入歳出業務 ⇄ ② ⇄ 関連システム用複式情報

歳入歳出業務 → ③ → 仕訳履歴情報 ⇔ 勘定残高情報

2つの仕訳パターンが考えられます。

このような場合、一旦全額を元金償還分として処理したのち、「歳入仕訳区分訂正」業務によって、決算時にまとめて利子分を振替える運用が行われています。

(1) 歳入系の関連システムの処理例

歳入系の関連システムは、調定は財務会計システムで行い、関連システムでは各債権の収納状況のみを管理しているのが大部分です。

その場合は、(図6)のとおり、まず確定した債権をまとめて調定し、調定額を財務会計システムに入力します。

財務会計システムへ調定額を登録する際には、歳入仕訳区分等の複式情報を入力するため、仕訳が自動的に発生します。

一方、関連システム側で調定を行うシステムもあります。

そのような場合には、調定情報を関連システムで作成し、財務会計システムに引き継ぎます。

財務会計システムでは、引き継がれた科目情報をもとに、各関連システム別に設定された複式情報を参照し、仕訳を自動的に発生させます。

いずれの方式の場合も、収入があると、あらかじめ各関連システム別に設定された複式情報を参照し、仕訳を自動的に発生させる処理を行っています。

図6 関連システム（歳入）の例

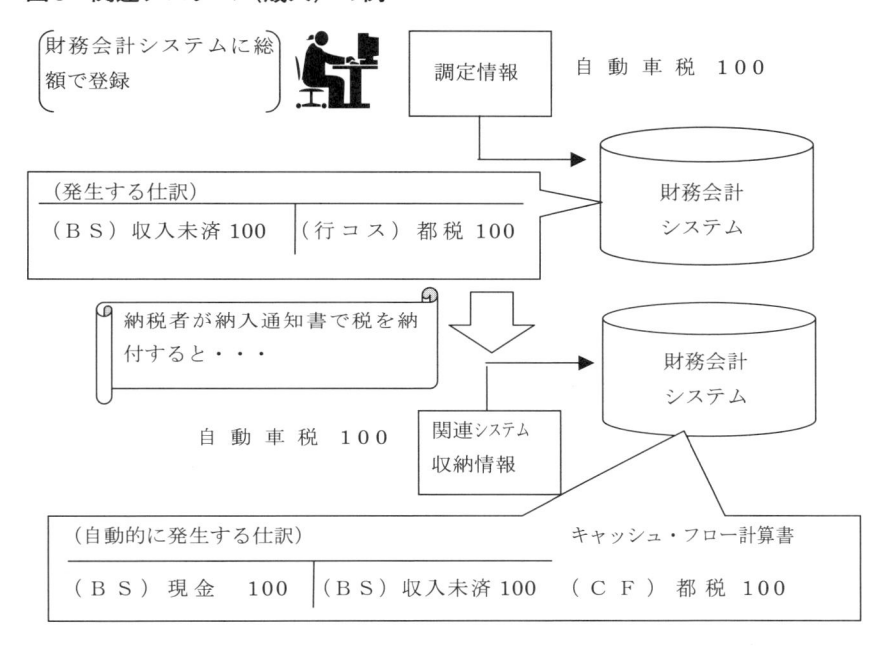

（財務会計システムに総額で登録）

調定情報　　自動車税　100

（発生する仕訳）
（ＢＳ）収入未済 100　（行コス）都税 100

→ 財務会計システム

納税者が納入通知書で税を納付すると・・・

自動車税　100　　関連システム収納情報

→ 財務会計システム

（自動的に発生する仕訳）
（ＢＳ）現金　100　（ＢＳ）収入未済 100

キャッシュ・フロー計算書
（ＣＦ）都税　100

（2）歳出系の関連システムの処理例

歳出系の関連システムの場合、（図7）のとおり支出情報を財務会計システムに引き継ぎます。

財務会計システムでは、引き継がれた科目情報をもとに複式情報の暫定値を参照し、仕訳を自動的に発生させます。

その後、指定金融機関から実際に現金が払出された際にも仕訳が自動的に起こりますが、このとき一時的に発生した未払金が消し込まれます。

● 第5節　関連システムとの連携

図7　関連システム（歳出）の例

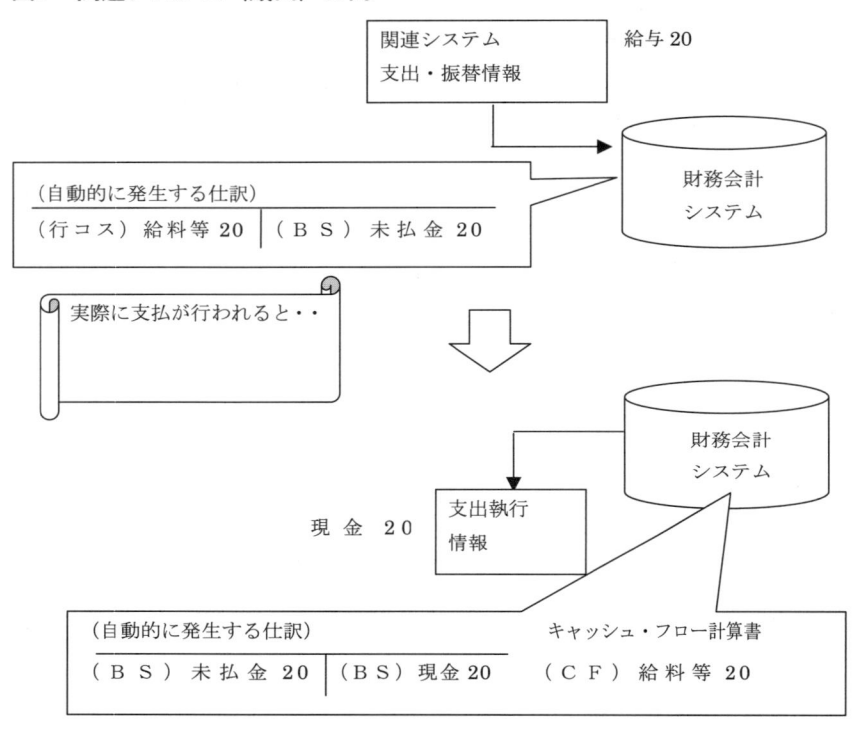

```
                    ┌──────────────┐  給与 20
                    │ 関連システム      │
                    │ 支出・振替情報    │
                    └──────┬───────┘
                           │              ┌─────────┐
                           └─────────────▶│ 財務会計  │
┌─────────────────────────────┐         │ システム  │
│（自動的に発生する仕訳）            │         └─────────┘
│（行コス）給料等 20 │（BS）未払金 20 │
└─────────────────────────────┘
```

┌──────────────────┐
│ 実際に支払が行われると・・│
└──────────────────┘
　　　　　　　⬇

```
                                        ┌─────────┐
                                        │ 財務会計  │
                                        │ システム  │
                       ┌──────┐        └─────────┘
          現 金 20    │ 支出執行│   ↗
                       │ 情報   │
                       └──────┘
┌─────────────────────────────────────────────┐
│（自動的に発生する仕訳）          キャッシュ・フロー計算書      │
│（BS）未払金 20 │（BS）現金 20　（CF）給料等 20      │
└─────────────────────────────────────────────┘
```

第6節 財務諸表作成にあたって必要となる決算作業の概要

財務諸表作成にあたっては、従前の官庁会計決算の作業に加えて、複式簿記特有の決算作業も行う必要があります。

東京都の複式決算において必要となる主な作業は、以下のとおりとなります。

1　資産管理システムとの残高照合作業

財務会計システムの各資産勘定の残高と、各資産管理システムの残高とを照合します（202頁参照）。

2　財務会計システムのデータ点検

日々の仕訳についてマニュアル等に基づいて点検した後に、現金収支データや、債権や基金の勘定残高について、官庁会計決算の数値と一致しているかを点検します（207頁参照）。

3　引当金等の計上

複式簿記特有の概念である引当金を算出し、貸借対照表に計上します。

4　資産や負債勘定の固定から流動への振替

資産や負債勘定のうち、翌年度に回収や償還が予定されているものを固定から流動に振り替えます（211頁参照）。

5　注記の作成

上記1から4までの作業で決算数値が確定した後に、財務諸表上の価額の

●第6節　財務諸表作成にあたって必要となる決算作業の概要

意味等を補足するために注記を作成します。

決算の事務スケジュール

　複式簿記の決算作業は、**図1**のとおり予算執行が終了して官庁会計決算が確定した後（出納整理期間後）に本格化します。

　具体的には、決算対象年度の翌年6月から8月にかけて決算整理作業を行い、9月に開かれる都議会に財務諸表を提出します。

図1　決算スケジュール

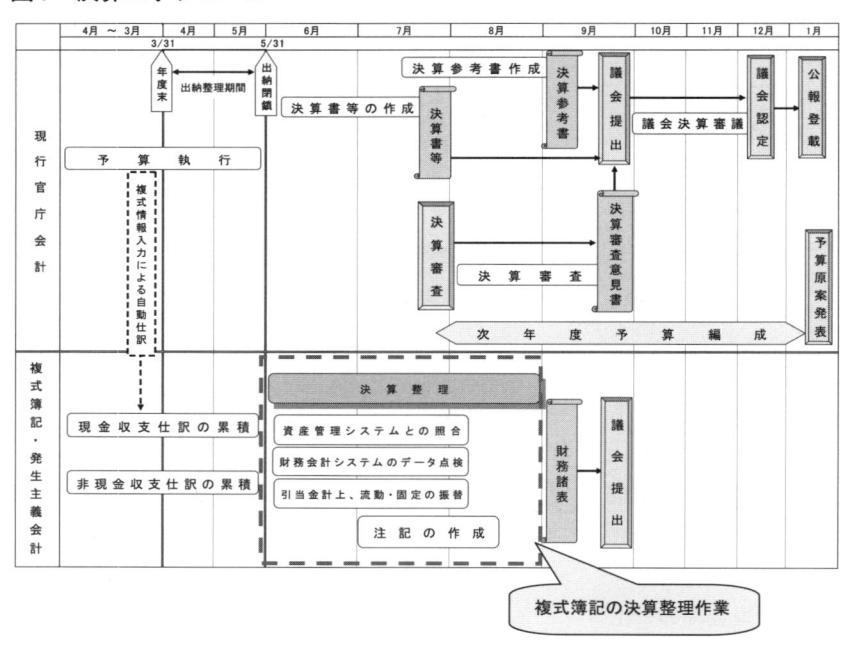

1 資産管理システムとの残高照合作業

　東京都では、固定資産の情報は、台帳機能を有する各種の資産管理システムによって管理されています。

　貸借対照表に計上する固定資産勘定の残高は、その残高の正確性を担保す

るために、決算時にはこれらの資産管理システムの残高と一致することが求められます。

しかし、貸借対照表を作成する財務会計システムと、資産管理システムとは普段は別々に運用されているため、残高に差異が生じる可能性があります。

そのため、決算時に両システムの残高を比較し、残高に差異があれば原因を究明し訂正を行う必要があります。

照合対象となる貸借対照表の資産勘定と、対応する資産管理システムは**表1**のとおりです。

表1　資産勘定と資産管理システム

照合対象の資産勘定	照合対象の資産管理システム
行政財産	財産情報システム（公有財産）
普通財産	
重要物品	物品管理システム
インフラ資産	財産情報システム（道路用地・港湾等）
	道路資産管理システム（道路構造物・橋）

1　非現金取引の財務諸表への反映方法

資産が何らかの異動をすれば、複式簿記上は「取引」であり、「仕訳」が発生します。

資産に係る取引は、購入や売却など現金の出入りを伴うものとは限りません。例えば、所属換や、用途廃止、除却、受贈といった、現金の出入りを伴わない取引（非現金取引）も存在します。

しかし、財務会計システムでの処理は、現金取引が中心であり、購入や売却など予算執行を伴うものとなるため、把握できる取引には限界があります。

一方、資産管理システムは、「台帳」という性格上資産に係る全ての取引について網羅しています。

そこで、予算執行を伴わない資産に係る取引に関しては、資産管理システムに登録した内容を財務会計システムに引継ぎ、不足する取引情報を自動的に補う処理を行います。

2　照合の手順

残高照合は、財務会計システムに計上された資産勘定の残高と、資産管理

● 第6節　財務諸表作成にあたって必要となる決算作業の概要

システムで管理する資産総額とを、歳出目別勘定科目別に比較することで進められます。
　作業は、次の手順で行います。
(1) まず、資産管理システムで1年間蓄積された資産の異動情報を、財務会計システムへ引き継ぎます（(**図2**)①）。
(2) 財務会計システムでは引継がれた資産の異動情報のうち、非現金取引について自動的に仕訳を行います（(**図2**)②）。
(3) 各局に残高照合用帳票を配信します（(**図2**)③）。
(4) 各局は、配信された帳票を利用して、残高の差異がないか確認し、差異があればその原因を調べて訂正を行います（(**図2**)④）。

図2　照合作業の手順

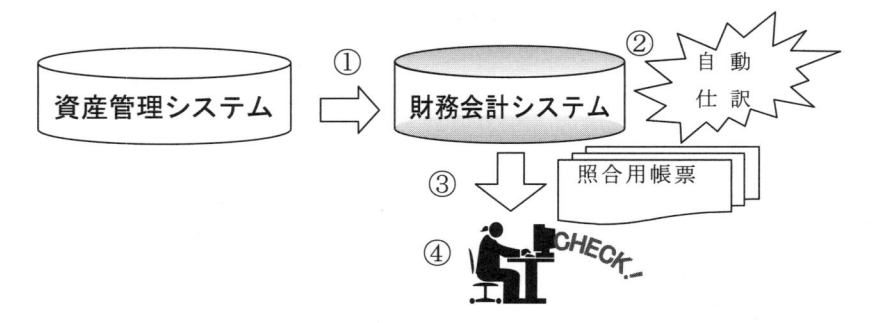

＜帳票例＞
残高照合表
　財務会計システムの各資産勘定の残高と資産管理システムの残高とを歳出目・勘定科目別に比較する帳票です。
　この帳票を用いて、差額のある歳出目及び勘定科目を絞り込みます（**表2**）。

表2　残高照合表

平成18年度　　　　　　　　　　　　　　　　　　　　　　　　　　　　　　　　　　1頁
　　　　　　　　　　　　　　　　残高照合表　　　　　　　　　　　　　　　平成19年6月13日

局　　　　　　　003　○○局　　　　　　　平成19年3月
歳出科目　　　　0008 総務管理費
　　　　　　　　総務管理費
　　　　　　　　　　　　　　　　　　　　　　　　　　　　　　　　　　　　　　（単位：円）

勘定科目コード	略勘定科目コード	略勘定科目名	複式残高金額	資産システム残高金額	差額（複式－資産システム）
012010101010	1060	BS固定資産／行政財産／建物取得額	1,296,536,140	1,296,536,140	0
012010101011	1061	BS固定資産／行政財産／建物減価償却累計額	269,628,200	269,628,200	0
012010106000	1085	BS固定資産／行政財産／土地	5,628,807,624	0	5,628,807,624

⬇ 差額が生じた歳出目及び勘定科目を絞り込みます

勘定別増減一覧表

　各歳出目及び勘定科目において、どのような取引があったかを総括的に示した帳票です。
　この帳票を用いて差額の原因となった異動事由を確認します（表3）。

表3　勘定別増減一覧表

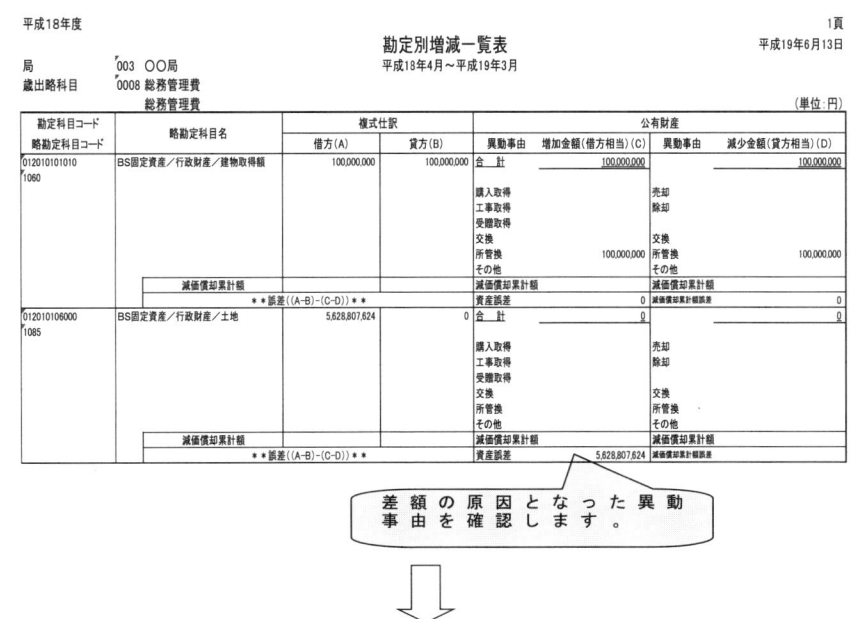

平成18年度　　　　　　　　　　　　　　　　　　　　　　　　　　　　　　　　　1頁
　　　　　　　　　　　　　　　　勘定別増減一覧表　　　　　　　　　　　平成19年6月13日
　　　　　　　　　　　　　　　　平成18年4月～平成19年3月
局　　　　　　　003　○○局
歳出科目　　　　0008 総務管理費
　　　　　　　　総務管理費
　　　　　　　　　　　　　　　　　　　　　　　　　　　　　　　　　　　　　（単位：円）

勘定科目コード 略勘定科目コード	略勘定科目名	複式仕訳 借方(A)	複式仕訳 貸方(B)	異動事由	公有財産 増加金額(借方相当)(C)	異動事由	公有財産 減少金額(貸方相当)(D)
012010101010 1060	BS固定資産／行政財産／建物取得額	100,000,000	100,000,000	合　計	100,000,000		100,000,000
				購入取得		売却	
				工事取得		除却	
				受贈取得			
				交換		交換	
				所管換	100,000,000	所管換	100,000,000
				その他		その他	
	減価償却累計額			減価償却累計額		減価償却累計額	
	＊＊誤差((A-B)-(C-D))＊＊			資産誤差	0	減価償却累計額誤差	0
012010106000 1085	BS固定資産／行政財産／土地	5,628,807,624		合　計	0		0
				購入取得		売却	
				工事取得		除却	
				受贈取得			
				交換		交換	
				所管換		所管換	
				その他		その他	
	減価償却累計額			減価償却累計額		減価償却累計額	
	＊＊誤差((A-B)-(C-D))＊＊			資産誤差	5,628,807,624	減価償却累計額誤差	

⬇ 差額の原因となった異動事由を確認します。

資産明細一覧表・・資産管理システムの個別資産の異動明細です（表4）。

表4　資産明細一覧表

年度	組織名	歳出略科目コード（管理目）	項名	目名	略勘定科目コード	略勘定科目名	異動年月日	財産番号
18	○○局総務部総務課	0008	総務管理費	総務管理費	1060	ＢＳ固定資産／行政財産／建物取得額	18.7.14	0906000006
18	○○局総務部総務課	0008	総務管理費	総務管理費	1060	ＢＳ固定資産／行政財産／建物取得額	18.7.15	0906000006

異動事由	取得価格	減価償却額	減価償却累計額	減価償却累計額差額	自動仕訳区分
所管換（受入・増）	100,000,000	0	0	0	1
所管換（払出・減）	100,000,000	0	0	0	1

自動仕訳＝1が自動仕訳対象明細

- 二つの帳票を比較します。
- 差額の生じている歳出目や勘定科目について明細レベルで確認し、不整合の原因を特定します。
- 差額の原因ごとに訂正処理を行います（「歳出仕訳区分訂正」「複式仕訳」等の業務）。

複式仕訳明細一覧表…資産取引に係る仕訳の明細です（**表5**）。

表5　複式仕訳明細一覧表

年度	組織名	歳出略科目コード（管理目）	項名	目名	略勘定科目コード	略勘定科目名	仕訳年月日	業務名
18	○○局総務部総務課	0008	総務管理費	総務管理費	1085	ＢＳ固定資産／行政財産／土地	18.5.30	支出命令
18	○○局総務部総務課	0008	総務管理費	総務管理費	1060	ＢＳ固定資産／行政財産／建物取得額	18.7.14	公有財産
18	○○局総務部総務課	0008	総務管理費	総務管理費	1060	ＢＳ固定資産／行政財産／建物取得額	18.7.15	公有財産

件名	借方金額	貸方金額	自動仕訳区分
庁舎敷地の購入	5,628,807,624		
所管換増 0906000006	100,000,000		1
所管換減 0906000006		100,000,000	1

自動仕訳＝1が自動仕訳結果明細

2 財務会計システムのデータ点検

1 仕訳チェックマニュアル等による仕訳精度の向上

決算にあたっては、財務会計システムの仕訳そのもののチェックを行う必要があります。しかし仕訳の件数は膨大なものであり、すべての取引について網羅的にチェックを行うのは不可能です。

そこで、会計管理局が作成した「仕訳チェックマニュアル」に基づいて、誤りやすいポイントを中心に各局で仕訳を自己点検する取組が、年間を通して行われています。

また、会計管理局が各局の仕訳の状況を直接検査する制度も設けられており（「複式直接検査」）、各局における仕訳の精度向上に寄与しています。

2 官庁会計決算資料との突合

財務諸表は、決算参考資料として議会へ提出されます。

そのため、同時に議会へ提出される官庁会計の決算資料との厳密な整合性が求められます。

そこで、財務諸表の勘定残高と、官庁会計決算に基づいて作成される決算資料とが一致するか、突合を行います。

突合を行う勘定科目は**表6**のとおりであり、もし突合しない場合は、原因を究明し訂正を行います。

表6　突合を行う勘定科目と官庁会計決算資料

勘定科目	突合する官庁会計決算資料
当座預金	歳入歳出決算事項別明細書
収入未済	
有価証券及出資金	財産に関する調書
公営企業会計出資金	
長期貸付金	
差入保証金	
財産売払代金	
その他債権等	
基金積立金	
信託受益権	

3 引当金の計上

1 引当金とは

引当金とは、現時点では未確定であるものの、将来発生する可能性が高い支出や損失に備えて、貸借対照表上に計上する負債科目のことです。東京都の財務諸表に計上される引当金は**表7**のとおりです。

表7 引当金の概要

引当金の種類	意　味	計上方法
不納欠損引当金	収入未済のうち回収ができない可能性のあるもの	資産の部に控除科目として計上し、マイナス値で計上する
貸倒引当金	貸付金のうち償還されない可能性のあるもの	
退職給与引当金	将来的に支払義務が生じる退職金	負債の部に固定負債として計上する

引当金は、まずあらかじめ定められた基準にもとづいて算定を行った後、その計算によって得られた引当金額と、決算日時点の引当金残高とを比較します。そして、差額について費用もしくは収入として計上します（差額補充法）。

計上にあたっては、「複式仕訳」業務により処理を行います。

（仕訳例その1）

決算日時点の引当金残高100 ＞ 計算によって得られた引当金額70 ⇒ 差額30を「引当金戻入益」（収入）として計上

借方科目	金　額	貸方科目	金　額
（BS）貸倒引当金	30	（行コス）貸倒引当金戻入益	30

(仕訳例その2)

決算日時点の引当金残高 70 < 計算によって得られた引当金額90 ⇒ 差額20を「引当金繰入額」(費用)として計上

借方科目	金額	貸方科目	金額
(行コス) 貸倒引当金繰入額	20	(BS) 貸倒引当金	20

2 引当金の算定方法

東京都における引当金の算定方法は次のとおりです。

(1) 不納欠損引当金・貸倒引当金

不納欠損引当金及び貸倒引当金は、過去3か年度の実績額から欠損率・貸倒率を算出し、その率をもとに引当金額を算出します。具体的な算定式は次のとおりです。

【引当金の算定式(不納欠損引当金の算出例)】

不納欠損引当金額＝決算年度末の収入未済額×不納欠損実績率※)

※不納欠損実績率＝ $\dfrac{過去3か年度の不納欠損額の合計額}{過去3か年度の収入未済額の合計額＋過去3か年度の不納欠損額の合計額}$

そして、決算日時点での引当金残高と計算によって得られた引当金の差額が、引当金繰入額(もしくは引当金戻入益)となります。

なお、実際に不納欠損又は貸倒れが生じた場合、その額があらかじめ計上していた引当金額を超えた場合、その超えた額は特別費用として計上します。

(2) 退職給与引当金の算定と振替処理

退職給与引当金は「職員全員が年度末に普通退職する」という仮定に立って算定します。具体的には次のような算定式を用います。

退職給与引当金＝職員の平均給与月額×退職手当支給率(※1)×職員数(※2)
※1 退職給与支給率：決算年度における職員の平均勤続年数に対応する普通退職手当支給率
※2 職員数：決算年度の現員数

そして、決算日時点での引当金残高と計算によって得られた引当金の差額が、引当金繰入額（若しくは引当金戻入益）となります。

退職給与引当金は各局の財務諸表に計上されている一方で、東京都において退職手当を支出しているのは限られた局であり、具体的には総務局、教育庁、警視庁、東京消防庁の4局となっています（平成19年度末現在）。

総務局は、大半の局の退職手当を支出しているため、退職手当引当金の残高がマイナスとなってしまいます。

そこで、知事部局及び行政委員会等については、退職手当を支出している総務局から引当額を振替えて計上するとともに、決算日時点での引当金残高と計算によって得られた引当金の差額を、引当金繰入（戻入）額として計上します（図3）。

図3　知事部局及び行政委員会等での処理方法

総務局が各局の退職手当を支出すると総務局の退職手当引当金がマイナスとなるので、これを決算時にA局に振り替える

総務局が支払ったA局分の退職手当額	20	……（ア）
A局が計上すべき退職給与引当金額	60	……（イ）
A局の退職給与引当金の現在額	50	……（ウ）

①総務局でA局分の退職手当を支出

組織：総務局	組織：総務局
退職給与引当金　20	現金預金　　　20

②総務局執行分をA局へ振替……（ア）

組織：A局	組織：総務局
退職給与引当金　20	退職給与引当金　20

③A局で計上すべき引当金を計上……（ア＋イ－ウ）

組織：A局	組織：A局
退職給与引当金繰入額　30	退職給与引当金　30

4 資産及び負債勘定の流動・固定の振替

東京都では貸借対照表上に計上される資産や負債のうち、貸付金や都債などについては今後1年以内に回収・償還されるものは「流動資産」や「流動負債」として区分し、反対にそれ以外のものは、「固定資産」や「固定負債」として区分します(**表8**)。

東京都では、財務会計システムの処理の都合から、期中には流動資産や流動負債の残高が存在せず、資産や負債の期中の取引は、一律固定資産・固定負債として処理されています。

そこで決算整理の際、今後1年以内に回収・償還される債権や負債を、「複式仕訳」業務により固定から流動に振替える処理が必要となります。

なお、流動に振替える金額は、翌年度の予算書をもとに算定します。

表8 流動・固定の分類がある資産及び負債勘定

区 分	科 目	流動項目の名称	固定項目の名称
資 産	減債基金	減債基金	減債基金
	貸付金	短期貸付金	長期貸付金
負 債	都債	都債	都債
	借入金	短期借入金	長期借入金
	その他負債	その他流動負債	その他固定負債

仕訳例（翌年度回収予定の貸付金を流動資産に振替）

借方科目	金 額	貸方科目	金 額
（BS）短期貸付金	100	（BS）長期貸付金	100

5 注記の作成

注記とは、財務諸表の価額の意味を補足し、また財務状況をより明瞭にするためのもので、決算数値が確定後に各局で作成されます。

●第6節　財務諸表作成にあたって必要となる決算作業の概要

　注記は、団体の会計処理方針そのものが記載されるという意味では重要度の高いもので、東京都では記載項目を東京都会計基準で定めています。記載項目の主なものは、136頁のとおりです。

> **エピソード3** 決算時の資産照合作業の苦労
>
> 　東京都の財務諸表は、各局が作成し、会計管理局に提出するという手順になっています。新公会計制度で財務諸表を作成する局は25局あり、約6万5,000件の財産と3万4,000件の重要物品を局単位で管理しています（平成19年度末）。財産や重要物品を保有していない局がある半面、膨大な資産を抱えている局もあります。資産をたくさん保有している局は、資産の異動もたくさんあるということになります。
>
> 　複式簿記・発生主義会計では固定資産の金額を正確に把握する必要があります。導入初年度の決算においては、照合作業が初めてということもあり、資産を多く抱えている局では財務諸表の資産額の精査にかなり苦労しました。
>
> 　建物の工事を行う場合でも、その支出が建物になったり、工作物になったり、重要物品になったり、はたまた資産とならずに費用となるものもあります。建物工事に合わせて重要物品を取得したり、それ以外にも重要物品を複数購入した場合など、数字が合わない要因は様々あり、そうした何千件もの異動情報などをエクセルの出力帳票を使って照合していきました。
>
> 　一部の局では、局内における財産や物品の資産計上についての照合作業に関する役割分担があいまいで、経理担当者に作業が集中する状況になってしまいました。財産や物品を取得した部署も分担して照合作業を行えば事務を分散でき、資産の実態を把握している担当が直接チェックすることもできます。一部の担当だけでなく、事業所の職員も含めて、広く複式の仕組みについて周知する必要性を感じました。

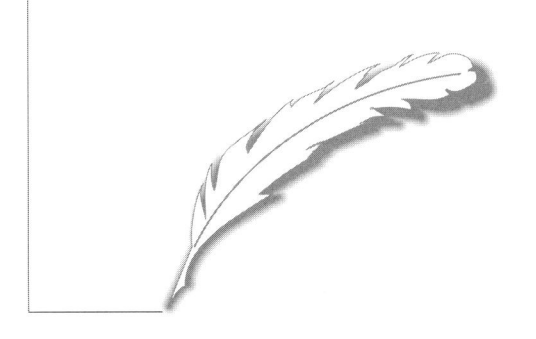

第6章 財務諸表の実際

第1節 会計別・局別財務諸表

1 システムから作成される財務諸表の作成単位

　財務諸表の役割として、マクロの視点に立ち、東京都全体の財務状況の健全性などを把握することと、ミクロの視点に立ち、各事業部門における事業運営の評価に資する情報を提供することの2点があります。こうした観点から財務諸表の分析を可能とするため、歳出予算目別を作成の基本単位としてそれを積み上げることなどにより多様な財務諸表を作成することができます。
　具体的には、以下のような作成単位で多様な財務諸表を作成します（**表1**）。

表1　財務諸表の作成単位

作成単位	説明
① 会計別財務諸表	会計別に作成した財務諸表
② 局別財務諸表	局ごとに作成した財務諸表
③ 局別会計別財務諸表	局ごとに作成した会計別財務諸表
④ 項別財務諸表　目別財務諸表	歳出予算の科目単位ごとに作成した財務諸表
⑤ 事業別財務諸表	個別の事業単位ごとに作成した財務諸表

2 財務諸表の制度的位置付け

　財務会計システムから作成される多様な財務諸表のうち、会計別財務諸表及び局別財務諸表については、説明責任の一層の遂行の観点から、議会に提出することとしました。
　そこで、東京都においては、東京都会計事務規則に、会計別財務諸表を作成することを規定しました。その位置付けですが、現在、決算を議会の認定に付す際、その参考資料として提出している「東京都決算参考書」にそれらの財務諸表を掲載しました（**表2**）。

表2　東京都決算の一覧

官庁会計の決算に係る書類			新たな公会計制度の財務諸表
会計管理者が知事へ提出する書類	知事が議会へ提出する書類	都議会に提出される書類の名称	
決算（法第233条第1項）	決算（法第233条第3項）	東京都各会計歳入歳出決算書	
証書類（法第233条第1項）			
	監査委員の意見（法第233条第3項）	決算審査意見書	
	主要な施策の成果を説明する書類（法第233条第5項）	主要施策の成果	
その他政令で定める書類（法第233条第1項、令第166条第2項）	その他政令で定める書類（法第233条第5項、令第166条第2項）	東京都各会計歳入歳出決算附属書類	
①歳入歳出決算事項別明細書	①歳入歳出決算事項別明細書		
②実質収支に関する調書	②実質収支に関する調書		
③財産に関する調書	③財産に関する調書		
東京都会計事務規則に定める資料（規則第109条）	法令上の規定はないが、東京都においては「東京都決算参考書」として提出	東京都決算参考書	
①各会計決算総括表		①各会計決算総括表	
②款別決算概要説明		②款別決算概要説明	⑤会計別財務諸表 ⑥局別財務諸表
③局別款別予算決算一覧表		③局別款別予算決算一覧表	
④各会計節別予算決算一覧表		④各会計節別予算決算一覧表	

（注）「法」は地方自治法をさし、「令」は地方自治法施行令をさし、「規則」は東京都会計事務規則をさす。

●第1節　会計別・局別財務諸表

3　議会における審議

　東京都が従来の官庁会計に複式簿記・発生主義会計の考え方を加えた新たな公会計制度を導入した目的の1つは、都民に対する説明責任の一層の遂行です。財務諸表という新たな決算資料を議会に提出することで、東京都が保有する多くの資産や都債などのストック情報、減価償却費や金利などを含めた正確なコスト情報などが明らかになり、より分かりやすい決算情報の説明を行うことができるようになります。

　実際に行われた平成19年における都議会の決算審議においては、平成18年度各会計決算に係る会計別（一般会計及び17の特別会計）の財務諸表及びこれらの会計を合算した財務諸表を都議会本会議に、各局で作成する局別（局合計及び複数の会計を所管する局はそれぞれの会計ごと）の財務諸表を各会計決算特別委員会各分科会（**表3**）にそれぞれ提出しました。提出する決算資料は増えましたが、都議会における決算審議のスケジュールは従来とほぼ同様です（**図1**）。また、いずれの財務諸表も決算の参考資料としての位置付けですので、決算審査の対象とはなりません。

4　財務諸表概要版の作成・公表

　都議会に提出される財務諸表は、数値のみを示す表がほとんどを占めています。数値のみの表ばかりですと都民には分かりづらいところがあります。

　そこで東京都では、財務諸表の内容を少しでも理解しやすいように、図表やイラスト、専門用語の解説などを盛り込んだ、「東京都の財務諸表（平成18年度）」（311頁参照）という財務諸表の概要版を作成し、公表しました。

　内容としては、主に一般会計の財務諸表を対象とし、いわゆる財務4表（貸借対照表、行政コスト計算書、キャッシュ・フロー計算書及び正味財産変動計算書）における勘定科目の詳しい説明はもちろん、主な決算数値の構成比グラフなど、視覚的に財務諸表の理解を深めることができる図表なども数多く掲載しています。また、会計ごとの財務諸表の主要な勘定科目を網羅した会計別財務諸表の概要（総括表）があわせて掲載されており、東京都の財務諸表の概要が一覧できるものとなっています（**図2**）。

表3　各会計決算特別委員会における各分科会対象局（平成18年度決算）

各　会　計　決　算　特　別　委　員　会		
第　一　分　科　会	第　二　分　科　会	第　三　分　科　会
知事本局	生活文化スポーツ局	都市整備局
青少年・治安対策本部	教育庁	産業労働局
東京オリンピック招致本部	福祉保健局	中央卸売市場
総務局	病院経営本部	港湾局
選挙管理委員会事務局		労働委員会事務局
人事委員会事務局		環境局
監査事務局		建設局
財務局		
主税局		
会計管理局		
収用委員会事務局		
警視庁		
東京消防庁		
議会局		

図1　新たな公会計制度の下での決算審議スケジュール

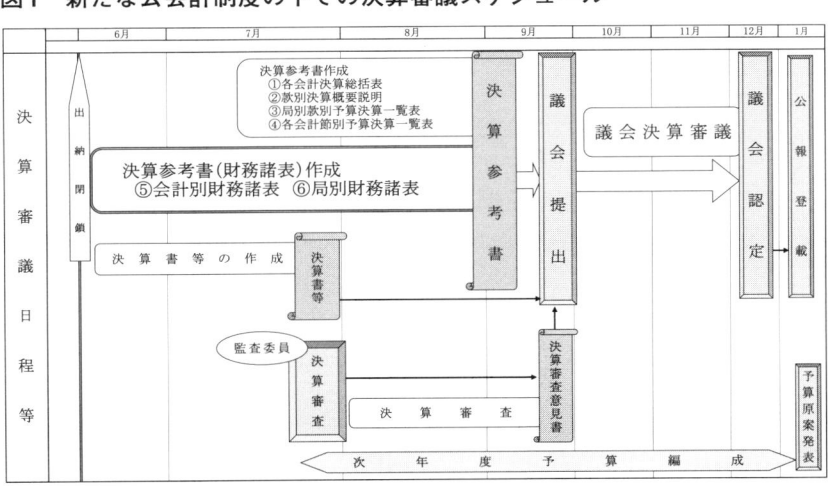

● 第1節　会計別・局別財務諸表

図2　東京都の財務諸表

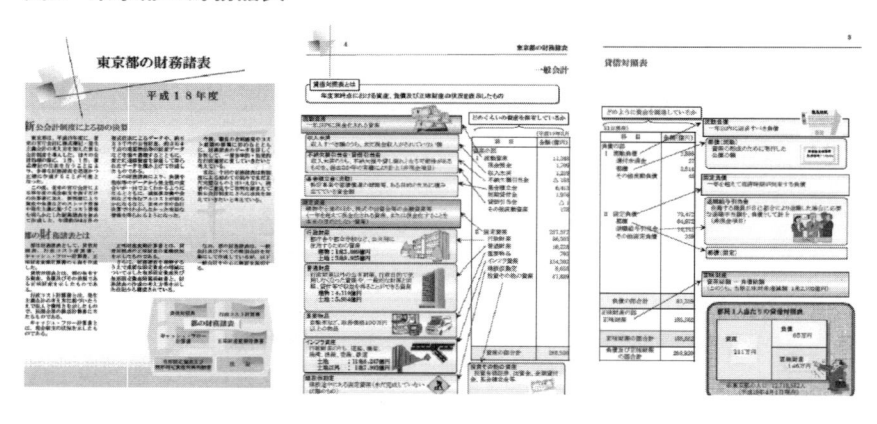

5　財務諸表の監査

　東京都議会へ提出する財務諸表は、決算の参考資料としての位置付けであるため、監査委員が実施する決算審査の対象には含まれません。

　そこで東京都では、平成19年各会計定例監査（地方自治法第199条第1項を根拠とした地方公共団体の財務に関する事務の執行及び経営に係る事業の管理についての監査）の一環として、財務諸表の監査を実施しました。

　監査の目的は、東京都会計事務規則に基づいて作成された財務諸表が、東京都会計基準に準拠しているかを検証することで、平成18年度の会計別財務諸表及び局別財務諸表を対象とした「財務諸表監査」を実施しました。

地方自治法第199条第1項
　　監査委員は、普通地方公共団体の財務に関する事務の執行及び普通地方公共団体の経営に係る事業の管理を監査する。

第2節 管理事業別財務諸表

1 事業別財務諸表の作成

　自治体単位の財務諸表を作成することにより、財政運営に必要な情報を読み取ることはできますが、個別事業の評価・改善を行うためには情報が不足しているといえます。

　民間企業では、一般に公表する企業単位の財務諸表とは別に、内部管理用の「管理会計」として事業ごとの仕訳を行い、原価計算等に利用しています。

　東京都が従来から作成してきた「機能するバランスシート」でも、多摩ニュータウン事業や救急事業の事業別財務諸表を作成することにより、事業の評価・改善といった効果が上がっています（66頁参照）。

　このことから、東京都の新たな公会計制度においても、民間企業における管理会計の位置付けとして、事業別財務諸表を作成する仕組みを整えています。

2 財務会計システムで作成する管理事業別財務諸表

　事業別財務諸表作成に係る東京都の財務会計システムの機能として、「管理事業コード」を備えています。

　財務会計システムでは、歳出予算の「目」を単位とした仕訳を行い、歳出目単位の財務諸表を作成しています。この一つひとつの仕訳に「管理事業コード」を付与することで、管理事業単位の集計を別途行うことを可能にするものです。

● 第2節　管理事業別財務諸表

　管理事業コードは、款・項・目という歳出予算体系とは関わりなく、局ごとに設定することができます。決算後に、システムから仕訳データを取り出し、管理事業単位に集計することで、管理事業別財務諸表を作成することができます（図1）。

　一方、人件費等の共通経費は、「共通・未定事業」という管理事業で仕訳をしておき、管理事業別財務諸表作成時に、各管理事業に按分する仕組みとなっています。

図1　管理事業の設定例

> **①個別の施設等に焦点を当てた管理事業**
> 　資産や負債などのストックがあり、1つの施設で独立して事業を営んでいるもの
>
> **②多岐にわたる事業を持つ局の場合、局の事業をいくつかに大括りした範囲に設定した管理事業**
> 　局で数個のある程度大きい範囲で設定。予算体系でいうと、項レベル又はいくつかの目を縫合する程度、組織別でいうと部レベル程度で設定

3 決算参考書における事業別情報

　平成18年度決算においては、東京都議会の各会計決算特別委員会各分科会へ提出した局別の決算参考書に、事業別の財務情報を掲載しています。

　この事業別の財務情報は、局の主要な事業に関する財務諸表からのストック情報やコスト情報を掲載することとし、平成18年度決算では、従来から議会に決算資料として提出していた「主要施策の成果」に掲載している事業に係る財務情報としました。

第3節 その他の財務諸表

1 財務分析を行うツールとしての財務諸表

　会計別や局別の財務諸表、さらには事業別の財務諸表は決算の審議などを通じたアカウンタビリティ（説明責任）の面はもとより、マネジメント（組織の効率的な運営）の過程の中で効果的に活用していくことが重要です。

　財務諸表の中に出てくる数字について、一般会計や特別会計ごとに内容を分析することはできますが、これまでの現金主義と単式簿記による決算分析がいわゆる「普通会計」という一定のルールで複数の会計を合わせて作り上げた数値によって長年行われてきたことを考えると、そうした数値の財務諸表を見ながら財務状況を検証しておくことは重要です。普通会計ベースの官庁会計決算と財務諸表とを見比べながら、多面的かつ複合的に自治体の財務状況を理解しておくことで、アカウンタビリティやマネジメントの質はより一層高まるものと考えられます。

　また、自治体の財務状況について、一般会計と特別会計の一部を合わせた普通会計だけに止まることなく、より幅広くその自治体に関連する第三セクターなども含めて総合的に把握することの重要性も高くなっています。こうした流れは、平成18年6月の夕張市の財政破綻について、一般会計や普通会計を見ているだけでは十分なチェック機能が働かなかったことも1つの背景となっています。平成19年6月に成立した地方財政健全化法では、普通会計だけでなく、公営企業や一部事務組合さらには第三セクターなどを対象とする数値指標を作って自治体としての総合的な財務状況を把握することになっています。総務省も連結ベースの財務諸表の作成を各団体に求めていますが、

●第3節　その他の財務諸表

いずれにせよ民間の上場企業のように幅広く財務情報を開示していくことは行政にとって大きな課題になるのが確実な状況になっています。

2　「東京都年次財務報告書」の公表

　東京都では、平成19年9月に「東京都年次財務報告書」を公表して、その中で財務諸表の普通会計ベースと連結ベースのものを掲載し内容の分析を行っています。

　この「年次財務報告書」は、民間企業が、自らの財務情報を開示する「アニュアル・レポート」に当たるものです。

　民間の「アニュアル・レポート」は、投資家や株主を対象に投資判断のための情報開示という観点から、経営内容について総合的な情報を掲載しています。東京都の「年次財務報告書」は、都財政の全体的な状況をマクロの視点から説明するというアカウンタビリティの充実を目的としていますが、財政運営のあり方を取り決めるマネジメントの能力を高めるための材料を提供する役割も期待されています（**表1**）。

　「年次財務報告書」はこれまでの現金主義と単式簿記による官庁会計の決算の内容を冒頭に掲げるとともに、発生主義と複式簿記による財務諸表の内容について丁寧に分かりやすく分析しています。ともに数値は「普通会計」ベースで作り上げて、東京都の決算を多面的に分析して理解できる工夫を凝

表1　財務諸表活用の基本的考え方

目的＼視点	マクロの視点 （都財政）	ミクロの視点 （個別事業）
マネジメント （経営）の強化	**都財政全体の分析** ・新たな分析手法による「財政の持続可能性」の評価など	**個別事業の分析と評価** ・マネジメントサイクルの確立 ・個別事業の分析とその成果
アカウンタビリティ （説明責任）の充実	**都財政運営の説明** ・都財政全体の財務情報の提供 ・「年次財務報告書」の作成	**主要な事業の 実施状況の説明** ・個別事業の財務情報を提供

らしています。

さらには、普通会計決算に公営企業会計や、東京都が資本金の一定以上を出資している株式会社などの監理団体等を含めた東京都全体財務諸表を作成しその分析も行っています。この全体財務諸表は、様々な会計と団体等の決算を併記方式を用いて連結ベースで総合的に示す内容となっています。

「年次財務報告書」はこうした財務諸表を用いながら、東京都の財務状況を総合的に分析した報告書となっています。普通会計ベースと連結ベースの財務諸表が、都財政の全体をマクロの視点から分析する効果的なツールとして活用が図られているわけです。

3 普通会計財務諸表

「年次財務報告書」の中で用いた普通会計について改めて説明をしておくと、これは各地方自治体の財政状況の把握、地方財政全体の分析等に用いられる統計上、観念上の会計で、総務省の定める基準をもって、各地方自治体の会計を統一的に再構成したものです。

その対象となる会計は、一般会計に一部を除く特別会計を加えたものであり、会計間の重複額等を控除するなどの調整を行い、純計を算出しています（**表2**）。会計別の財務諸表が完成してから、実際の作業に着手して普通会計ベースの財務諸表に仕上げるという手続きが必要になります。

具体的には、会計別の財務諸表が完成する8月上旬から普通会計ベースの数値の作成に着手して、おおよそ夏場の一か月程度の期間を集中的に使って作業を進め、秋口にはその内容を公表するという段取りになっています。

表2　普通会計の対象範囲

一般会計	
特別会計（14会計）	
	特別区財政調整会計
	地方消費税清算会計
	小笠原諸島生活再建資金会計
	母子福祉貸付資金会計
	心身障害者扶養年金会計
	中小企業設備導入等資金会計
	農業改良資金助成会計
	林業・木材産業改善資金助成会計
	沿岸漁業改善資金助成会計
	都営住宅等事業会計
	都市開発資金会計
	用地会計
	公債費会計
	臨海都市基盤整備事業会計

●第3節　その他の財務諸表

　普通会計の財務諸表を作成すると、一般会計のものと混同することがないように、様々な機会で丁寧な説明が必要になります。一般会計ベースと普通会計ベースでは数字が当然に異なってくる点に留意して説明することが求められます。

　また、東京都の財務諸表は平成18年度に導入した新たな公会計制度によって初めて作成されたため、対前年度の比較が難しく、経年の数値の変化を追うことができないという制約がありました。作成初年度は、そうした状況を踏まえ、まずは数値の正確性を高めることに力を注ぐとともに、数値の作成過程に誤りがないかなどを入念にチェックしておくことが不可欠です。

　ちなみに、官庁会計では普通会計を作成すると全国の自治体と財政状況を客観的に比較することが可能となるのですが、複式簿記と発生主義で作成した財務諸表については、会計処理の方法が東京都方式と同様でない自治体との間で比較を行うことは困難な面が多いことも確かです。普通会計ベースで財務諸表を作成し他の自治体との財務状況を比較するために、全国標準的な会計基準の整備を働きかけていくことも東京都にとって1つの課題になるものと考えています。

4　東京都全体財務諸表

　現在の地方自治体には、総務省より平成18年8月に出された「地方公共団体における行政改革の更なる推進のための指針の策定について」により、各自治体ごとに一般会計、特別会計に加え、地方公営企業なども含めた連結ベースの財務諸表の作成が求められています。

　「東京都年次財務報告書」の中では、「東京都全体財務諸表」という名称で公営企業会計等を連結した貸借対照表と行政コスト計算書の公表を行っています。

　「東京都全体財務諸表」が対象とする範囲についてですが、東京都本体分として普通会計（一般会計及び14の特別会計）、普通会計の範囲でない3つの特別会計、11の公営企業会計、東京都以外の団体として、42の監理団体及び2つの地方独立行政法人となっています（**表3**）。

　様々な会計や組織を連結して財務諸表を作成する場合には、支出や収入が二重に計上されることがないように相殺消去の処理を行うことが必要です。

民間の株式会社では親会社と子会社がともに株式会社であるため同じ会計基準を用いていますが、地方自治体で連結した財務諸表を作成しようとすると、公営企業や地方独立行政法人を始め、株式会社、財団法人、社団法人など多様な会計基準を踏まえて1つの財務諸表を作成しなければならず、一定のルールを作り上げるのは容易でない面があります。勘定科目の名称や考え方の

表3　東京都全体財務諸表対象範囲

普通会計	
特別会計	
※普通会計の範囲外の特別会計である次の3会計	
	と場会計
	都営住宅等保証金会計
	多摩ニュータウン事業会計
公営企業会計	
	病院会計
	中央卸売市場会計
	都市再開発事業会計
	臨海地域開発事業会計
	港湾事業会計
	交通事業会計
	高速電車事業会計
	電気事業会計
	水道事業会計
	工業用水道事業会計
	下水道事業会計
東京都監理団体	
※東京都が出資又は出えんを行っている団体及び継続的な財政支出、人的支援等を行っている団体のうち、全庁的に指導監督を行う必要がある団体	
	株式会社（17団体）
	公益法人（25団体）
	地方独立行政法人
	公立大学法人首都大学東京
	地方独立行政法人東京都立産業技術研究センター

●第3節　その他の財務諸表

異なるものを連結してどのような形の数値をデータとして示すことが合理的であるかは十分に検討していくことが不可欠です。

東京都の全体財務諸表は、

- 内部取引の相殺消去を行うのは普通会計の範囲内とする
- 普通会計に属さない特別会計、公営企業会計、監理団体及び地方独立行政法人については、各々の決算書を並べて表記する「併記方式」とする
- 併記式連結財務諸表には、貸借対照表のみでなく、行政コスト計算書による事業収支も表記する

という方針に則り作成しました。

併記方式にすることにより、普通会計以外の会計や団体等の財務内容を一覧にして個別に示すことができるために、全体財務諸表に個別の財務諸表がどう影響を与えているかが見やすくなっている面もあります。

全体財務諸表は、普通会計ベースの財務諸表の作成と同時に作業をすることが必要であり、短い期間で数多くの数値の相殺処理を行うには、各組織の財務担当者の協力や事務手続きのルール化は欠かせません。あまり重要では

表4　東京都全体財務諸表のフォーマット

東京都全体財務諸表

【1】普通会計、その他「特別会計」／【2】公営企業会計／【3】監理団体（財団法人等）／【4】監理団体（地方三公社）

各会計について、行政コスト計算書（または損益計算書、収支計算書）と貸借対照表のフォーマットが並記されている。

ない取引を相殺することにより作業量が非常に膨大になってしまうこともあり得るため、どの程度までを対象とする相殺処理が適正かについてなども研究の対象となります。

総務省は貸借対照表、行政コスト計算書、資金収支計算書、純資産変動計算書の4表の整備を標準形として連結ベースで公会計の整備の推進に取り組むように求めています。地方自治体の財務諸表の連結対象となる株式会社や財団法人、社団法人などは、会計基準が異なっており資金収支計算書等の作成を義務付けていない場合もあることから、どのようなものを公表するのかについて、自治体ごとに対応のあり方を考えていくことが必要です（東京都全体財務諸表のフォーマットは**表4**参照）。

東京都全体財務諸表では、普通会計に続けて、特別会計（普通会計に含まれないもの）、公営企業会計、財団法人や株式会社などの監理団体、地方独立行政法人について、それぞれの財務状況を示しながら全体像を明らかにしています。

こうした財務諸表の分析についても、作成初年度であることから、対前年度との比較や経年の数値の変化を追うことができないという制約があります

が、今後のデータの蓄積を通じて、分析内容の質を高めていくことが不可欠となっています。最終的には、東京都全体にかかる財務上の問題点を速やかに把握できるツールとして機能するように内容の充実を図っていくことが課題です。

5 分析の切り口に応じた連結

　東京都の行政施策の中には、監理団体が都からの補助事業や委託事業として実施しているものが数多くあります。そうした施策は、都の直接実施する事業と一体的に把握して、費用対効果の状況を明らかにしていくことも重要です。

　民間企業でも、特定の事業部門の財務諸表とそれに関連する子会社の財務諸表とを連結して開示する「セグメント連結」と呼ばれる取組も行われています。特定部門の経営成績をより分かりやすく示すため、本社の事業部門と子会社を取り出して事業別の財務諸表にまとめようというのがその趣旨です。

　東京都においても、包括外部監査において、監理団体を連結した貸借対照表や行政コスト計算書などを作成するべきとの指摘が出されています。都の局ごとの財務諸表に監理団体の財務諸表を付け加えることで、民間の考え方に近いセグメント連結ベースの財務諸表を作り出すことが可能になります。

　その場合、各局の連結の手法が、東京都全体財務諸表の作り方との間で大幅な違いが生じたりすることのないように、都として様々な考え方の整理が必要になります。今後、セグメント連結の事例が増え、相殺消去の方法などを数多く研究することを通じて、全体財務諸表の質的な向上を図ることが重要となります。

　東京都と監理団体との財政上の関連性がますます重視されていく中で、個別の局の事業と監理団体を含めた総合的な財務状況を開示して分析を行うという流れは今後とも続いていくものと考えています。

第7章 財務諸表をどう読むか

第1節 財務諸表の分析例

1 はじめに

　平成18年度の「東京都年次財務報告書」では、東京都の財務分析を行うに当たって、作成初年度であることから数値の経年変化を追うことが難しいこと、東京都方式と同じ会計処理を採用した事例がなく比較対象となる自治体がないこと、民間企業と事業分野の異なるものが多いので官民比較も難しいなどといった、様々な制約について述べています。

　そうした状況を踏まえ、同書では数字の正確性の確保に力を入れ、財務諸表そのものの仕組みや意味合いなどを丁寧に解説することとし、また、一定の問題意識を持って読むことができるよう、①行政コストの状況、②資産に対する世代間の負担バランスの状況、③資金から見た都財政の状況の3つのテーマを設定し、財務状況の課題をより明確に分かるような配慮をして分析を行いました。

　「年次財務報告書」の財務諸表の概要とその分析例は以下のようになっています。

2 普通会計財務諸表の概要

　まず、普通会計ベースの財務諸表全体を見てみますと、貸借対照表は資産合計が約30兆円、貸方の内訳は、負債が約9兆円、正味財産が約21兆円となっています（**表1**）。

　行政コスト計算書では、行政収支の部で地方税約5兆円などを中心とした

表1　普通会計貸借対照表

(単位：億円)

資産の部		負債の部	
Ⅰ 流動資産	13,048	Ⅰ 流動負債	4,265
うち収入未済	1,358	うち都債	4,162
うち不納欠損引当金	△189	Ⅱ 固定負債	87,012
Ⅱ 固定資産	282,884	うち都債	72,368
うち行政財産	79,071	うち退職給与引当金	14,176
うち有形固定資産	79,016	負債の部合計	91,277
うち建物	27,623	正味財産の部	
建物取得額	40,648	正味財産	204,655
減価償却累計額	△13,025		
うち普通財産	10,755		
うち有形固定資産	10,693		
うちインフラ資産	134,301		
うち有形固定資産	134,240	正味財産の部合計	204,655
資産の部合計	295,933	負債及び正味財産の部合計	295,933

表2　普通会計行政コスト計算書

(単位：億円)

通常収支の部	
Ⅰ 行政収支の部	
行政収入	59,959
うち地方税	49,325
行政費用	48,150
うち給与関係費	14,588
うち物件費	2,310
うち減価償却費	1,488
うち退職給与引当金繰入額	1,876
Ⅱ 金融収支の部	
金融収入	103
金融費用	1,498
うち公債費（利子）	1,441
通常収支差額	10,414
特別収支の部	
特別収入	2,892
特別費用	1,853
当期収支差額	11,453

●第1節　財務諸表の分析例

表3　普通会計キャッシュ・フロー計算書

(単位：億円)

行政サービス活動	
収入合計	60,032
支出合計	47,735
行政サービス活動収支差額	12,297
社会資本整備等投資活動	
収入合計	3,923
支出合計	7,625
社会資本整備等投資活動収支差額	△ 3,702
行政活動キャッシュ・フロー収支差額	8,594
財務活動	
財務活動収入	2,190
財務活動支出	9,803
財務活動収支差額	△ 7,612
収支差額合計	981
前年度からの繰越金	2,131
形式収支	3,113

　行政収入が約6兆円、給与関係費や物件費などの行政費用で約4兆8,000億円となっており、これに受取利息や公債費の支払利子などの金融収支の部を合わせた通常収支差額では、約1兆円のプラスとなっています（**表2**）。

　キャッシュ・フロー計算書では、行政コスト計算書の範囲に相当する行政サービス活動収支差額で約1兆2,000億円のプラス、社会資本整備等投資活動収支差額では約4,000億円のマイナスで行政活動キャッシュ・フロー収支差額は約9,000億円となり、財務活動収支差額では約8,000億円のマイナスとなることで、トータルでは約1,000億円のプラスとなりました（**表3**）。

3 世代間の負担バランス（表1、図1）

　貸借対照表を見ると、資産の部約30兆円のうち、固定資産は約28兆3,000億円となっています。固定資産の中でも都債を充当して資産形成することの多い有形固定資産を見ると合計で約22兆4,000億円となっており、これに対して負債の部に計上された都債の残高は約7兆7,000億円あまりとなってい

ます。ここから、大まかに言えば、現在東京都が有する社会資本の3分の1は将来の世代が負担していくということが分かります。

この「将来世代負担が3分の1」とはどういうことかと言うと、今の社会資本の取得代金のうち7割は今までの納税者の人たちに負担してもらいましたが、残り3割は将来の納税者となるべき人たちに都債の返済の財源負担をお願いしているということになります。

そう考えると、この3分の1という数値に対して考えなければならない事情は何でしょうか。

将来の納税者がこの借金を負担する時期を迎えても、その資産が役に立つものとして存続し陳腐化していないか、また、彼らが納税者になった時に、その時代の現役世代として新たに背負うこととなる負担はどのくらいかなど、考慮の対象となる資産によって様々な議論があり得ます。

東京都年次財務報告書でも指摘しているとおり、この3分の1という数値そのものが適正かどうかは、様々な議論が可能です。負債の量や比率をまだ高める余地があると見るか、少子高齢化の進展を踏まえて現状維持か、もっと低くするべきか十分な検討が必要になります。

今のこどもたちが大人になった時、高齢者を支えるための負担は確実に増えていると考えられます。そうした時に、彼らにとって過去のインフラ整備の借金が重くのしかかっていては、新しい投資をするための余力を奪ってしまうことになります。将来彼らも使うことになる社会資本の整備をどうやって世代間で分担していくかについて、10年後、20年後を見通す眼力が、地方自治体の職員にまさしく求められています。

4 退職給与引当金 (表1、表2、図1)

職員に支払う退職金は、これまでの官庁会計では当該年度の実支出額のみを把握し、その年度の退職者数の多寡によって大きく影響されていました。新たな公会計制度では、退職金にかかる「コスト」の認識がこれまでの官庁会計とは異なります。貸借対照表の負債の部に退職給与引当金を設定し、在籍職員が年度末に一斉に退職したと仮定したときの退職金総額を計上します。仮に1年間、採用も退職もなく推移すると、各職員の昇給や勤続年数の加算により、1年後の引当金所要額は増加することになります。(実際に職

員がその年度末に退職する、しないに関係なく）この差分は行政コスト計算書では退職給与引当金繰入額という「支出」として認識されます。

積み上がった退職給与引当金は、東京都がいつかは支払うことになる退職金債務の総額です。こうした債務の存在も、これからの財政運営に当たって念頭におかなければなりません。

5 資産の更新需要 （表1、図1）

東京都の保有する固定資産のうち、行政サービスを提供するための施設として典型的な「建物」の貸借対照表の帳簿上の価格は、約2兆7,000億円となっています。ただし、これは各資産が新築されてから減価償却していった後の、現在価値の合計になります。各建物の新築時の価格（取得価格）の合計が約4兆円であるため、その差分約1兆3,000億円は、新築して以来、これまでの減価償却費の累計額となります。

仮に減価償却終了時を建替え時期の目安と捉え、現在の行政レベルを保って同価値の建物を建て直すものと考えると、減価償却累計額は、その更新費用の目安と考えることができます。そうした意味から、現時点では約1兆3,000億円の潜在的な更新需要を抱えていることになります。

もちろん、建築にかかる物価水準が過去とは異なるということだけでなく、建物をまったく同じ機能、規模で更新すべきかどうかは個別に検討を要する事項であって、ここで捉えた金額は、あくまで同レベルの建物を作り直すという仮定が前提になります。

とはいえ、行政サービスの提供に一定の社会資本が必要なことは時代を問わず共通した事情であり、こうした社会資本ストックの更新需要の存在をしっかりと認識して財政運営のあり方を考えなければなりません。

そうした中で、更新時期を迎える個別の建物ごとに、更新の必要性や新たな建物に持たせる機能などを根本から検討し、適切な更新を進めていくことはますます重要になるものと考えられます。

6 収入未済と不納欠損引当金 （表1、図1）

東京都の公会計制度では、年度末を超えて出納閉鎖までの期間中の現金収

支は前年度の財務諸表に反映し、年度末現在の未収金・未払金というものをつくりません。発生主義の観点から議論のあるところですが、現行制度ではそのように整理しています。一方で、履行期限を過ぎて未だに収納されていない債権については、これを「収入未済」として区別し資産の部に計上しています。

さらに収入未済債権のうち一定の条件に至ったものについては、回収不可能と判断し債権放棄の意思決定をしており、これが不納欠損処理と言われるものです。こうした不納欠損処理が行われる債権の当年度末での発生額を、過去の実績に基づき一定程度予測し、資産の部に「不納欠損引当金」をマイナス数値で計上しています。平成18年度末において収入未済は約1,300億円、不納欠損引当金は約200億円となっています。

債権は住民の共有の財産であるため、自治体が債権を放棄することは任意にはできず、破産など一定の場合以外は原則として議会の議決が必要となるなど、地方自治法で要件が厳格に定められています。

こうした中で債権回収を適切に行うと同時に、不納欠損処理をどのような基準によって適切に進めるべきかについて手続きを整備することが必要になっていると結論づけることができると考えています。

図1　今回明らかになったこと

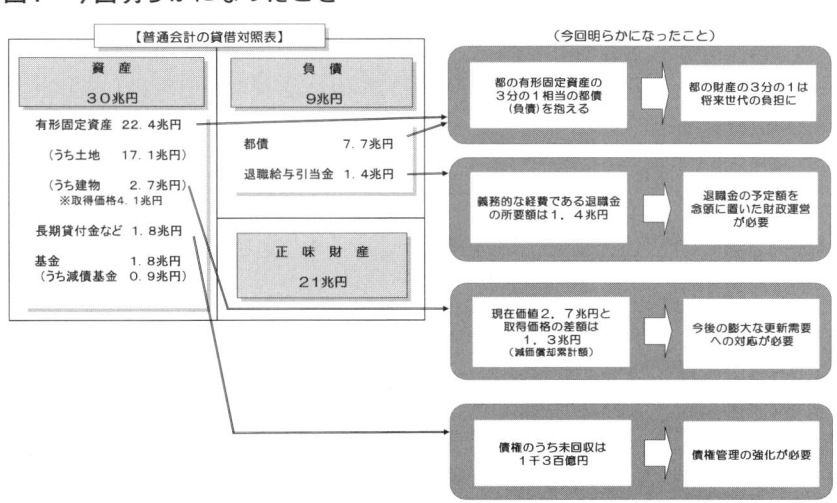

【普通会計の貸借対照表】

資産 30兆円	負債 9兆円
有形固定資産 22.4兆円 （うち土地 17.1兆円） （うち建物 2.7兆円） ※取得価格4.1兆円 長期貸付金など 1.8兆円 基金 1.8兆円 （うち減債基金 0.9兆円）	都債 7.7兆円 退職給与引当金 1.4兆円 正味財産 21兆円

（今回明らかになったこと）

- 都の有形固定資産の3分の1相当の都債（負債）を抱える ⇒ 都の財産の3分の1は将来世代の負担に
- 義務的な経費である退職金の所要額は1.4兆円 ⇒ 退職金の予定額を念頭に置いた財政運営が必要
- 現在価値2.7兆円と取得価格の差額は1.3兆円（減価償却累計額） ⇒ 今後の膨大な更新需要への対応が必要
- 債権のうち未回収は1千3百億円 ⇒ 債権管理の強化が必要

7 時間のもたらすコスト (表2)

　ところで、行政コスト計算書に計上される退職給与引当金繰入額という支出は、現金の支出を伴わず、職員の在籍という事実が経過するのに伴い発生する「コスト」と位置づけられます。こうした言わば「時間のもたらすコスト」は、先述した減価償却費も同様に考えることができます。建物などの資産が時を経るに従って老朽化する事実を捉え、この価値減少分をコストとして認識するのです。金利についても、公会計では、元金償還とは別に「コスト」という位置づけで計上されています。これは、時間の経過とともに発生するコストではあるものの、現金支出を伴うものとなっています。

　こうした「退職給与引当金繰入額」「減価償却費」「金利」という「時間のもたらすコスト」は、平成18年度の財務諸表では合計で約5,000億円にものぼり、行政コスト計算書のコスト総額の一割近くを占めています。

　これからの自治体職員は、単年度の現金支出だけに捉われるのではなく、時間の経過にも税金がかかっているということを改めて認識し、トータルコストを把握して事業を進めていくことが必要になっています（図2）。

8 都庁全体の資金状況 (表3)

　もともと官庁会計は現金ベースで収支を把握する仕組みであるので、これによる収支差額は財務諸表のうちの「キャッシュ・フロー計算書」と比較突合させることができるので資金収支そのものは財務諸表を作成しなくても把握されていることになります。

　そうした中で、あえてキャッシュ・フロー計算書を作成する意味は、行政機関の活動を3つに区分し、それぞれのステージごとの収支を捉えることにあります。

　ステージの1つめは、毎年度繰り返される経常的な行政活動としての「行政サービス活動」、2つめは、後年度にも効果のある投資にかかる活動としての「社会資本整備等投資活動」、3つめは、それら行政活動を支えるための資金調達やその資金返済を行う「財務活動」です。

　これらの各段階で資金収支の状況を捉えることにより、現在、都政がどの

図2　行政コストの状況

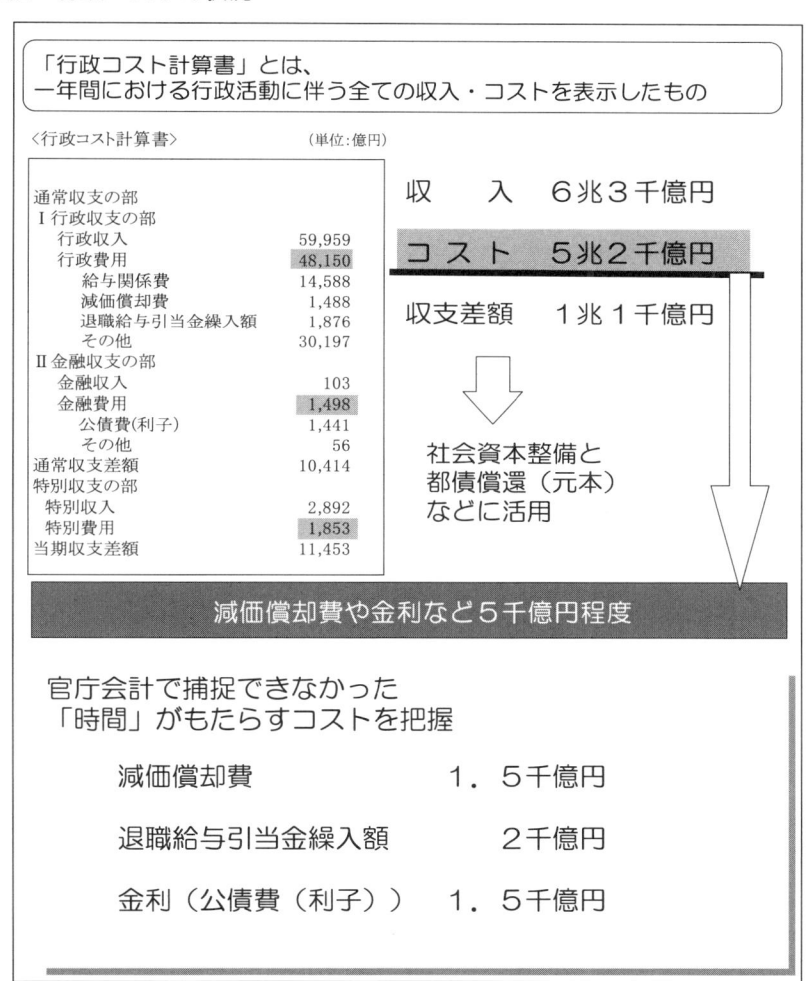

```
「行政コスト計算書」とは、
一年間における行政活動に伴う全ての収入・コストを表示したもの
```

〈行政コスト計算書〉　　　　　　（単位：億円）

通常収支の部	
Ⅰ 行政収支の部	
行政収入	59,959
行政費用	48,150
給与関係費	14,588
減価償却費	1,488
退職給与引当金繰入額	1,876
その他	30,197
Ⅱ 金融収支の部	
金融収入	103
金融費用	1,498
公債費(利子)	1,441
その他	56
通常収支差額	10,414
特別収支の部	
特別収入	2,892
特別費用	1,853
当期収支差額	11,453

収　　入　　6兆3千億円
コスト　　5兆2千億円
収支差額　　1兆1千億円

⇩
社会資本整備と
都債償還（元本）
などに活用

減価償却費や金利など5千億円程度

官庁会計で捕捉できなかった
「時間」がもたらすコストを把握

　　減価償却費　　　　　　　　1．5千億円

　　退職給与引当金繰入額　　　2千億円

　　金利（公債費（利子））　　1．5千億円

ようなスタンスで財政運営を行っているのかを見ることができます。

　平成18年度の普通会計キャッシュ・フロー計算書の状況では、行政サービス活動と社会資本整備等投資活動を行った後の収支差額である行政活動キャッシュ・フロー収支差額（フリー・キャッシュ・フロー）は、約9,000億円になっています。これは、東京都の財源が潤沢であることを直ちに意味す

● 第1節 財務諸表の分析例

るものではありません。行政活動キャッシュ・フロー収支差額の資金を用いて、都は財務活動において1兆円の都債元金の償還を行っています。都はバブル経済崩壊後の3年間で1兆円を超える税収が落ち込んだこともあり、そうした税収構造にあることを考えると、行政活動キャッシュ・フロー収支差額は決して都の資金繰りの安定性を将来にわたり約束するものではありません。こうした状況を正確に認識した財政運営が必要です。

ところで、民間企業のキャッシュ・フロー計算書も同様に活動区分ごとに分かれており、民間企業の経営分析では、3つの段階ごとのプラス・マイナスの状況により、財務状況を8つのパターンで捉えることができます。

行政のキャッシュ・フロー計算書の3段階に相当する「営業活動」「投資活動」「財務活動」の3段階の収支を見て、例えばそれが「＋、－、＋」であれば、「営業活動で儲けを出し、それだけでは足りずに借入れも行った上で投資に注ぎこんでいる拡大傾向の会社」と見ることができるし、また「＋、＋、－」であれば、「現段階で投資は控え、本業での稼ぎにより負債の解消に努めている会社」といった具合になります。

こうした言い方は必ずしも行政のキャッシュ・フロー分析に当てはまるものではない（そもそも行政サービス活動は民間の営業活動と異なり「もうける」ための段階ではない）わけですが、全体としてどのような状況であるのかを判断するときの参考とすることはできます。東京都の平成18年度の場合、過去の負債の解消に努めている様子をうかがうことができると思います（**図3**）。

図3　キャッシュ・フローの状況

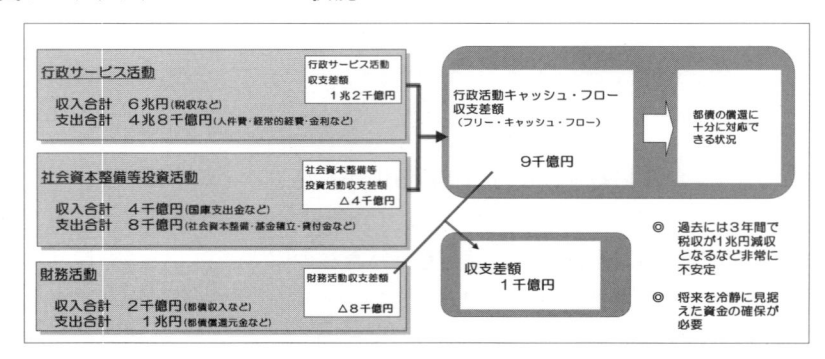

```
行政サービス活動                    行政サービス活動
  収入合計　6兆円（税収など）         収支差額
  支出合計　4兆8千億円（人件費・経常的経費・金利など）  1兆2千億円
                                                            → 行政活動キャッシュ・フロー
社会資本整備等投資活動                社会資本整備等           収支差額
  収入合計　4千億円（国庫支出金など）   投資活動収支差額       （フリー・キャッシュ・フロー）    都債の償還に
  支出合計　8千億円（社会資本整備・基金積立・貸付など）  △4千億円                           十分に対応で
                                                            9千億円                      きる状況
財務活動
  収入合計　2千億円（都債収入など）   財務活動収支差額        収支差額
  支出合計　1兆円（都債償還元金など）  △8千億円              1千億円

◎ 過去には3年間で税収が1兆円減収となるなど非常に不安定
◎ 将来を冷静に見据えた資金の確保が必要
```

❾ 東京都全体財務諸表

　ここまでは東京都の普通会計ベースでの財務諸表から分かることを述べてきましたが、次に公営企業会計や監理団体なども含めた「東京都全体財務諸表」から分かることについて述べていきたいと思います。

　民間企業では連結決算を発表するに当たり、グループ内の取引を控除するなどしていますが、東京都全体財務諸表では基本的に併記式を採用し、会計間の出資以外は相殺消去をしていないことを前章で説明しました。

　こうした東京都全体財務諸表では、資産に占める負債の比率が、普通会計ベースの貸借対照表では30.8％であるのに対して、全体財務諸表では39.0％となっており、監理団体等の中に、負債比率が都単独の場合に比べて高い団体が含まれていることを示しています。

　地方財政健全化法の施行を受けて自治体の財政状況を連結ベースで論ずる機運も高まってきたことから、こうした団体の財務体質の改善などについて検討が求められていると同時に、東京都全体の経営努力が必要になっていることが分かるかと思います（表4、図4）。

表4　東京都全体財務諸表

（単位：億円）

資産の部		負債の部	
Ⅰ 流動資産	26,073	Ⅰ 流動負債	15,101
Ⅱ 固定資産	420,916	Ⅱ 固定負債	159,129
Ⅲ 繰延資産	82	負債の部合計	174,231
		正味財産の部合計	272,841
資産の部合計	447,072	負債及び正味財産の部合計	447,072

図4　東京都全体の貸借対照表

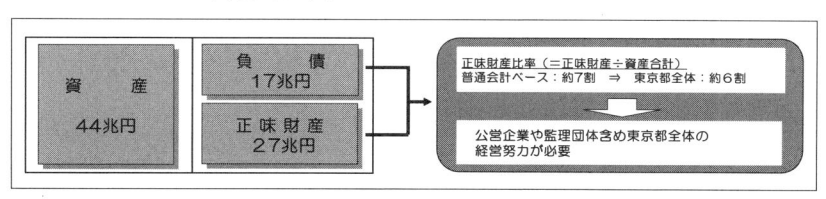

資産　44兆円
負債　17兆円
正味財産　27兆円

正味財産比率（＝正味財産÷資産合計）
普通会計ベース：約7割　⇒　東京都全体：約6割

公営企業や監理団体含め東京都全体の経営努力が必要

●第1節　財務諸表の分析例

10 個別事業の財務諸表

　東京都では、日々の仕訳により財務諸表を作成するというシステム上の特長を生かし、いくつかの個別事業について、事業別財務諸表を発表しました。

　これは地方自治法第233条第5項の規定に基づき、東京都が作成している「主要施策の成果」に平成18年度の決算から掲載されています。

　同冊子の中では、予算科目の単位である「目」のレベルを中心とした比較的大きな括り方で事業を捉えて公表しています。37の主要施策について、行政コスト計算書を掲載するとともに、資産や負債に関する財務情報を示すことが有効なものについては貸借対照表も掲載しています。

　分析そのものは、ここでその内容には触れませんが、民間と同じ手法で検討すると事業のあり方を正確に理解することが難しい事例もありました。

　詳細については、次節の中で述べますが、個別事業の分析が緒についた現在、その進め方をどうすべきかについては入念な検討が不可欠です。

第2節 財務諸表を分析する際の留意点

1 はじめに

　東京都の財務諸表を読み解くに当たり、民間と行政との違いに注意を払わなければならない点がいくつかあります。都の財務諸表が民間と同様に発生主義と複式簿記の方法で作成されているとしても、その読み解き方は民間企業の仕事と行政の役割の違いに応じて異なることは明らかです。

　利潤を追求する民間会社においては、支出は収益獲得の手段であるため少ないに越したことはないのですが、行政における支出はまさしく行政目的を達成するために行われます。そのため、コストが高いからといって、直ちに事業を見直すということにはならず、支出に対してどれだけの行政効果を上げたかが重要になります。行政コスト計算書などで収支額がマイナスになっているのを目にすると、ともすると民間の事業採算という考え方の連想から、事業としての効率性が著しく悪いのではないかと思われがちですが、やはり行政としての業務の特質に応じた冷静かつ合理的な分析こそが不可欠です。逆に収支のプラスが大きい場合には、財務状況が極めて良好ではないかと考えたくもなりますが、これは民間のように経営が好調ということではなく、別の観点から読み解いていくことが必要です。

　貸借対照表などのストック情報についても、行政と民間では数多くの違いがあります。民間では、貸借対照表を見て、資産と負債の比率を分析し、負債が高い水準にあり、かつ収益が芳しくない場合には、資産の売却などにより当面の収支状況の改善を図るべきなどという意見が株主などからも出てきます。しかし、行政の保有する資産には行政サービスの提供の手段として容

易に売却することのできないものが多く含まれています。道路のようなインフラ資産は自治体の財政状況が悪いからといってすぐに売却するというわけにはいきません。こうした事例を始めとして、ストックの面でも、行政と民間との相違を十分に踏まえた上で分析を行って、財務状況に対する正確な理解を行うことが重要となります。

マクロ、ミクロの両面から財務諸表の内容を正確に把握するために、以下では何点かのポイントを説明したいと思います。

2 マクロの財務諸表の分析

1 貸借対照表

貸借対照表については第1節でも触れたように、資産と負債の比率を見ることにより、世代間の負担バランスや資産の更新需要にかかる財源確保のあり方などについて分析することが可能です。

民間企業では、ともすると長期借入金などの負債が膨大な場合には、固定資産の売却による返済余力がどの程度あるのかという視点で分析を行う場合がありますが、行政の場合には冒頭でも説明したように、売却を前提としないインフラ資産などが固定資産に含まれているために民間同様の考え方で分析することは困難です。**表1**で言えば、固定負債約8兆7,000億円に対して、固定資産は約28兆3,000億円計上されていますが、売却が難しいインフラ資産が約13兆4,000億円、行政財産は約8兆円あるために、単純に負債の返済能力があると考えることはできません。

自治体の全体としての貸借対照表の負債が資産を上回るような状況になることが不健全であるのは当然であるとして、資産と負債との比率がどのよう

表1　普通会計貸借対照表

(単位：億円)

資産の部		負債の部	
Ⅰ 流動資産	13,048	Ⅰ 流動負債	4,265
Ⅱ 固定資産	282,884	Ⅱ 固定負債	87,012
うち行政財産	79,071	負債の部合計	91,277
うちインフラ資産	134,301	正味財産の部合計	204,655
資産の部合計	295,933	負債及び正味財産の部合計	295,933

な水準にあることが適正かについては、やはり世代間の負担バランスなどの視点から総合的に検討していくことが重要です。

また、民間企業では純資産の充実は財務体質の良好さを示すものとなりますが、行政の場合、民間の純資産に相当する正味財産は従来までの世代が資産形成にどれだけ寄与してきたかを示すことはできるものの、財務体質の評価にすぐに結びつけた議論を行うことは難しい面があります。負債と正味財産との比率がどの程度となることが良いのかについては、やはり世代間の負担のあり方などを議論する中で検討していくことが重要なのは言うまでもありません。

2 減価償却累計額の考え方

貸借対照表の資産の部に「減価償却累計額」が計上されますが、これはコストとしての減価償却費が累積したものです。民間企業の複式簿記では、減価償却費を費用計上することにより、次回に資産を取得する場合に必要となる資金を内部留保していくことが可能となります。一方で、行政における複式簿記では、減価償却費の計上は必ずしも資金の内部留保を意味するものではありません。

すなわち、民間の場合には、貸借対照表に減価償却累計額があれば、それに見合う内部留保の資金を財源にして資産の更新に取り組むことが可能となります。その一方で、行政では減価償却累計額に見合う資金は、内部留保される仕組みとなっていないことから、施設を建て替えるなど資産の更新需要が生じた場合には、その時々の財政状況などを踏まえつつ、基金などの資金を活用して対応を図ることが必要になります。

行政の減価償却累計額が民間のような内部留保の資金を伴うものではないだけに、更新需要への対応についてどのように進めていくかは1つの課題になります。実際の貸借対照表を見ながら、更新需要のレベル感をつかんで検討を進めることが必要になります。

3 行政コスト計算書

行政コスト計算書は、民間企業の損益計算書と比較して論じられることが多いために、収支差額の考え方については丁寧な説明と正確な理解が必要になります。

● 第2節 財務諸表を分析する際の留意点

　表2では、行政収支の部と金融収支の部を合わせた通常収支差額は1兆円を超えています。特別収支の部を含めた当期収支差額においても同様に1兆円を超える水準を維持しています。こうした財務状況について、民間企業の損益計算書と同様な発想で自治体の財政状況が極めて好調であると捉えようとする場合もありますが、そうした考え方は正確ではありません。

　行政コスト計算書では、行政収支の部の行政収入に税収の全額を計上する一方で、行政費用は、経常的な行政サービスにかかるコストのみを計上し、社会資本整備のための支出や公債の償還金などは計上されていません。そのため、税金を用いて整備をするべき社会資本やその財源となった公債の返済の資金は収支差額を活用して行われていることになります。つまりは、当期収支差額の段階でマイナスとなっているようでは、経常的な行政サービスを借入金で賄わなければならないという、自治体として危機的な状況であることになります。当然に社会資本の整備や公債の償還なども資金の確保を行うことは相当に厳しいということをも意味します。

　行政コスト計算書の収支差額の大きさのみをもって財政的な余裕を論ずるのは適切ではなく、むしろ社会資本整備などにどの程度の費用が振り向けられているかを見る1つの目安として考えるべきです。

表2　普通会計行政コスト計算書

(単位：億円)

通常収支の部	
Ⅰ 行政収支の部	
行政収入	59,959
行政費用	48,150
Ⅱ 金融収支の部	
金融収入	103
金融費用	1,498
通常収支差額	10,414
特別収支の部	
特別収入	2,892
特別費用	1,853
当期収支差額	11,453

3 ミクロの財務諸表の分析

ミクロの視点から個別事業にかかる財務諸表を分析する場合には、マクロの視点の財務諸表に比べてより一層、民間の事業運営との違いを意識することが必要です。

東京都では、第1節で説明したように「主要施策の成果」の中で予算科目の「目」のレベルを中心にして、事業別の財務諸表を作成し公表しています。その中の事業で、収支差額や正味資産にマイナスが出ている例もあり、自治体と民間企業との違いが一層浮き彫りになっています。

1 行政コスト計算書の収支差額

東京都の事業別の行政コスト計算書では、税収は徴税を担当する主税局に一括して計上することとしています。そのため、主税局以外の局の事業では、行政収入に税収が出てこないために、行政支出が行政収入を上回り収支もマイナスになる場合が通例です。行政収支の部と金融収支の部を合わせた「通常収支差額」や通常収支差額と特別収支の部を加えた「当期収支差額」がともにマイナスとなる事業を見ていると、民間企業の損益計算書の連想から、業務運営の効率性が著しく低く、収入を大きく上回る支出を行う経営的に問題の多い事業であるかのような印象を与える場合もあるかと思います。

実際には、税金を行政収入に計上していないだけで、通常収支差額のマイナスなどは税金で最終的には賄われる部分となっています。逆に、民間企業では収支的に厳しくて提供することのできないサービスであるからこそ、行政が税金を活用して事業を運営しているということになるものと考えることができます。ちなみに、「主要施策の成果」の中で掲げた行政コスト計算書は当期収支差額までを示すことにしているために、収支尻がマイナスとなっている印象となりますが、正式な様式では当期収支差額に「一般財源充当調整」という項目を付け足して、行政サービス活動において投入された税金などの一般財源分を加える仕組みとなっています。この「一般財源充当調整」で調整した後は、事業としての収支は基本的に均衡することになります。

このように見てくると、通常収支差額や当期収支差額の値は事業の経営状況を表すものではなく、むしろ税金の投入金額を示す指標ということになり、

第2節　財務諸表を分析する際の留意点

経営を効率化することによりそのマイナスの幅を縮減していくような努力こそが重要であるということになります（**図1**）。

また、事業別の行政コスト計算書における収入には、当該事業にかかる補助金・負担金や使用料・手数料などの財源が計上されますが、こうした特定財源で事業費を賄いきれない部分に税金など一般財源が投入されていると読み取るべきです。そのため、事業別の行政コスト計算書を通じて、特定財源と一般財源の比率のあり方などを論点としていくことは可能であると考えられます。そして、行政費用を見直して、一般財源の投入額の圧縮を図るための効率化の取組が不可欠であるということになります。

このように行政コスト計算書では、コストの内訳構成や、調達財源とその負担者など、コストの「量」だけではなく「質」も含めた議論がなされることが求められます。事業別行政コスト計算書を事業費削減のツールではなく、

図1　収支差額の考え方

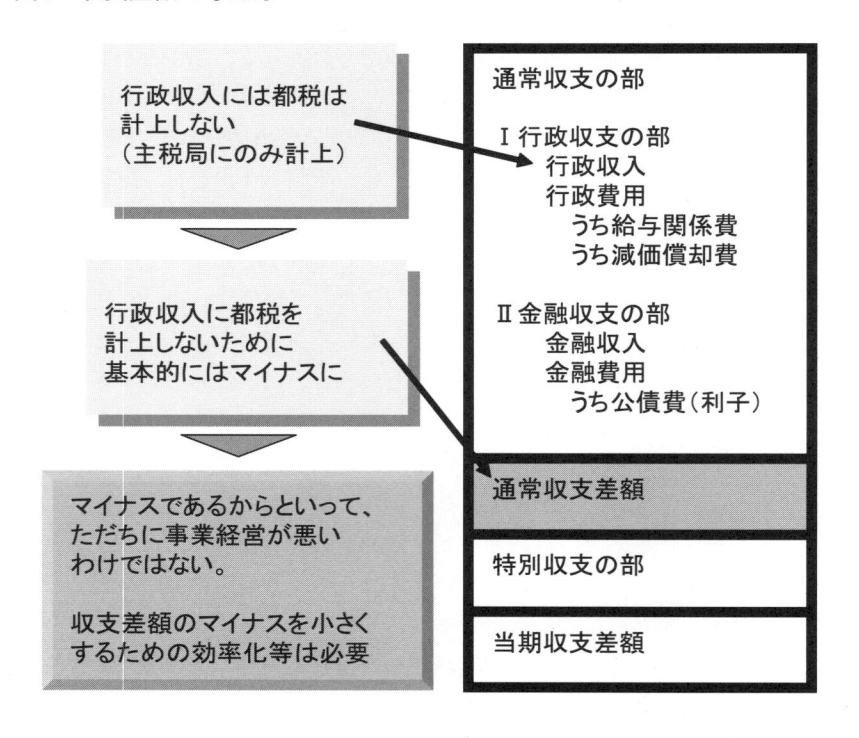

```
行政収入には都税は          通常収支の部
計上しない          →
（主税局にのみ計上）         Ⅰ 行政収支の部
    ↓                         行政収入
                              行政費用
行政収入に都税を                  うち給与関係費
計上しないために       →        うち減価償却費
基本的にはマイナスに
                          Ⅱ 金融収支の部
    ↓                         金融収入
                              金融費用
マイナスであるからといって、         うち公債費（利子）
ただちに事業経営が悪い
わけではない。               通常収支差額

収支差額のマイナスを小さく      特別収支の部
するための効率化等は必要
                          当期収支差額
```

事業のあり方を総合的に捉えるツールとして活用していくことが重要です。そうした観点に立って行政コスト計算書を用いていくため、分析と解説に当たっては十分な留意が必要です。

2 資産や負債にかかる着眼点

民間企業では貸借対照表は資産と負債を見比べて、負債の水準が高すぎないか、遊休資産があって企業経営に非効率が生じていないか、さらには流動資産と流動負債のバランスが悪く資金繰りがつかなくなるのではないかなど様々な分析の方法があります。

資金繰りについては、行政の場合には負債としての未払金は発生することがほとんどなく、むしろ資産の中で各種の債権にかかる未収金の状況に注意を払わなければならないと言う点では、民間と大きな違いがあるものと考えられます。

資産については、行政目的で提供されていない普通財産については、売却したり、様々な運用を行うことで収益の確保に努めなければならないのは言うまでもありません。また、普通財産には将来の施策実施に備えて一時的に確保しているものや、民間企業等に貸付けて施設サービスを効率的に行っている場合もあり、普通財産が多いからといって、直ちに問題があると判断することはできません。要は事業の内容を正確に把握して、貸借対照表の財産の活用のあり方について分析を行うことこそが大切です。

負債の水準が資産に対してどのような水準にあるのが適正かについては、マクロの財務分析の場合と同様に一定の基準があるわけではありません。負債が資産の金額を上回ってしまい、正味財産がマイナスになるような状況は、財務体質としては不健全で、民間企業ではいわゆる債務超過として事業が破綻しているものと見なされますが、行政では必ずしもそのように断定はできません。

例えば、地方債を財源として工事などを行って資産を作り上げても、その資産が国に帰属することが法律上取り決められているような場合には、資産は増えることがないままに負債である地方債だけが一方的に増加して、事業別の貸借対照表を作成すると正味財産はマイナスになる場合もあります（図2）。

図2　正味財産の考え方

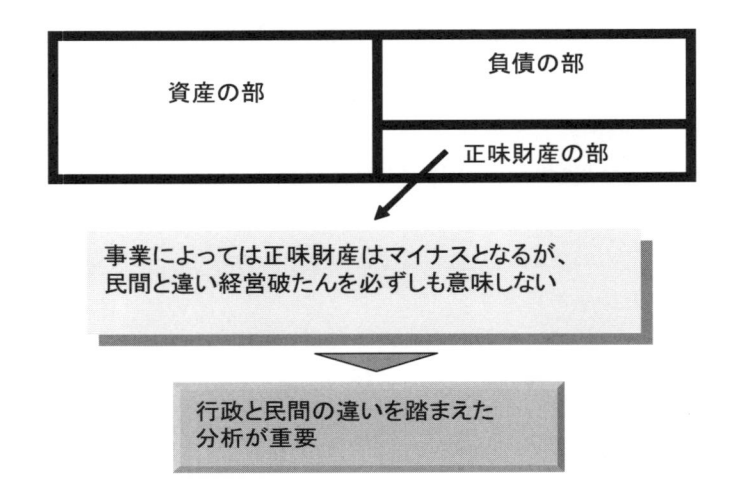

資産の部	負債の部
	正味財産の部

↓

事業によっては正味財産はマイナスとなるが、民間と違い経営破たんを必ずしも意味しない

↓

行政と民間の違いを踏まえた分析が重要

　こうした状況は、そもそもの事業の仕組みが原因となって生じているもので、民間企業のように経営が破綻していると見ることは適切ではありません。
　様々な事例を踏まえ行政と民間との事業の性質の違いについて正確に理解をした上で、貸借対照表の数値を読み解いていくことが重要です。

4　その他の留意点

　民間では貸借対照表の中から、含み益や含み損の状況を読み取って、企業としての財務体質の評価を行う場合があります。特に、含み損については、最近では固定資産にかかる減損会計を導入して、資産の収益性が低下した場合に資産の回収可能性を帳簿価額に反映するため、固定資産の減損処理が行われるようになってきました。
　東京都の貸借対照表では、保有する資産の多くが資金の回収や売却を目的としているものではないことから、減損会計を採用していません。これは、都の保有する土地や施設の大半は行政目的のために提供されるため、含み損を明確に示すような会計処理を行うことは、本来的ではないとの考え方に立つものです。

含み損を把握できるのは、実際に購入価額の高い土地を地価の下落に応じた安い値段で売却し特別損失として計上したときです。例外としては、客観的な評価が可能となる株式などの「投資有価証券」についてだけは、民間企業と同様に減損処理の考え方を取り入れています。

　含み益については、土地等が取得原価基準に基づいて、取得した当時の価格で計上されているために、これも実際に売却した場合に初めて明らかになります。地価の低い時期に取得した土地であれば、時価で売却することによって、多くの含み益が特別利益として計上されることになります。

　行政の場合には、利益の獲得を追求するために事業運営を行う民間企業と異なるので、こうした含み益や含み損については、どのように捉えて分析すべきか難しい部分があります。資産については行政としての利用価値をもっとも重視しなければならないことは言うまでもありませんが、資産が含み益や含み損として持っている顕在化していない価値をどのように位置づけていくかを考えていくことは引き続き必要です。

第3節 事業の分析と見直し

1 はじめに

　これまで財務諸表の分析の方法やその内容を読み解く場合の留意点について説明してきました。数値を分析して、その背後にある財務状況を正確に理解することは、住民に対する説明責任を行政が果たす場合の大前提ですが、さらには分析の内容を踏まえて、事業のあり方を見直す取組に結びつけていくことが重要です。

　事業の見直しについては、予算編成の中で単式簿記・現金主義による財務情報を基本として行われてきましたが、これからは複式簿記・発生主義の考え方を一定程度取り入れて進めていく努力が必要です。

　財務諸表は住民に対する説明責任（アカウンタビリティ）を果たす場合に用いるだけで十分ではないかという意見も耳にします。確かに財務諸表によりこれまで以上に住民は自治体の財務状況をより多面的かつ正確に把握することが可能にはなります。しかし、財務諸表を公表用のツールとして位置づけるだけでは、実際の行財政運営の向上に直接に結びつくことがなく、住民からその有効性について理解を得ることは困難になるものと思われます。自治体の内部においても、行財政の改革に実際に貢献している状況が見えにくいツールは、次第に形式化し、やがては自然消滅するようなことにもなりかねません。

　財務諸表から得られる財務情報を予算編成の過程の中で使いこなして、事業の見直しや充実にきちんと結びつけていく仕組みづくりこそ不可欠です。これまでの予算編成の仕組みの中に一気に財務諸表の発想を入れ込むことは

無理であるとしても、少しずつ発生主義と複式簿記によるデータで予算の判断を行うようなマネジメントを進めていくことこそ大切であると考えます。財務諸表がマネジメントのツールとして定着することにより初めて複式簿記・発生主義の自治体への導入が完成すると考えるべきなのです。

2 財務情報を無理なく使いこなす

　現金主義と単式簿記に則って行ってきた予算編成の判断に発生主義と複式簿記の発想をスムーズに取り入れるには工夫が必要です。

　そもそも、予算編成であり方を見直そうとしている事業について財務諸表を別途作成する労力はかなり大きなものになると予想されます。東京都の財務会計システムでは、事業別の財務諸表を作成する機能が設定されていますが、やはり正確な財務諸表として議論の俎上で用いるためには、数値の精査を始め様々な実務上の負担が発生します。発生主義と複式簿記で事業のあり方を検証するということが、そのまま事業の財務諸表をまずは作成することにつながるというのでは、事務の負担感から予算要求をする部所からの協力を得ることも容易ではありません。

　予算編成で、発生主義と複式簿記の考え方を使うからといって、その都度、財務諸表のすべてのデータが必要となるわけではありません。特に、予算編成の中で使おうという第１段階で、財務諸表の様々なデータを総花式に見ても、かえって目移りばかりして何がもっとも本質的に重要なのかが分かりにくくなる懸念もあります。予算編成上の論点が拡散しないように、必要な財務データを絞り込んで、事業のあり方を精査するような工夫が不可欠です。そうすることにより、財務諸表の数値を体系的にすべて作成するような事務負担も軽減することが可能になります。活用する財務データを絞り込んで、予算編成の中で十分に使いこなしてから、次第にデータのレパートリーを増やしていくというのが現実的な進め方であると考えます。

3 活用しやすい財務データ

　財務諸表の中のどのようなデータを用いて個別事業のあり方を判断するかについて、第１節の「財務諸表の分析例」に掲げた時間のもたらすコストに

着目していくのが適切であるかと考えられます。「減価償却費」「退職給与引当金繰入額」は発生主義によって行政コストに算入された費用項目として代表的であるだけでなく、ストックの状況を示す貸借対照表とも関係するために、様々な切り口の議論を行うきっかけにもなります。さらには、金利などの費用も含めることで、コストをより幅広いフルコストという考え方で整理することも可能になるはずです。

減価償却費や退職給与引当金繰入額、金利などの個々の情報を現金主義の財務情報に加えるだけで、これまでの現金主義の場合とは異なる費用のあり方が見えてくる場合は数多くあります。これらの情報は、貸借対照表や行政コスト計算書そのものを作る必要もなく、数値の正確性を検証するにしても多くの手間隙がかかるわけでないため、費用対効果の分析を簡便に行う上では効果的です。発生主義ベースのコストすべてを計算しなくても減価償却費などの3つを取り上げれば、おおよその費用の水準を近似的につかむことはできるはずです。完璧なコスト情報を求めるのではなく、主要なコストを取り出して、大まかな費用対効果の状況さえ分かれば、事業のあり方を判断する上ではほぼ十分である場合も多いと考えられます。

こうした限られた費用項目を使いながら議論をして事業のあり方を判断することを繰り返しながら、次第に対象とする費用の項目を広げていったり、複雑な財務分析の段階に進んでいくことが無理の少ない活用の方法であるはずです。

4 発生主義コストによる分析方法

1 減価償却費の活用

発生主義と複式簿記の考え方で会計処理を行うと、最初に注目されるのがやはり減価償却費です。施設を運営する行政サービスや高額な備品を必要とする事業のコストをつかむ上では、まず毎年度の減価償却費がどの程度になっているのかをつかむことが第一歩となります。

例えば、ある施設サービスについて、運営経費について現金主義で予算の要求をする場合には、毎年度の維持補修費等を一定の考え方で積み上げて、その水準が妥当かどうかを判断するのが一般的です。仮に減価償却費を入れてみて、運営経費の水準がかなり膨らむような実態が明らかになれば、そう

したコストを回収するために使用料を見直すべきとの判断を行うことが可能になります。また、使用料で回収できるコストが微々たるものである場合には、そもそもの施設サービスのあり方そのものを根本から検討することが必要との判断を出すことにもつながります。また、維持修繕そのものは、施設としての価値の低下を防いで、当初の施設の機能を維持するために行うものであると考えると、施設の価値の低下分である減価償却費を大幅に上回る維持修繕の要求金額が妥当かどうか判断する材料にもなります。

2 退職給与引当金繰入額の使い方

　行政サービスでは、減価償却費と並んで大きな費用項目となるのは給与関係費です。給与関係費は、特定の細かい事業にその都度割り振ることなく、管理経費の中に一括計上されることが多いため、事業運営にかかるコストの中に人件費が含まれないままになる事例も数多く見受けられます。事業運営にかかるコストを把握するためには、やはり一定のルールで人件費を事業の直接経費に合算した上で事業効果と見比べることが大切です。さらには、給与関係費を算定する場合には、発生主義的なコストもしっかりと計上しておくことが重要です。

　人件費にかかる発生主義のコストとして代表的なものが退職給与引当金繰入額です。実際に、退職給与引当金繰入額を含めた給与関係費を事業の運営コストの中に算入すると、減価償却費とともにコストの水準をより正確に示すものとなるのは言うまでもありません。そうした費用をベースに効果比較を行うことで、事業運営の規模や単価が適正なものかどうかを予算上で判断することも可能になるものと考えられます。

　行政と民間との類似の事業がある場合には、行政としての事業運営費の水準が高すぎないかどうかを検証するために、減価償却費や退職給与引当金を含めたコストの官民比較を行って、予算の水準を適正なものとする努力も必要になるはずです。さらには、退職給与引当金を含めた給与関係費の経年の変化を追うことによって、コスト全体に占める給与関係費の比率が低くなっているのであれば、事業の効率化が進んでいるとの判断を行うことが可能となります。

3 金利も含めたコスト分析

 時間のコストの中には、減価償却費や退職給与引当金繰入額の他に金利も含めて考えることとしています。金利は地方自治体の現金主義の会計方式の中で「公債費」として計上されていますが、事業運営のコストの中に含めない場合が通例です。やはり給与関係費の事例と同様に事業コストと認識して、費用として計上する工夫も大切です。施設サービスなども、利用者の多いか少ないかに関係なく、減価償却は進み、職員の退職金の引当に要する金額も計算上のコストとして発生していくことになりますが、さらには地方債が財源に充当されていれば金利が発生することになります。そうした様々な費用を含めたコストに見合う事業運営となっているのかどうかは予算編成の中で厳しく精査していくことが大切です。

 金利については、事業運営で理論上生じる費用や利益という考え方で使うことも可能です。例えば、遊休資産を中長期的に有効活用する場合の収益の水準が妥当かどうかを分析するには、遊休資産を売却したと仮定し、それによって得られる現金で運用した際の利益を一定程度上回るかどうかは参考の1つにはなります。さらには、これから展開する事業に投入する資金を、地方債でなく金融機関から企業が借入をしたと考えてその金利水準を念頭に置けば、民間並の経営効率を上げるための目安にもなると考えられます。

5 ストック分析の方法

 個別の事業について、ストックの視点を用いて予算編成を行うことも重要です。もっとも、ストックはまさしく資産を伴う事業を対象とすることになるので、補助金の給付や事務費を要するのみの事業に適用することはなかなか難しい面があります。対象は限られるとは言え、現金主義と単式簿記では容易に把握することの難しい財務情報を総合的に理解して、予算編成の中で生かしていくことは重要です。

1 減価償却累計額による判断

 コスト分析で用いた減価償却費は、ストック分析の中でも中心的な役割を果たすことになります。

 施設などに関する毎年度の減価償却費が積み上がると「減価償却累計額」

になりますが、これは施設がどの程度まで老朽化が進んだかの目安になります。もっとも、減価償却累計額をわざわざ取り上げなくとも、耐用年数と築年数とを比較すれば施設の老朽化の度合いは容易に理解できるとの意見もあります。しかし、予算要求の金額の妥当性などを判断する場合には、築年数や見た目の老朽化の度合いだけでは改修経費が適正かどうかの判断は容易でないことも確かです。施設の老朽化に伴う維持補修の経費をどの程度のものに設定するのかを考える場合に、少なくとも減価償却累計額を大きく上回るような予算要求が出ている場合には内容をよく精査することは重要になります。また、複数の施設について減価償却累計額を把握しておくことによって、施設の更新需要をならして平準化する場合の判断材料とすることも可能になります。

2　資産と負債との比較

自治体の持っている様々な資産のうちで、行政財産は地方債を財源として整備している場合が数多くあります。バランスシートの考え方から言うと、地方債の償還年数は行政財産の耐用年数と一致していることが理想ですが、実際には両者の間には違いが生じている事例が見受けられます。個別事業のバランスシートの中から有形固定資産と地方債の情報だけを取り出し比較することによって、世代間の公平や将来の財政負担を踏まえつつ、より適切な公債管理をどう進めていくかを検討することも可能になります。

資産と負債との間には民間と違って行政としてどの程度の水準が適正かということを取り決めるのは、実際上は難しい面があります。毎年度の資産と負債の比率を追いながら、事業として負債の比率を踏まえ、税金と地方債による財源構成をどのようにするべきかの判断に役立てることが可能になるはずです。

3　ストックと金利感覚など

自治体には様々な資産がありますが、個々の事業の抱える資産がその価値にふさわしい利用をされているのかを検討していく取組は重要です。例えば、事業実施に当たって施設に余剰スペースが生じることになった際、そのまま漫然と放置するのではなく、事業にとって余計な維持コストがかかっていることを認識するとともに、仮に民間に使用許可や貸付をしたり、現金に置き

換えて金融資産として運用したら、どの程度の収益を発生させるものかという、コスト意識や金利感覚を持って用途を検証することが必要です。

行政財産の貸付の範囲が法律改正によって広がる中で、ストックの有効活用に関して、金利感覚からそのあり方を入念に検討していくことが一層重要になるとも思われます。

さらにはストックとしての債権についても、不納欠損引当金を見て貸し倒れの状況を把握した上で、その保全に向けてどのような手立てを講じていくべきかを考えることも必要になります。貸付金が伴う事業について、貸付ストックの価値を維持するために債権にかかる情報を的確につかんで、回収にかかる十分なコストを投じているかどうかを検討することも大切です。

6 数値指標の活用

財務諸表の分析というと、民間企業などでは様々な数値指標を活用する事例が普通です。資産に占める負債の比率や流動資産を流動負債で割った流動比率などを見ながら、投資家などは企業の財務体質を一定程度は正確に把握することができます。

自治体の財務諸表に関しても、財務分析の手がかりとなる数値指標を作り出していくべきという考え方もありますが、自治体全体の財務指標はもとより、個別事業の指標についても、具体的には考え方が確立されていないのが現状です。

事業の分析に数値指標を導入する場合には、指標としてどのような水準が適正であるかについて、共通の意見を作り上げることが必要になりますが、事業の内容が千差万別で、民間のように利潤という数値を共通の目標として設定することができない以上、これはなかなか容易ではありません。

東京都では「主要施策の成果」の中の個別事業で、1規模当たりの行政コストを掲載していますが、こうした数値を指標として活用することが必要となっています。1規模をどのように取るのかによって、数値は大きく変化してしまいますが、数値の経年の推移を追うことによって、事業としての効率性がどのようになっているのかを把握することは可能になるものと考えられます。

1規模当たりの行政コストについては、他団体との比較や分野によっては

民間企業と比べることが効果的なものとなります。もっとも、現在の財務諸表の作成基準は総務省より複数示されているため、分子となる行政コストが基準によって変わってしまい、客観的な比較は厳密には難しい面もあります。民間企業との比較もやはり会計基準が異なる以上は、どこまで適正な比較ができるかは、十分な検討が必要となります。

　こうした状況の中で、個別事業の分析や見直しを行うに当たっては、数値指標よりも個々の案件ごとに切り口を設けて分析を行うことが先行していくことも考えられますが、引き続き数値指標の活用のあり方についても検討を深めていくことが重要です。

コラム4　財務会計と管理会計

借男　企業会計の本を買って少し勉強しようと思ったんだけど、いろいろ分厚い本があって、どれがいいのかよく分からなかったので、結局買わないで帰ってきちゃった。

貸子　借男さんもやる気になってきたわね。応援するよ。

借男　ありがとう。それで教えてほしいことがあるのだけど、本屋の会計のコーナーには、大きく財務会計と管理会計とがあったようだけど、その違いがよく分からないんだ。

貸子　財務会計と管理会計は対比的に使われることが多いようね。財務会計は外部報告会計といわれることもあるのだけど、会社の外部に報告するための会計といえるかな。民間企業だと、株主や債権者などの様々な「利害関係者」がいるのだけど、そうした人たちに必要な情報を提供して、意思決定に役立ててもらうという目的があるよ。そのために、財務諸表を作成して、経営成績や財政状態を明らかにする必要があるんだ。

借男　なるほど。じゃあ、自治体の職員がとりあえず会計について勉強したい場合は、財務会計の本を読んだ方がいいのかな。

貸子　そうね。会計の基本的な枠組みを学ぶという点では、その方

● 第1節　財務諸表の分析例

がいいかもね。でも、財務会計の本には、基本的な簿記の知識がある読者を想定して書かれているものも多いから、本を選ぶのは慎重にね。

借男　うん。気をつけるよ。それでもう1つの管理会計っていうのはなに？

貸子　管理会計というのは、会社の経営者などが経営の判断を行うために必要な情報を提供するものだよ。具体的には製品を作る際のコストとか、事業部門ごとの収益性とかを計算して、事業の改善とか見直しとかあるいは新規事業の検討などを行っていく。だから内部報告会計とも呼ばれているよ（表1）。

借男　なるほど。

表1　財務会計と管理会計

	財務会計	管理会計
目　的	会社外部の利害関係者の意思決定（投資、貸付、取引など）のための情報提供	会社内部で経営活動に関わる意思決定のための情報提供
主な利用者	利害関係者 （株主、債権者、従業員、国・地方自治体、取引先等）	マネジメント （経営者、ミドルマネジメント等）

貸子　だから、財務会計と管理会計とは、どっちが重要ということではなく、企業経営を行っていくためには、両方とも必要になるよ。それに自治体の会計制度改革でも、今のところ財務会計的な部分だけが取りざたされているけど、管理会計的な部分も重要だと思うよ。

借男　確かに総務省の基準をみると、自治体そのものや連結財務諸表の作成方法は詳細に示されているけれど、それだけでは不十分な気がする。

貸子　そうだよ。自治体に複式簿記を導入するというのは、自治体全体について財務諸表という形で分かりやすく公表することも大事だけど、個別の事業についてコスト情報を把握して、事業改善

に役立てていくことも大切なんだよね。そういった意味では、管理会計的な手法も導入することも重要なんだ。地方自治体では、福祉とか教育とか消防とか土木とか様々な事業がある。

　地方自治体の行財政改革を行っていくためには、そうした事業についてコスト分析などを行っていく必要があるのよ。だから東京都では、組織別や予算科目別、事業別に財務諸表を作成することができるような仕組みにしたんだよ。

借男　より使いやすい仕組みになっているんだね。

　確かに、国も地方自治体も多額の債務を抱えているけど、その状況を克服する有効な手段がないよね。こうした状況を克服する1つの手段として、会計のあり方を変えるというのは必要なことだと思う。

貸子　ただ、変えるだけじゃなく、正しい方向にね。自治体が数字の内容や意味を説明できて、その数字を使って事業を改善できる、そんな会計制度が広がっていけばいいなと思うよ。

第8章 新公会計制度のこれから

第1節 今後の課題

　東京都は平成19年9月に、新たな公会計制度による初の財務諸表を公表しましたが、先例がなく試行錯誤しながらの試みであったため、まだまだ完璧なものとはいえません。今後、新公会計制度に改良を加えるために、様々な課題が生じています。

1 財務諸表作成の一層の迅速化・精緻化

　官庁会計決算を組み替える方式に比べれば財務諸表の精度は格段に向上しましたが、なお一層の精緻化が必要です。また、財務諸表の作成にかかる期間も3か月ほど短縮できましたが、一層の迅速化が求められます。

　エピソード3（212頁参照）で触れているように、財務諸表の作成に当たっては、資産額の照合に最も苦労しました。これまでも東京都において公有財産や重要物品の価格情報を把握してきましたが、決算時に個々の資産データについて適正かどうかを点検する作業を行うのは初めてでした。これも会計処理に複式簿記・発生主義会計を導入したためで、財務諸表の精度が格段に向上した一方で、照合のための作業負担が新たに生じました。

　そこで、照合作業の迅速化や日々の執行時における財産登録等の正確性の向上を図る観点から、財産等に係る事務改善やシステム改善が求められるようになりました。

　例えば、資産の登録部署と予算の執行部署とが情報を共有するために両者をつなぐ仕訳整理表をシステム化して照合時に点検しやすくすることなどが考えられます。

　また、照合作業を効率化するために、帳票に機械処理日を記載されるよう

2 財務諸表の有効な分析指標の検討

　民間企業の財務状況を見る際には、成長性、収益性、健全性、効率性、生産性等を測る様々な分析指標が用いられています。しかし、企業の経営成績は最終的にはその収益性によって判断されるため、収益性を測る指標が財務状況を見る際の主要な指標となります。

　しかし、行政は住民福祉の向上を存立目的としており、利益（儲け）という概念がないため、民間企業で用いられている主要な指標をそのまま適用することは困難で、自治体の財務諸表に有効な分析指標は未だ十分に確立されていません。

　東京都は平成18年度決算で初の財務諸表を作成しましたが、民間企業においても経年変化などの相対比較で指標を分析するのが通例ですので、平成19年度決算以降の財務諸表により経年変化を捉えながら、行政の特質を考慮した分析指標のあり方を検討していく必要があります。

3 連結財務諸表の作成

　平成18年8月、総務省は、総務事務次官名で、「地方公共団体における行政改革の更なる推進のための指針の策定について」を通知し、平成20年度（又は22年度）決算から、単体及び連結ベースで財務4表を作成することを要請しています。

　東京都では、平成18年度決算の貸借対照表と行政コスト計算書については東京都監理団体や地方独立行政法人などを加えた東京都全体財務諸表を作成しました。

　自治体の連結財務諸表の作成に当たっては、会計基準や勘定科目体系の異なる公営企業や外郭団体等の財務諸表をどのように連結するのか、公営企業や外郭団体等において作成義務のない資金収支計算書や純資産変動計算書をどのように作成してもらうのかなど解決しなければならない課題が多く、連結財務4表の作成は困難な状況です。今後、連結財務4表を作成する労力と効果をよく検証したうえで、連結財務4表の作成について慎重に検討する必要があります。

第2節 職員のさらなる意識改革

1 意識改革の必要性

　新たな公会計制度による財務諸表の活用は、都庁の中で様々な試行錯誤を重ねながらも着実に成果を上げています。平成18年度から導入した発生主義と複式簿記による会計処理を日々行うことによって、実務上は新しい公会計制度は通常の業務の中に定着したことは確かです。その結果として作成された財務諸表について、平成19年秋には議会の決算審議を初めて受けて、議論の素材としての役割が多くの職員に認識されたところです。さらに、平成20年度の予算編成の中では、事務事業評価の一部に発生主義の考え方を取り入れて、事業の方向付けを行った事例も出ています。

　財務諸表を作成するだけに止まることなく、その活用は幅広く進んでいるわけですが、やはり職員各自が新たな公会計制度の考え方をしっかりと理解して、積極的に生かしていこうとする意識が確立されなければ、本当の意味で発生主義と複式簿記の発想を都庁の中に取り込んだことにはならないはずです。

　実際に、明治時代以来、長年にわたって現金主義と単式簿記による官庁会計方式は行政の意思決定の中で大きな役割を果たしてきました。職員の意識の中では、会計処理の基本は官庁会計方式によるべきで、わざわざ発生主義や複式簿記をいまさら導入しなくとも良いのではないかと考える部分があるのは否定できないと思います。そもそも官庁会計方式でも、十分に東京都の行財政運営の課題は把握できるのではないかとの意見があることも確かです。こうした中、新たな公会計制度の真の定着を図るためには、粘り強く職員の

意識改革を継続して行って、これまでの取組を後退させることなく、一歩でも二歩でも前に進めていく努力が都庁の中で必要になっています。

2 さらなる取組を通じた意識改革

　新たな公会計制度の活用に当たって、東京都の財務局では平成18年2月に「財務諸表を活用した都政改革の推進」という冊子を作成して方針の取りまとめを行っています。その中で、新たに作成する財務諸表を都政の構造改革を推進する効果的なツールとするために、財務諸表分析のポイントの整理・研究や事業別財務諸表の充実、局別年次報告書の公表、さらにはマネジメントサイクルの確立に向けた仕組みづくりの4つのテーマが挙げられています。これらは、新たな公会計制度を導入した後のさらなる取組課題として掲げているものですが、いずれも各局が主体的に進めていくべきものとされているところが特徴です（図1）。

　すなわち、新たな公会計制度の活用については、当初の導入にかかる様々

図1　さらなる取組課題

○「財務諸表分析のポイント」の整理・研究
　　行政施策の分析にふさわしい手法の整理・研究

○事業別財務諸表の充実
　　予算における事業体系との整合性に配慮しつつ、
　　個別事業ごとの財務諸表の作成に取り組んでいく

○局別年次報告書の公表
　　各局が創意工夫を凝らして、局の存立意義や
　　局所管事業の成果などを具体的にアピール

○マネジメントサイクルの確立に向けた仕組みづくり
　　決算の分析や事業の評価をこれまで以上に質を
　　高めて行い、その結果を次の予算に的確に反映

な取組が行われた後は、今度は各組織が自らの課題として受け止めて、発生主義と複式簿記の考え方を定着させることが必要とされているわけです。各局、各組織が主体的に財務諸表の活用に取り組んでいくことで、初めて意識改革も効果的に進めることが可能となると考えるべきなのです。

3 財務諸表に対する問題意識

　第7章第1節でも述べたように、行政における財務諸表の分析はまだ緒についたばかりです。民間における利益概念のような成果を測定する絶対的な基準がなく、組織の存立目的が企業とは大きく異なる行政の分野では企業会計の分析手法をそのまま適用できるとは限りません。さらには行政の行う施策は様々であり、分析のポイントも異なります。

　こうした中、各局、各組織が主体的に問題意識を持ちながら、自らの事業の分析手法のあり方について検討を進めていくことが不可欠です。かつて東京都の「機能するバランスシート」の中では、事業の性質に応じて「税投入型」「収支均衡型」「中間型」などに分類して、それぞれのカテゴリーごとに分析の切り口を検討した経緯があります。各局で、事業の内容をさらに詳細かつ緻密に分類しながら、より的確な分析手法はどのようなものであるかを考えていく取組は欠かせません。そうした検討を積み重ねる中で、発生主義や複式簿記に関する知識や考え方が確実に定着していくとともに、それらを効果的に活用していこうとする意識の啓発にもつながるものと考えられます。

　さらには、事業別の財務諸表をどのような規模や内容のものとして作成していくべきかについての検討も必要です。東京都の事業は様々な細かい事業が積み上がって、大きな施策の体系を作り上げています。どのようなレベルの範囲で括って財務諸表を作成し分析することが効果的であるのかについては、事業を所管する各局で十分に検討することが前提になります。

　特に、個別事業にかかる財務諸表やその一部である財務情報を活用して、翌年度の予算の内容に反映するためには、新たな公会計制度をどう戦略的に使うのかという視点が重要になります。予算との関連を意識しながら財務諸表のあり方を考えることにより、新たな公会計制度をより実践的な形で捉えていく発想も着実に高まるものと考えます。

4 局別年次報告書をどう作り上げるか

　東京都全体の財務状況を示す「年次財務報告書」についてこれまでも述べてきましたが、個別の事業分野においても、各局各部門の責任者が「経営者」としての説明責任を充実し、マネジメントの向上を実現していくことが重要です。東京都の財務状況を限られた財政部門だけで取りまとめて公表しているだけでは、新たな公会計制度の活用を各職場に定着させることには限界があります。やはり、各局、各部所が主体的、積極的に発生主義と複式簿記の考え方に立って、財務状況を分析して、対外的にも説明のできる力を身に付けていくことが不可欠です。そのために、各局ごとに「年次報告書」を作成して、組織としての財務状況を始めとする経営報告を取りまとめることも必要と考えます。

　東京都の行政分野は多岐にわたるために、報告書の内容については各局で創意工夫を凝らして、局所管事業の成果などを都民に対して具体的にアピールすることが大切です。各局ともに、新たな公会計制度の成果を、自らの局の事業にどのように当てはめて説明責任の充実に役立てていくかを考えることは、取りも直さず財務諸表の活用のあり方に対する意識を高めることにもつながるものと考えます。局同士が「年次報告書」の内容を高めるための切磋琢磨を行うことで、新たな公会計制度の活用のレベルを高めていく効果を期待できるとも考えます。

5 マネジメントサイクルの確立へ

　新たな公会計制度は、最終的には行財政運営を効率的、効果的に行うためのツールとして活用することが目的となります。このことは、事業別の財務諸表を用いて決算の分析や事業の評価をより的確に行い、その結果を次の予算に的確に反映するマネジメントサイクルの確立を図ることを目指すことに他なりません。

　マネジメントサイクルをしっかりと機能させるためには、新たな公会計制度を十分に使いこなす知識や問題意識を職員が共有していることが前提になります。そのためには、何よりも各職場で財務諸表を実際の予算編成の中で

実戦的に活用し、事業の質を高める取組とその成功事例を身をもって体験していくことの積み重ねが必要です。長年の現金主義と単式簿記による決算と予算編成に慣れ親しんできた組織としての仕事の進め方を生かしつつも、発生主義と複式簿記の発想を少しずつ取り込んで、多面的なものの見方を持って事業のあり方の充実や見直しを図る意識を作り上げることが重要です。試行錯誤をしながら、マネジメントサイクルの中で新たな公会計制度を活用していくことによって、職員の意識改革も着実に実現して、一連の公会計制度改革の取組がマネジメントサイクルの確立という形で成果を上げることになるものと考えています（図2）。

平成11年に始まった東京都のバランスシートの作成が、「機能するバランスシート」の蓄積を踏まえながら、新たな公会計制度の導入と活用へと結実したばかりです。こうした長年にわたる努力が、最終的に職員の意識改革と軌を一にしながら行政としてのマネジメントサイクルの確立に展開することを期待したいと思います。

図2　マネジメントサイクルの確立

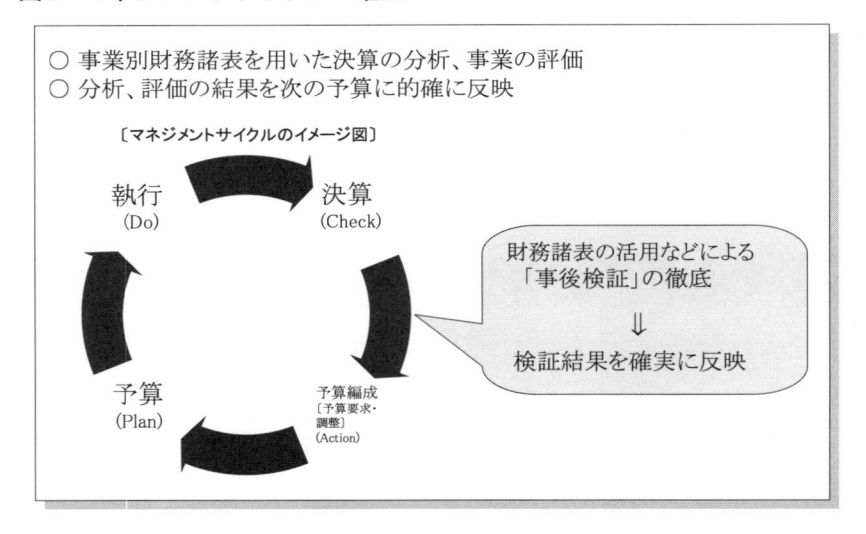

○ 事業別財務諸表を用いた決算の分析、事業の評価
○ 分析、評価の結果を次の予算に的確に反映

〔マネジメントサイクルのイメージ図〕

執行 (Do)
決算 (Check)
予算 (Plan)
予算編成〔予算要求・調整〕(Action)

財務諸表の活用などによる「事後検証」の徹底
⇩
検証結果を確実に反映

第9章 新たな公会計制度に係るQ&A

● Q&A

新たな公会計制度に関してよくある質問をＱ＆Ａ形式でまとめてみました。

Ｑ１　新たな公会計制度導入の目的とは何ですか。

　Ａ１　新たな公会計制度導入の目的は、日々の会計処理の段階から複式簿記・発生主義会計の考え方を定着させることにより、職員の意識改革を図り、より効率的・効果的な行政運営を展開するとともに、都民への説明責任を一層果たし、より質の高い都民サービスの提供を目指すことです。

Ｑ２　これまで作成してきた機能するバランスシートとの違いは何ですか。

　Ａ２　機能するバランスシートとの主な違いは、財務諸表の作成方法（決算組替方式から日々仕訳方式へ）や行政コスト計算書の区分、キャッシュ・フロー計算書の区分などです。

Ｑ３　新たな公会計制度の導入にあたって課題は何でしたか。

　Ａ３　導入当初の課題としては、行政に適用できる会計基準が未整備であったこと、システム再構築にかかるコストと人員の問題、財産の一部（道路資産）について価格が未把握であることや複式簿記・発生主義会計に関する職員の知識不足といったことがありました。そのため、導入に向けて、会計基準の整備や会計基準を踏まえた財務会計システムの再構築、道路資産の評価、さらには職員への周知などを行ってきました。

Ｑ４　資産評価について、時価主義ではなく、取得原価主義を採用したのはなぜですか。

　Ａ４　民間企業においては、株式などの金融商品については、時価評価を導入していますが、建物や土地については取得原価基準に基づいて資産の評価を行っています。東京都でもこうした民間企業の取得原価基準に

基づく評価方法が、客観的であり、また、一般財源の使途を表示するという目的にも合致していると考え、原則として取得原価主義により資産を計上しています。

Q5. 道路など、今まで価格を把握していなかった資産は、どのように計上するのですか。

A5 道路の土地については、道路現況調書から面積を、各年度の基準地価等から対前年増減率を算出してデフレートした単価により積算しました。

また、道路の構築物については、再調達価格から物価変動率を勘案して算定しました。

なお、台帳登録漏れなどで今まで価格を把握していなかった資産については、類似資産をもとに取得年度及び取得価格を算定しました。

Q6 道路資産の一部について、取替法を採用した理由は何ですか。

A6 道路全体を構成する道路の舗装部分のような資産は、個々の資産を償却するという減価償却の手法にはなじまないためです。鉄道会社の線路についても、取替法を採用しています。

Q7. 勘定科目体系をどのように決めたのですか。

A7 東京都では、予算編成時に歳出予算に都独自の予算性質別の情報を付与しています。それを利用することによって、予算から決算まで同一の基準による比較・検証が可能となるため、行政コスト計算書やキャッシュ・フロー計算書において都予算性質別を勘定科目に採用しました。

なお、歳入に関しては、予算の款に準じて設定しています。

また、資産については、地方自治法上の財産分類を採用しています。

●Q＆A

Q8　決算作業において苦労した点は何ですか。

A8　公有財産や重要物品等の資産額の確定に当たって、財務会計システムで把握している金額と資産管理システムで把握している金額との照合を行いますが、この作業が予想以上に負担の大きいものとなりました（詳しくは202頁参照）。

Q9　なぜ出納整理期間を含めるのですか。

A9　官庁会計決算との整合性を確保するためです。

Q10　財務諸表の制度的位置付けを教えてください。

A10　財務諸表の作成は、法令に基づくものではないので、東京都では、決算参考書として議会に提出しています（詳しくは215頁参照）。

Q11　財務諸表は監査委員の決算審査の対象になるのですか。

A11　財務諸表は、地方自治法に基づく決算書としてではなく「決算参考書」という位置付けであり、決算審査の対象にはなりません。
　　ただし、経常的に実施している監査（定例監査）の一環として実査が行われています（詳しくは218頁参照）。

Q12　組織別の財務諸表を作成した場合、税徴収部門以外では、収入よりも支出の方が多くなると思われます。そのような場合、収入をどのように扱うのですか。

A12　東京都では、「一般財源共通調整」や「一般財源充当調整」という特殊な科目を用いて差額を表示します（詳しくは125頁参照）。

Q13 財務会計システム再構築の進め方や人員体制はどのようになっていたのですか。

A13 システム開発は（官庁会計部分と複式部分とをあわせ）基本設計着手から約2年で、最大20名体制で進めました。

Q14 財務会計システムの開発経費はどのくらいかかったのですか。

A14 約22億円です。ただし、これには複式処理の機能だけでなく官庁会計に係る開発経費も含まれています。
　なお、旧システムに比べてシステム運用経費を年間5億円削減できるため、約5年間で開発経費を回収できる計算になります。

Q15 年次報告書で示されている財務諸表と決算参考書で示されている財務諸表で金額が異なるのはなぜですか。

A15 年次報告書で示されている財務諸表は、普通会計（一般会計と総務省基準の特別会計《18年度は14会計》）の範囲で合算し、会計間の重複、債権・債務等を消去していますが、決算参考書で示されている財務諸表は、一般会計と特別会計（18年度は地方公営企業法適用又は一部適用事業会計を除いた17会計）を合算し、一般会計繰入金・繰出金の相殺のみを行っているため金額が異なっています。

Q16 行政コスト計算書に投資的経費がありますが、これは何が計上されるのですか。

A16 東京都の性質別予算の区分である投資的経費には、公共土木施設、文教施設等の建設事業で社会資本の形成となるもの（災害復旧事業費も含みます）と資本形成に寄与しないものとがあります。
　これらのうち、資産として貸借対照表に計上されるものが大部分ですが、河川やその施設のように国の所有となる資産形成のための経費、取

● Q&A

替法を採用している資産の更新経費、事務費等の資産形成のためではない経費等については、行政コスト計算書の費用として計上することとなります。

Q17　税収を行政コスト計算書の収入に計上し、財務諸表を作成するのはなぜですか。

A17　行政コスト計算書は、民間の企業会計でいう損益計算書に該当するもので、収入（収益）と費用を表示したものです。

　行政コスト計算書を作成することにより、従来の官庁会計では把握できなかった減価償却費等の現金を伴わないコストや金利を含めた、真のコスト分析が可能となります。

　税収の扱いについてですが、民間企業とは違い、主たる収入である税と個別の行政サービスには直接的な対価性はありません。しかし、行政サービスの提供に要した経費に対する財源であるという観点から、行政コスト計算書に計上することとしています。

Q18　財務諸表をどのように活用しているのですか。

A18　例えば、東京都の20年度予算編成においては、18年度決算財務諸表を次のように活用しました。

　マクロ的な視点からは、資産の取得価格と減価償却累計額との関係から、将来の社会資本ストック更新需要が膨大であることが明らかとなったため、改修の実施方針を策定するとともに、財源確保のため基金を積み立てることとしました。

　また、未収債権の全体像が示されたことを機会に、債権管理の適正化を目的とする条例を整備しました。

　一方、ミクロ的な視点からは、予算編成と一体となった事務事業評価の中で、財務諸表から得られる情報を活用し、非現金支出を含めたコストを用いて分析するなど、事業の方向付けを判断する際の参考としました。

Q19 総務省の通知によると、町村等の一部の団体を除き平成21年の秋までに連結財務4表を作成するとしていますが、都では連結財務4表をどのように作成するのですか。

A19 東京都では、現在、連結貸借対照表と連結行政コスト計算書を作成し、年次財務報告書で東京都全体財務諸表として公表しています。

なお、内部取引の相殺消去を行うのは普通会計の範囲内とし、普通会計に属さない特別会計、公営企業会計、地方独立行政法人及び監理団体については、各々の決算書を並べて表記する「併記方式」としています。

また、連結キャッシュ・フロー計算書と連結正味財産変動計算書については、公営企業会計や、財団法人、第三セクター、株式会社等において、それぞれ会計基準が異なっているうえ、4表すべての作成が法的に義務付けられていない団体もあるなど、様々な課題があるため、慎重に検討を行っております。

付録

東京都会計基準

平成17年8月26日
17出会第308号
改正　平成18年3月31日17出会第811号
　　　平成19年2月28日18出会第675号
　　　平成20年3月31日19会管会第777号

序章

　本会計基準は、東京都における一般会計、特別会計（地方自治法第209条第1項に定める一般会計及び特別会計をいう。ただし、地方公営企業法第2条の規定により地方公営企業法の全部又は一部の適用を受ける特別会計を除く。以下同じ。）及び局別の財務諸表を作成する際の基準を示したものである。

第1章　総則

1　基本的な考え方
（1）複式簿記の記帳方法による財務諸表の作成
　　　本基準は、複式簿記の記帳方法による正確な会計帳簿を通じて財務諸表を作成する際の基準を示すものである。
（2）「費用」及び「収入」の概念
　　　東京都の行政活動は営利を目的としていないため、その成果を、企業会計でいう「「費用」と「収益」の合理的な対応」という経済的因果関係でとらえて損益計算書を作成することは適当ではない。したがって、本基準においては、企業会計における「収益」という概念ではなく、東京都の行政活動の実施に伴い発生した「費用」とその財源としての「収入」という概念を用いて、両者の対応関係及びその差額を明らかにすることとした。
（3）「費用」及び「収入」の計上基準
　　　「費用」及び「収入」の計上基準として、現金主義ではなく、発生主義を採用する。したがって、「費用」及び「収入」は、現金の支出時点及び収入時点において計上されるのではなく、その取引や事象が当該会計期間に発生した時点において計上される。

(4)「資産」及び「負債」の計上

　　貸借対照表には、東京都が所有する財産（換金価値のある実物財産及び法的権利）及び東京都が負担する法律上の債務だけでなく、発生主義会計に基づく「資産」及び「負債」を計上する。

2　財務諸表の体系

　　東京都の財務諸表の体系は、貸借対照表、行政コスト計算書、キャッシュ・フロー計算書、正味財産変動計算書及びこれらに関連する事項についての附属明細書とする。

3　基本的作成方法

　　財務諸表の作成に当たっては、公有財産台帳等の計数を基本として開始貸借対照表を作成する。それ以後は、複式簿記による記帳方法を用いて正確な会計帳簿を継続し、期末に公有財産台帳等との照合その他の決算整理手続を経て、財務諸表を作成する。

4　作成基準日

　　作成基準日は、会計年度末（3月31日）とする。ただし、会計年度末から地方自治法第235条の5に定める出納の閉鎖までの期間（以下「出納整理期間」という。）における歳入及び歳出並びにそれに伴う資産及び負債の増減等を反映した後の計数をもって会計年度末の計数とする。

5　計数の単位

　　財務諸表に掲記される科目その他の事項の金額は円単位とするが、百万円単位又は億円単位をもって表示することを妨げない。

　　なお、採用単位未満の金額は四捨五入による。

第2章　貸借対照表

1　作成目的等
(1) 作成目的

　　貸借対照表は、基準日時点における東京都の資産、負債及び正味財産の状況を明らかにすることを目的として作成する。

(2) 作成方法

　　貸借対照表は、会計帳簿に記録された各勘定の残高のうち、資産勘定、

負債勘定及び正味財産勘定の次期繰越高を集計することにより作成する。

2　作成基準
 (1) 区分及び分類

　　貸借対照表は、「資産の部」、「負債の部」及び「正味財産の部」の3つの部に区分する。

　　また、資産項目と負債項目については一年基準にしたがって、基準日の翌日から1年以内に回収又は履行の期限が到来するものを流動資産又は流動負債とし、それ以外のものを固定資産又は固定負債として分類する。
 (2) 配列

　　配列については流動性配列法を採用する。

3　資産項目

　　資産については、現金預金、収入未済、有形固定資産、無形固定資産、重要物品、投資その他の資産等を計上し、その形態を表す科目によって表示する。

　　また、貸借対照表価額については取得原価を基本として算定するが、東京都にはインフラ資産等企業会計にはない資産概念が存在することから、それぞれの資産の所有目的に応じた評価基準及び評価方法について別に定めることを妨げない。
 (1) 流動資産
　① 現金預金

　　現金預金とは、地方自治法第235条の4に定める普通地方公共団体の歳入歳出に属する現金（以下「歳計現金」という。）をさす。この場合、貨幣及び貨幣代用物のほか、歳計現金の保管形態としての金融機関への短期預金を含むため、一括して現金預金として表示する。
　② 収入未済

　　年度末における調定額と収入額との差額をさす。「調定」とは、地方自治法第231条の規定に基づき、収入の原因、債務者、金額等を調査し、決定する行為であり、この「調定」の段階で「収入」を認識する。
　③ 不納欠損引当金

　　都税、使用料等の収入未済の一部については、時効の完成等によって不納欠損となる可能性があるため、徴収不能見込額を不納欠損引当

金として計上する。その計上に際しては、過去の不納欠損実績率等の合理的な基準を引当率とし、それを収入未済額に乗じた額を基本とする。なお、個々の債権の状況に応じた、より合理的な算定方法が存在する場合には、当該方法により引当金を計上することを妨げない。

④ 基金積立金

財政調整基金及び、減債基金のうち流動資産に区分されるものが該当する。

財政調整基金は、年度間の財源調整を図り、財政の健全な運用に資するために設けられるものである。その取崩に当たっては、使途が限定されず、比較的機動的な対応ができることから、財政調整基金は流動資産に掲記する。

また、減債基金のうち、1年以内に償還が予定されている都債の償還の財源として充当されるものは、流動資産に掲記する。

⑤ 短期貸付金

貸付金のうち、流動資産に区分されるものが該当する。

⑥ 貸倒引当金

貸付金のうち一部については、返還免除や減免となる可能性があるため、回収不能見込額を貸倒引当金として計上する。その計上に際しては、過去の貸倒実績率等の合理的な基準を引当率とし、それを短期貸付金残高に乗じた額を基本とする。

なお、個々の債権の状況に応じた、より合理的な算定方法が存在する場合には、当該方法により引当金を計上することを妨げない。

⑦ その他流動資産

その他、上記以外の流動資産を計上する。ただし、金額的に重要性があるものについては独立の科目で表示する。

(2) 固定資産

固定資産は、行政財産、普通財産、重要物品、インフラ資産、建設仮勘定及び投資その他の資産に区分して表示するとともに、行政財産、普通財産及びインフラ資産は、各々を有形固定資産及び無形固定資産に区分する。

また、固定資産の評価は取得原価を基礎として算定する。

なお、償却資産については取得原価から減価償却累計額を控除した価額を掲記し、減価償却累計額は科目別に注記する。

(ア) 固定資産に属する科目

① 有形固定資産

地方自治法第238条1項各号に定める公有財産のうち、建物、工作物、立木、船舶、航空機、浮標、浮桟橋、浮ドック及び土地をさす（ただし、後述の④インフラ資産に属するものを除く。）。

② 無形固定資産

地方自治法第238条1項各号に定める公有財産のうち、地上権等の用益物権、特許権や著作権等の無体財産及びこれらに準ずる権利が該当し、地上権及びその他無形固定資産に区分して掲記する。

③ 重要物品

地方自治法第239条第1項に定める物品で東京都が所有するもののうち、取得価額が100万円以上のものが該当する。

④ インフラ資産

行政財産のうち、道路、橋梁、港湾、漁港、空港及び鉄道をいい、これらの資産と一体となって機能するものを含む。インフラ資産のうち、有形固定資産は土地と土地以外に区分し、無形固定資産は地上権とその他無形固定資産に区分して掲記する。

⑤ 建設仮勘定

建設又は製作途中にある有形固定資産及びインフラ資産をいい、当該資産を取得するために要した支出の累計額を掲記する。

⑥ 投資その他の資産

　　i　有価証券及出資金　　公有財産のうち、国債、株式、出資証券等が該当する。有価証券及出資金は市場価格の有無にかかわらず、取得原価を貸借対照表価額とする。ただし、取引所の相場のあるものについては、時価が著しく下落したときは、回復の見込があると認められる場合を除き時価を付す。

　　　　　　　　　　　　また、取引所の相場のないものについては、発行会社の財政状態の悪化により実質価額が著しく低下したときは相当の減額をなす。この強制評価減に係る評価差額については、当該年度の「特別費用」として処理する。

　　ii　公営企業会計出資金　公営企業会計に対する出資金（公営企業会計の繰入資本金）が該当する。

　　iii　長期貸付金　　　　貸付金のうち、固定資産に区分されるも

　　　　　　　　　　　　　　のが該当する。
　　　iv　貸倒引当金　　　　貸付金のうち一部については、返還免除や減免となる可能性があるため、回収不能見込額を貸倒引当金として計上する。その計上に際しては、過去の貸倒実績率等の合理的な基準を引当率とし、それを長期貸付金残高に乗じた額を基本とする。
　　　　　　　　　　　　　　なお、個々の債権の状況に応じた、より合理的な算定方法が存在する場合には、当該方法により引当金を計上することを妨げない。
　　　v　その他債権　　　　地方自治法第240条に定める債権のうち、保証金、納付金、財産売払代金、損害賠償金等が該当する。
　　　vi　基金積立金　　　　基金のうち流動資産に該当するものを除く基金を掲記する。さらに内訳科目として、「減債基金」、「特定目的基金」及び「定額運用基金」に分類して表示する。
　　　vii　その他投資等　　　信託受益権等が該当する。
　(イ)　固定資産の減価償却
　　①　有形固定資産及びインフラ資産のうち償却資産については、原則として「東京都公有財産台帳等処理要綱」等による耐用年数及び残価率に従い、定額法により減価償却を行う。
　　②　無形固定資産である地上権、地役権、特許権、著作権等については、原則として減価償却を行わない。
　　③　重要物品については、原則として残存割合を100分の10とする定額法により減価償却を行う。耐用年数は、別途定める基準による。

4　負債項目
　　負債については、還付未済金、都債、借入金、引当金等を計上し、その形態を表す科目によって表示する。
(1)　流動負債
　　①　還付未済金
　　　　過誤納金のうち当該会計年度末までに支払が終了しなかったものをいう。

② 都債

都債のうち、流動負債に区分されるものが該当する。券面額で掲記し、また減債基金相当額は控除しないものとする。

③ 短期借入金
- ⅰ 他会計借入金　　　　　一般会計及び各特別会計からの借入金並びに公営企業会計からの借入金のうち、1年以内に返済義務が生じるものが該当する。
- ⅱ 基金運用金　　　　　　基金からの借入金のうち、1年以内に返済義務が生じるものが該当する。
- ⅲ その他短期借入金　　　短期借入金のうち上記以外が該当する。

④ 未払金
- ⅰ 支払繰延　　　　　　　会計年度末までに支払義務が発生したが、その支払いが当該年度内に終了していないもののうち、還付未済金及び未払保証債務に属するものを除くものが該当する。
- ⅱ 未払保証債務　　　　　地方自治法第214条に定める債務負担行為のうち、債務保証及び損失補償に係るものであって、かつその履行すべき金額が確定したが、その支払いが会計年度末までに終了していないものが該当する。翌年度以降の支出予定額を計上する。
- ⅲ その他未払金　　　　　未払金のうち上記以外が該当する。

⑤ その他流動負債

流動負債のうち上記以外のものが該当する。

(2) 固定負債

① 都債

都債のうち、固定負債に区分されるものが該当する。券面額で掲記し、また減債基金相当額は控除しないものとする。

② 長期借入金
- ⅰ 他会計借入金　　　　　一般会計及び各特別会計からの借入金並びに公営企業会計からの借入金のうち、固定負債に属するものが該当する。
- ⅱ 基金運用金　　　　　　基金からの借入金のうち、固定負債に属するものが該当する。
- ⅲ その他長期借入金　　　長期借入金のうち上記以外が該当する。

③ 退職給与引当金
　　退職手当の性格は賃金の後払いであるとの考え方に立ち、既に労務の提供が行われている部分については負債として認識し、「退職給与引当金」として計上する。計上額については、期末要支給額方式で算定する。すなわち、基準日において、在籍する全職員が自己都合により退職するとした場合の退職手当要支給額を計上する。
　　なお、退職給与引当金の計上基準について注記する。
④ その他引当金
　　その他の引当金（修繕引当金等）が該当する。
⑤ その他固定負債
　ⅰ　預り保証金　　　　　　都営住宅の預り保証金等が該当する。
　ⅱ　その他固定負債　　　　上記以外の固定負債が該当する。ただし、金額的に重要性があるものについては独立の科目で表示する。

5　正味財産
　　正味財産とは、貸借対照表における資産総額と負債総額の差額をさす。「正味財産」は単一の科目として計上し、内訳表示は行わないが、前年度末からの増減額を、「（うち当期正味財産増減額）」として、「正味財産」の末尾に記載する。

6　貸借対照表の標準的な様式
　　貸借対照表の標準的な様式は別紙1のとおりとする。

第3章　行政コスト計算書

1　作成目的等
（1）作成目的
　　　行政コスト計算書は、一会計期間における東京都の行政活動の実施に伴い発生した「費用」を発生主義により認識し、その「費用」と財源としての「収入」との対応関係、及びその両者の差額（以下「収支差額」という。）を明らかにすることを目的として作成する。
（2）作成方法
　　　行政コスト計算書は、複式簿記による記帳方法により、現金に係る収支の記録を資本取引あるいは損益取引に分類していくことにより作成す

●付録

る。また、発生主義により把握する減価償却費、引当金等の非現金取引を、複式簿記の記帳方法により加減することによって「費用」及び財源としての「収入」を算定して作成する。

2 作成基準
(1) 区分
　行政コスト計算書は、通常の活動から発生する「通常収支の部」と、特別の事情により発生する「特別収支の部」とに区分する。「通常収支の部」は、さらに「行政収支の部」と「金融収支の部」とに区分する。
(2) 科目
　行政コスト計算書の科目は、日々の予算執行における仕訳を基礎とすることから、費用については東京都における予算の性質別区分に準じて設定し、収入については歳入の予算科目に準じて設定する。

3 計上する項目
(1) 通常収支の部のうち行政収支の部
　① 行政収入
　　ⅰ 地方税　　　　　　　都税及び道府県間精算前の地方消費税が該当する。
　　ⅱ 地方譲与税　　　　　地方譲与税が該当する。
　　ⅲ 地方特例交付金　　　地方特例交付金が該当する。
　　ⅳ 国有提供施設等所在市町村助成交付金
　　　　　　　　　　　　　国有提供施設等所在市町村助成交付金が該当する。
　　ⅴ 税諸収入　　　　　　利子割精算金及び滞納処分収入が該当する。
　　ⅵ 国庫支出金　　　　　国庫支出金のうち行政サービス活動に充当されるもの（直接行政サービスに要した経費、区市町村への補助及び他の区分（社会資本整備等投資活動及び財務活動）に属さない支出に充当される財源としての収入をさす。以下同じ。）が該当する。
　　ⅶ 交通安全対策特別交付金
　　　　　　　　　　　　　交通安全対策特別交付金が該当する。
　　ⅷ 事業収入（特別会計）　特別会計における貸付金利子収入、掛金

			収入及び違約金収入が該当する。
	ix	分担金及負担金	分担金及び負担金のうち行政サービス活動に充当されるものが該当する。
	x	使用料及手数料	使用料及び手数料が該当する。
	xi	財産収入	財産貸付収入等が該当する。
	xii	諸収入（受託事業収入）	
			受託事業収入が該当する。
	xiii	諸収入	収益事業収入、物品売払代金等が該当する。
	xiv	寄附金	寄附金等が該当する。
	xv	繰入金	他会計からの繰入金のうち行政サービス活動に充当されるものが該当する。
	xvi	その他行政収入	上記以外の行政収入が該当する。
②	行政費用		
	i	税連動経費	税連動経費（特別区財政調整交付金、地方消費税交付金等、税の一定割合を原資として区市町村に交付する交付金をいう。以下同じ。）が該当する。
	ii	給与関係費	給料、職員手当、共済費等の人件費が該当する。
	iii	物件費	委託料、役務費、需用費、使用料及び賃借料等が該当する。ただし、下記に定めるiv維持補修費、v扶助費、vi補助費等及びvii～ixの投資的経費に属するものを除く。
	iv	維持補修費	維持補修費が該当する。ただし、施設の増改築等資産価値を増加させ、又は耐用年数を増加させるものは含まず、それらは資産計上される。
	v	扶助費	扶助費が該当する。生活扶助や医療扶助等、生活保護法、児童福祉法、老人福祉法等に基づき、東京都から被扶助者に対して直接支給される経費をさす。
	vi	補助費等	補助費等が該当する。他会計や他団体に対する交付金、公営企業会計等に対する負担金や補助金等のうち、東京都の資本形成

		に寄与しないものが該当する。
vii	投資的経費補助	投資的経費補助事業（資本形成に寄与する支出のうち、国庫補助や国庫負担金を受けるもの）のうち、その支出の性質及び金額の僅少性等の理由により、固定資産の取得原価に算入されないものが該当する。
viii	投資的経費単独	投資的経費単独事業（資本形成に寄与する支出のうち、国庫補助や国庫負担金を受けないもの）のうち、その支出の性質及び金額の僅少性等の理由により、固定資産の取得原価に算入されないものが該当する。
ix	投資的経費国直轄	投資的経費国直轄事業負担金が該当する。国が土木工事その他の建設事業を直接施行した場合に、東京都が法令の定めるところによりその経費の一部を負担する場合のその負担金をさす。当該建設事業により形成された資産については、東京都に所有権が帰属しないため、資産としては計上しないものとする。
x	出資金（出捐金等）	投資及出資金のうち資産計上されないもの（出捐金等）が該当する。
xi	繰出金	公営企業会計や他会計に対する補助金が該当する。
xii	減価償却費	償却性資産の減価償却費を計上する。
xiii	債務保証費	「未払保証債務」の当期発生額を計上する。
xiv	不納欠損引当金繰入額	「不納欠損引当金」の当期発生額を計上する。
xv	貸倒引当金繰入額	「貸倒引当金」の当期発生額を計上する。
xvi	退職給与引当金繰入額	「退職給与引当金」の当期発生額を計上する。
xvii	その他引当金繰入額	「その他引当金」の当期発生額を計上する。
xviii	その他行政費用	上記以外の行政費用を計上する。

(2) 通常収支の部のうち金融収支の部

- ① 金融収入
  - i 受取利息及配当金　　　都預金利子、株式配当金等が該当する。
- ② 金融費用
  - i 公債費（利子）　　　　都債の支払利息が該当する。
  - ii 都債発行費　　　　　　都債を発行する際に要した経費が該当する。
  - iii 都債発行差金　　　　　都債を割引発行した場合の券面額と発行価額との差額をさす。
  - iv 他会計借入金利子等　　他会計からの借入金に対する利子等をさす。

(3) 通常収支差額　　　　　　　行政収支の差額と金融収支の差額の合計額をさす。

(4) 特別収支の部
- ① 特別収入
  - i 固定資産売却益　　　　固定資産（有価証券及出資金を除く）の売却による収入額又は債権額のうち、帳簿価額を上回る額が該当する。
  - ii その他特別収入　　　　有価証券及出資金の売却益、引当金の当期取崩益等が該当する。
- ② 特別費用
  - i 固定資産売却損　　　　固定資産（有価証券及出資金を除く）の売却による収入額又は債権額のうち、帳簿価額を下回る額が該当する。
  - ii 固定資産除却損　　　　固定資産を除却した場合に、除却直前の帳簿価額全額を計上する。
  - iii 災害復旧費　　　　　　投資的経費（資産計上されないもの）のうち災害復旧に関わるものが該当する。
  - iv 不納欠損額　　　　　　当期に不納欠損処理を行った収入未済のうち、不納欠損引当金を超える分等を計上する。
  - v 貸倒損失　　　　　　　当期に不納欠損処理を行った貸付金のうち、貸倒引当金を超える分等を計上する。
  - vi その他特別費用　　　　有価証券及出資金の売却損、同評価損等上記以外の特別費用を計上する。

(5) 当期収支差額　　　　　　　通常収支差額と特別収支差額との合計額

●付録

(6) 一般財源共通調整	をさす。 一般財源を収入した局において、当該一般財源相当額を減額するために設けられた科目である。
(7) 一般財源充当調整	各局の行政サービス活動において投入された一般財源の額を計上する。
(8) 一般会計繰入金	「一般会計繰入金」は、特別会計が行政サービス活動及び一般会計繰出金の財源として一般会計から繰り入れた額を計上する。 「一般会計繰出金」は、特別会計が行政サービス活動の財源として一般会計に繰り出した額を計上する。
(9) 再計	当期収支差額と、一般財源共通調整及び一般財源充当調整並びに一般会計繰入金及び一般会計繰出金に係る調整を行った後の金額を計上する。

4　行政コスト計算書の標準的な様式

　　行政コスト計算書の標準的な様式は別紙2－1から2－3のとおりとする。

第4章　キャッシュ・フロー計算書

1　作成目的等
 (1) 作成目的
　　キャッシュ・フロー計算書は、資金の流れを「行政サービス活動」、「社会資本整備等投資活動」及び「財務活動」に区分し、各作成単位における区分別の収支の状況を報告することを目的として作成する。
 (2) 作成方法
　　キャッシュ・フロー計算書は、原則として、官庁会計方式による日々の現金収支を「行政サービス活動」、「社会資本整備等投資活動」及び「財務活動」の3区分に並べ替えることにより作成する。

2　作成基準

(1) 資金の範囲

「資金」の範囲は、現金及び現金同等物とする。

現金とは、手元現金及び要求払預金である。現金同等物とは、「東京都資金管理方針」で歳計現金等の保管方法として定められた預金又は債券をいう。

(2) 区分

キャッシュ・フロー計算書は、「行政サービス活動の部」、「社会資本整備等投資活動の部」及び「財務活動の部」に区分する。

① 「行政サービス活動」によるキャッシュ・フローとは、東京都が直接行政サービスを行うために要した経費（東京都の資本形成に寄与するものを除く。）及び区市町村への補助（同）のほか、他の区分（後述の②社会資本整備等投資活動及び③財務活動）に属さない支出、並びに税収、国庫支出金（社会資本整備等投資活動に充当されるものを除く）、業務収入及び金融収入等の現金収入をさす。

② 「社会資本整備等投資活動」によるキャッシュ・フローとは、固定資産の取得及び売却並びにその財源としての国庫支出金等の受入、現金同等物に含まれない貸付金及び出資金等の投資の取得及び売却並びに基金への繰出及び繰入等に係る現金収入及び支出をさす。

③ 「財務活動」によるキャッシュ・フローとは、外部からの資金の調達及びその償還に係る現金収入及び支出をさす。

なお、行政サービス活動及び社会資本整備等投資活動を総称して行政活動と呼ぶ。

(3) 科目

キャッシュ・フロー計算書に掲記する科目は、日々の予算執行による現金の収支の流れが基本となることから、支出については東京都における一般会計予算の性質別に準じた科目を設定し、収入については歳入の予算科目に準じて設定する。

3 計上する項目
(1) 行政サービス活動
　① 収入
　　　i　税収等　　　　　　　　地方税、地方譲与税、地方特例交付金、国有提供施設等所在市町村助成交付金及び税諸収入が該当する。
　　　ii　国庫支出金等　　　　　国庫支出金（行政サービス活動に充当さ

　　　　　　　　　　　　　　　れるもの）及び交通安全対策特別交付金が該当する。
　　　iii　業務収入その他　　　事業収入（特別会計）、分担金及負担金、使用料及手数料、財産収入、諸収入（受託事業収入）、諸収入、寄附金及び繰入金（行政サービス活動に充当されるもの）が該当する。
　　　iv　金融収入　　　　　　受取利息及配当金が該当する。
　　② 支出
　　　i　税連動経費　　　　　税連動経費（特別区財政調整交付金、地方消費税交付金等及び税の一定割合を原資とした区市町村への交付金）をさす。
　　　ii　行政支出　　　　　　給与関係費、物件費、維持補修費、扶助費、補助費等、
　　　　　　　　　　　　　　　投資的経費補助（資産計上されないもの）、投資的経費単独（同）、投資的経費国直轄、出資金（資産計上されないもの）及び繰出金（資産計上されないもの）が該当する。
　　　iii　金融支出　　　　　　公債費（利子・手数料）、他会計借入金利子等が該当する。
　　　iv　特別支出　　　　　　災害復旧事業支出（資産計上されないもの）が該当する。
　③ 行政サービス活動収支差額
　　行政サービス活動の部の収入と支出との差額をさす。
(2) 社会資本整備等投資活動
　① 収入
　　　i　国庫支出金等　　　　国庫支出金（社会資本整備等投資活動に属するもの）、分担金及負担金（同）及び繰入金等（同）が該当する。
　　　ii　財産収入　　　　　　財産売払収入（同）が該当する。
　　　iii　基金繰入金　　　　　基金繰入金（同）が該当する。
　　　iv　貸付金元金回収収入等　事業収入（貸付金元金回収収入）及び諸収入（同）が該当する。
　　　v　保証金収入（特別会計）　都営住宅の保証金が該当する。

② 支出
　　i 社会資本整備支出　　　物件費（社会資本等投資活動に属するもの）、補助費等（同）、投資的経費補助（同）及び投資的経費単独（同）が該当する。
　　ii 基金積立金　　　　　　基金積立金が該当する。
　　iii 貸付金・出資金等　　　貸付金、繰出金（他会計）、出資金等が該当する。
　　iv 保証金支出　　　　　　都営住宅保証金の返還金等が該当する。
③ 社会資本整備等投資活動収支差額
　　社会資本整備等投資活動の部の収入と支出との差額をさす。
(3) 行政活動キャッシュ・フロー収支差額
　　行政サービス活動収支差額と社会資本整備等投資活動収支差額との合計額をさす。
(4) 財務活動
　① 収入
　　i 都債　　　　　　　　　都債発行による収入をさす。
　　ii 他会計借入金等　　　　他会計からの借入金による収入をさす。
　　iii 基金運用金借入　　　　基金からの借入金による収入をさす。
　　iv 繰入金　　　　　　　　特別会計等からの都債の元本償還の財源として繰り入れる収入をさす。
　② 支出
　　i 公債費（元金）　　　　都債の元本償還による支出をさす。
　　ii 他会計借入金等償還　　他会計借入金の元本返済による支出をさす。
　　iii 基金運用金償還　　　　基金からの借入金の元本返済による支出をさす。
　③ 財務活動収支差額　　　　財務活動の部の収入と支出との差額をさす。
(5) 収支差額合計　　　　　　　行政活動収支差額と財務活動収支差額との合計をさす。
(6) 一般財源共通調整　　　　　一般財源を収入した局において、当該一般財源相当額を減額するために設けられた科目である。
(7) 一般財源充当調整　　　　　一般財源充当調整の合計額を掲記する。内訳として、行政サービス活動、社会資本

●付録

	整備等投資活動及び財務活動それぞれにおける充当額を記載する。
(8) 一般会計繰入金	一般会計繰入金及び一般会計繰出金を掲記する。内訳と及び一般会計繰出金して、行政サービス活動、社会資本整備等投資活動及び財務活動それぞれにおける金額を記載する。
(9) 前年度からの繰越金	前年度からの繰越金をさす。現金及び現金同等物の期首残高に相当する。
(10) 形式収支	(5)「収支差額合計」と(9)「前年度からの繰越金」との合計額をさす。

4 キャッシュ・フロー計算書の標準的な様式

キャッシュ・フロー計算書の標準的な様式は別紙3－1から3－3のとおりとする。

第5章　正味財産変動計算書

1 作成目的等
 (1) 作成目的

　　正味財産変動計算書は、一会計期間における貸借対照表の正味財産の部の項目の変動状況を明らかにすることを目的として作成する。
 (2) 作成方法

　　正味財産変動計算書は、正味財産の項目ごとの変動状況を、変動要因ごとに区分することにより作成する。

2 作成基準
 (1) 区分

　　正味財産の各項目は、前期末残高、当期変動額及び当期末残高に区分し、当期変動額は変動要因ごとにその金額を表示する。
 (2) 変動要因

　　固定資産等の増減、都債等の増減、その他内部取引による増減及び剰余金に区分して表示する。

3 計上する項目

① 開始残高相当
　本基準に準拠して作成された平成18年度期首の貸借対照表作成時に、その性質又は発生原因を明確にすることができないものが該当する。
② 国庫支出金
　国庫支出金のうち資本形成に寄与する支出（社会資本の整備等に使われるもの）に充当されるものは、行政コスト計算書上の収入とせずに正味財産に直接加算するものとする。
③ 負担金及繰入金等
　負担金及繰入金等のうち資本形成に寄与する支出（社会資本の整備等に使われるもの）に充当されるものは、行政コスト計算書上の収入とせずに正味財産に直接加算するものとする。
④ 受贈財産評価額
　無償で受け入れた資産は、行政コスト計算書上の収入とせずに正味財産に直接加算するものとする。
⑤ 区市町村等移管相当額
　事業の移管等に伴い、東京都の資産を区市町村等に譲与した場合、行政コスト計算書上の費用とせずに、正味財産から直接控除するものとする。
⑥ 内部取引勘定
　会計間又は局間で、固定資産の所管換など、勘定科目の金額の異動があった場合、移し換える勘定科目の相手科目として計上する。なお、項目名は、会計間のものは会計間取引勘定、局間のものは局間取引勘定とする。
⑦ 一般財源充当調整額
　各局の社会資本整備等投資活動又は財務活動において投入された一般財源の額を計上する。
⑧ 一般会計繰入金
　特別会計が、社会資本整備等投資活動又は財務活動の財源として一般会計から繰り入れた額を計上する。
⑨ その他剰余金
　正味財産のうち上記に区分されない科目が該当する。

4　正味財産変動計算書の標準的な様式
　　正味財産変動計算書の標準的な様式は別紙4－1から4－3のとおりと

する。

第6章　注記

東京都の財務諸表には、以下の事項を注記として記載するものとする。

1　重要な会計方針

　　財務諸表作成のために採用している会計処理の原則及び手続並びに表示方法をいい、財務諸表作成のための基本となる次に掲げる事項を記載する。
　　① 有形固定資産の減価償却の方法
　　② 有価証券及出資金の評価基準及び評価方法
　　③ 引当金の計上基準
　　④ 外貨建の資産及び負債の本邦資産への換算基準
　　⑤ その他財務諸表作成のための基本となる重要な事項

2　重要な会計方針の変更

　　重要な会計方針を変更した場合、次に掲げる事項を記載する。
　　① 会計処理の原則又は手続を変更した場合には、その旨、理由及び当該の変更が財務諸表に与えている影響の内容
　　② 表示方法を変更した場合には、その内容
　　③ キャッシュ・フロー計算書における資金の範囲を変更した場合には、その旨、変更の理由及び当該キャッシュ・フロー計算書に与えている影響の内容

3　重要な後発事象

　　会計年度終了後、財務諸表を作成する日までに発生した事象で、翌年度以降の財務状況等に影響を及ぼす後発事象のうち、次に掲げるものを記載する。
　　① 主要な業務の改廃
　　② 組織・機構の大幅な変更
　　③ 地方財政制度の大幅な改正
　　④ 重大な災害等の発生
　　⑤ その他重要な後発事象

4　偶発債務

　　会計年度末においては現実の債務ではないが、将来、一定の条件を満た

すような事態が生じた場合に債務となるもののうち、次に掲げるものを記載する。
   ① 債務保証または損失補償に係る債務負担行為のうち、履行すべき額が未確定なもの
   ② 係争中の訴訟で損害賠償請求等を受けているものの中で重要なもの
   ③ その他主要な偶発債務

5 追加情報
   財務諸表の内容を理解するために必要と認められる次に掲げる事項を記載する。
   ① 出納整理期間について、出納整理期間が設けられている旨及び出納整理期間における現金の受払等を終了した後の計数をもって会計年度末の計数としている旨
   ② 利子補給等に係る債務負担行為の翌年度以降の支出予定額
   ③ 繰越事業に係る将来の支出予定額
   ④ 一時借入金等の実績額等
   ⑤ その他財務諸表の内容を理解するために必要と認められる事項

6 その他
 (1) 貸借対照表関係
   ① 固定資産の減価償却累計額
   ② 有価証券及出資金及び貸付金の内訳
   ③ 都債及び借入金の償還予定額
   ④ その他定める事項
 (2) 行政コスト計算書関係
   ① 収入科目の内容及び計上基準
   ② その他定める事項
 (3) キャッシュ・フロー計算書関係
   ① 財務活動における都債収入の内訳
   ② 行政コスト計算書の当期収支差額と、キャッシュ・フロー計算書の行政サービス活動収支差額との差額の内訳
   ③ その他定める事項
 (4) 正味財産変動計算書関係
   ① 正味財産の変動に重大な影響を及ぼす財産の移管等
   ② その他定める事項

第7章　附属明細書

　財務諸表の内容を補足するため、有形固定資産及び無形固定資産附属明細書など必要な附属明細書を作成する。

　有形固定資産及び無形固定資産附属明細書の標準的な様式は別紙5のとおりとする。

別紙1

貸 借 対 照 表

(平成　年　月　日現在)

科　目	金額(円)	科　目	金額(円)
資産の部 　Ⅰ　流動資産 　　　現金預金 　　　収入未済 　　　不納欠損引当金 　　　基金積立金 　　　　財政調整基金 　　　　減債基金 　　　短期貸付金 　　　貸倒引当金 　　　その他流動資産 　Ⅱ　固定資産 　　1　行政財産 　　　1　有形固定資産 　　　　　建物 　　　　　工作物 　　　　　立木 　　　　　船舶等 　　　　　浮標等 　　　　　土地 　　　2　無形固定資産 　　　　　地上権 　　　　　その他無形固定資産 　　2　普通財産 　　　1　有形固定資産 　　　　　建物 　　　　　工作物 　　　　　立木 　　　　　船舶等 　　　　　浮標等 　　　　　土地 　　　2　無形固定資産 　　　　　地上権 　　　　　その他無形固定資産 　　3　重要物品 　　4　インフラ資産 　　　1　有形固定資産 　　　　　土地 　　　　　土地以外 　　　2　無形固定資産 　　　　　地上権 　　　　　その他無形固定資産 　　5　建設仮勘定 　　6　投資その他の資産 　　　　有価証券及出資金 　　　　公営企業会計出資金 　　　　長期貸付金 　　　　貸倒引当金 　　　　その他債権 　　　　基金積立金 　　　　　減債基金 　　　　　特定目的基金 　　　　　定額運用基金 　　　　その他投資等		負債の部 　Ⅰ　流動負債 　　　還付未済金 　　　都債 　　　短期借入金 　　　　他会計借入金 　　　　基金運用金 　　　　その他短期借入金 　　　未払金 　　　　支払繰延 　　　　未払保証債務 　　　　その他未払金 　　　その他流動負債 　Ⅱ　固定負債 　　　都債 　　　長期借入金 　　　　他会計借入金 　　　　基金運用金 　　　　その他長期借入金 　　　退職給与引当金 　　　その他引当金 　　　その他固定負債 　　　　預り保証金 　　　　その他固定負債	
		負債の部合計	
		正味財産の部 　正味財産 　(うち当期正味財産増減額)	
		正味財産の部合計	
資産の部合計		負債及び正味財産の部合計	

●付録

別紙2-1

行政コスト計算書（一般会計）

自 平成　年　月　日
至 平成　年　月　日

科　　目	金額(円)
通常収支の部	
Ⅰ　行政収支の部	
1　行政収入	
地方税	
地方譲与税	
地方特例交付金	
国有提供施設等所在市町村助成交付金	
税諸収入	
国庫支出金	
交通安全対策特別交付金	
事業収入（特別会計）	
分担金及負担金	
使用料及手数料	
財産収入	
諸収入（受託事業収入）	
諸収入	
寄附金	
繰入金	
その他行政収入	
2　行政費用	
税連動経費	
給与関係費	
物件費	
維持補修費	
扶助費	
補助費等	
投資的経費補助	
投資的経費単独	
投資的経費国直轄	
出資金（出捐金等）	
繰出金	
減価償却費	
債務保証費	
不納欠損引当金繰入額	
貸倒引当金繰入額	
退職給与引当金繰入額	
その他引当金繰入額	
その他行政費用	
Ⅱ　金融収支の部	
1　金融収入	
受取利息及配当金	
2　金融費用	
公債費（利子）	
都債発行費	
都債発行差金	
他会計借入金利子等	
通常収支差額	
特別収支の部	
1　特別収入	
固定資産売却益	
その他特別収入	
2　特別費用	
固定資産売却損	
固定資産除却損	
災害復旧費	
不納欠損額	
貸倒損失	
その他特別費用	
当期収支差額	

別紙2-2

行政コスト計算書（特別会計）

自　平成　年　月　日
至　平成　年　月　日

科　目	金額(円)
通常収支の部	
Ⅰ　行政収支の部	
1　行政収入	
地方税	
地方譲与税	
地方特例交付金	
国有提供施設等所在市町村助成交付金	
税諸収入	
国庫支出金	
交通安全対策特別交付金	
事業収入（特別会計）	
分担金及負担金	
使用料及手数料	
財産収入	
諸収入（受託事業収入）	
諸収入	
寄附金	
繰入金	
その他行政収入	
2　行政費用	
税連動経費	
給与関係費	
物件費	
維持補修費	
扶助費	
補助費等	
投資的経費補助	
投資的経費単独	
投資的経費国直轄	
出資金（出捐金等）	
繰出金	
減価償却費	
債務保証費	
不納欠損引当金繰入額	
貸倒引当金繰入額	
退職給与引当金繰入額	
その他引当金繰入額	
その他行政費用	
Ⅱ　金融収支の部	
1　金融収入	
受取利息及配当金	
2　金融費用	
公債費（利子）	
都債発行費	
都債発行差金	
他会計借入金利子等	
通常収支差額	
特別収支の部	
1　特別収入	
固定資産売却益	
その他特別収入	
2　特別費用	
固定資産売却損	
固定資産除却損	
災害復旧費	
不納欠損額	
貸倒損失	
その他特別費用	
当期収支差額	
一般会計繰入金	
一般会計繰出金	
再計（一般会計繰入金繰出金調整後）	

●付録

別紙2-3

行政コスト計算書（局別）

自　平成　年　月　日
至　平成　年　月　日

科　目	金額(円)
通常収支の部	
Ⅰ　行政収支の部	
1　行政収入	
地方税	
地方譲与税	
地方特例交付金	
国有提供施設等所在市町村助成交付金	
税諸収入	
国庫支出金	
交通安全対策特別交付金	
事業収入（特別会計）	
分担金及負担金	
使用料及手数料	
財産収入	
諸収入（受託事業収入）	
諸収入	
寄附金	
繰入金	
その他行政収入	
2　行政費用	
税連動経費	
給与関係費	
物件費	
維持補修費	
扶助費	
補助費等	
投資的経費補助	
投資的経費単独	
投資的経費国直轄	
出資金（出捐金等）	
繰出金	
減価償却費	
債務保証費	
不納欠損引当金繰入額	
貸倒引当金繰入額	
退職給与引当金繰入額	
その他引当金繰入額	
その他行政費用	
Ⅱ　金融収支の部	
1　金融収入	
受取利息及配当金	
2　金融費用	
公債費（利子）	
都債発行費	
都債発行差金	
他会計借入金利子等	
通常収支差額	
特別収支の部	
1　特別収入	
固定資産売却益	
その他特別収入	
2　特別費用	
固定資産売却損	
固定資産除却損	
災害復旧費	
不納欠損額	
貸倒損失	
その他特別費用	
当期収支差額	
一般財源共通調整	
一般財源充当調整	
一般会計繰入金	
一般会計繰出金	
再計（一般財源調整及び一般会計繰入金繰出金調整後）	

別紙3-1

キャッシュ・フロー計算書（一般会計）

自　平成　年　月　日
至　平成　年　月　日

科　目	金額（円）
Ⅰ　行政サービス活動	
税収等	
地方税	
地方譲与税	
地方特例交付金	
国有提供施設等所在市町村助成交付金	
税諸収入	
国庫支出金等	
国庫支出金	
交通安全対策特別交付金	
業務収入その他	
事業収入（特別会計）	
分担金及び負担金	
使用料及び手数料	
財産収入	
諸収入（受託事業収入）	
諸収入	
寄附金	
繰入金	
金融収入	
受取利息及び配当金	
税連動経費	
税連動経費	
行政支出	
給与関係費	
物件費	
維持補修費	
扶助費	
補助費等	
投資的経費補助	
投資的経費単独	
投資的経費国直轄	
出資金（出捐金等）	
繰出金	
金融支出	
公債費（利子・手数料）	
他会計借入金利子等	
特別支出	
災害復旧事業支出	
行政サービス活動収支差額	

科　目	金額（円）
Ⅱ　社会資本整備等投資活動	
国庫支出金等	
国庫支出金	
分担金及び負担金	
繰入金等	
財産収入	
財産売払収入	
基金繰入金	
財政調整基金	
減債基金	
特定目的基金	
定額運用基金	
貸付金元金回収収入等	
保証金収入	
社会資本整備支出	
物件費	
補助費等	
投資的経費補助	
投資的経費単独	
基金積立金	
財政調整基金	
減債基金	
特定目的基金	
定額運用基金	
貸付金・出資金等	
出資金	
繰出金（他会計）	
貸付金	
保証金支出	
社会資本整備等投資活動収支差額	
行政活動キャッシュ・フロー収支差額	
Ⅲ　財務活動	
財務活動収入	
都債	
他会計借入金等	
基金運用金借入	
繰入金	
財務活動支出	
公債費（元金）	
他会計借入金等償還	
基金運用金償還	
財務活動収支差額	
収支差額合計	
前年度からの繰越金	
形式収支	

●付録

別紙3-2

キャッシュ・フロー計算書(特別会計)

自 平成 年 月 日
至 平成 年 月 日

科　目	金額（円）
Ⅰ 行政サービス活動	
税収等	
地方税	
地方譲与税	
地方特例交付金	
国有提供施設等所在市町村助成交付金	
税諸収入	
国庫支出金等	
国庫支出金	
交通安全対策特別交付金	
業務収入その他	
事業収入（特別会計）	
分担金及負担金	
使用料及手数料	
財産収入	
諸収入（受託事業収入）	
諸収入	
寄附金	
繰入金	
金融収入	
受取利息及配当金	
税連動経費	
税連動経費	
行政支出	
給与関係費	
物件費	
維持補修費	
扶助費	
補助費等	
投資的経費補助	
投資的経費単独	
投資的経費国直轄	
出資金（出捐金等）	
繰出金	
金融支出	
公債費（利子・手数料）	
他会計借入金利子等	
特別支出	
災害復旧事業支出	
行政サービス活動収支差額	

科　目	金額（円）
Ⅱ 社会資本整備等投資活動	
国庫支出金等	
国庫支出金	
分担金及負担金	
繰入金等	
財産収入	
財産売払収入	
基金繰入金	
財政調整基金	
減債基金	
特定目的基金	
定額運用基金	
貸付金元金回収収入等	
保証金収入	
社会資本整備支出	
物件費	
補助費等	
投資的経費補助	
投資的経費単独	
基金積立金	
財政調整基金	
減債基金	
特定目的基金	
定額運用基金	
貸付金・出資金等	
出資金	
繰出金（他会計）	
貸付金	
保証金支出	
社会資本整備等投資活動収支差額	
行政活動キャッシュ・フロー収支差額	
Ⅲ 財務活動	
財務活動収入	
都債	
他会計借入金等	
基金運用金借入	
繰入金	
財務活動支出	
公債費（元金）	
他会計借入金等償還	
基金運用金償還	
財務活動収支差額	
収支差額合計	
一般会計繰入金	
行政サービス活動	
社会資本整備等投資活動	
財務活動	
一般会計繰出金	
行政サービス活動	
社会資本整備等投資活動	
財務活動	
前年度からの繰越金	
形式収支	

別紙3-3

キャッシュ・フロー計算書(局別)

自 平成　年　月　日
至 平成　年　月　日

科　目	金額（円）
Ⅰ　行政サービス活動	
税収等	
地方税	
地方譲与税	
地方特例交付金	
国有提供施設等所在市町村助成交付金	
税諸収入	
国庫支出金等	
国庫支出金	
交通安全対策特別交付金	
業務収入その他	
事業収入（特別会計）	
分担金及び負担金	
使用料及び手数料	
財産収入	
諸収入（受託事業収入）	
諸収入	
寄附金	
繰入金	
金融収入	
受取利息及び配当金	
税連動経費	
税連動経費	
行政支出	
給与関係費	
物件費	
維持補修費	
扶助費	
補助費等	
投資的経費補助	
投資的経費単独	
投資的経費国直轄	
出資金（出捐金等）	
繰出金	
金融支出	
公債費（利子・手数料）	
他会計借入金利子等	
特別支出	
災害復旧事業支出	
行政サービス活動収支差額	

科　目	金額（円）
Ⅱ　社会資本整備等投資活動	
国庫支出金等	
国庫支出金	
分担金及び負担金	
繰入金等	
財産収入	
財産売払収入	
基金繰入金	
財政調整基金	
減債基金	
特定目的基金	
定額運用基金	
貸付金元金回収入等	
保証金収入	
社会資本整備支出	
物件費	
補助費等	
投資的経費補助	
投資的経費単独	
基金積立金	
財政調整基金	
減債基金	
特定目的基金	
定額運用基金	
貸付金・出資金等	
出資金	
繰出金（他会計）	
貸付金	
保証金支出	
社会資本整備等投資活動収支差額	
行政活動キャッシュ・フロー収支差額	
Ⅲ　財務活動	
財務活動収入	
都債	
他会計借入金等	
基金運用金借入	
繰入金	
財務活動支出	
公債費（元金）	
他会計借入金等償還	
基金運用金償還	
財務活動収支差額	
収支差額合計	
一般財源共通調整	
一般財源充当調整	
行政サービス活動	
社会資本整備等投資活動	
財務活動	
一般会計繰入金	
行政サービス活動	
社会資本整備等投資活動	
財務活動	
一般会計繰出金	
行政サービス活動	
社会資本整備等投資活動	
財務活動	
前年度からの繰越金	
形式収支	

●付録

別紙4-1

正味財産変動計算書（一般会計）

自 平成　年　月
至 平成　年　月

		正　　　味　　　財　　　産					金額（円）
	開始残高相当	国庫支出金	負担金及繰入金等	受贈財産評価額	区市町村等移管相当額	会計間取引勘定	その他剰余金	合　計
前期末残高								
当期変動額								
固定資産等の増減								
負債等の増減								
その他会計間取引								
剰余金								
当期末残高								

別紙4-2

正味財産変動計算書（特別会計）

自 平成　年　月
至 平成　年　月

	正　　　味　　　財　　　産						金額（円）
	開始残高相当	国庫支出金	負担金及繰入金等	受贈財産評価額	区市町村等移管相当額	会計間取引勘定	一般会計繰入金	その他剰余金	合　計
前期末残高									
当期変動額									
固定資産等の増減									
負債等の増減									
その他会計間取引									
剰余金									
当期末残高									

正味財産変動計算書（局別）

自 平成　年　月
至 平成　年　月

		正　味　財　産						その他剰余金	合計 金額（円）
	開始残高相当	国庫支出金	負担金及繰入金等	受贈財産評価額	区市町村等移管相当額	局間取引勘定	一般財源充当調整額	一般会計繰入金		
前期末残高										
当期変動額										
固定資産等の増減										
都債等の増減										
その他局間取引										
剰余金										
当期末残高										

別紙5

有形固定資産及び無形固定資産附属明細書

区　分	前期末残高(円)	当期増加額(円)	当期減少額(円)	当期末残高(円)	当期末減価償却累計額(円)	当期償却額(円)	差引当期末残高(円)
有形固定資産							
行政財産							
普通財産							
重要物品							
インフラ資産							
小計							
無形固定資産							
行政財産							
普通財産							
小計							
計							

1 行政財産、普通財及びインフラ資産の内訳は、貸借対照表に記載されている科目の区別による。

東京都の財務諸表

平成１８年度

新公会計制度による初の決算

　東京都は、平成18年度に、従来の官庁会計に複式簿記・発生主義会計の考え方を加えた新公会計制度を導入した。日々の会計処理の際に、１件、１件、複式簿記の仕訳を行うことにより、多様な財務諸表を迅速かつ正確に作成することが可能となった。

　この度、従来の官庁会計による単年度の現金収支を表すだけの決算書に加え、新制度により資産や負債などのストック情報や発生主義に基づくコスト情報を明らかにした財務諸表を初めて作成した。年間約584万件の複式仕訳によるデータや、約６万５千件の公有財産、約３万４千点の重要物品等の財産データなどを個々蓄積するとともに、新たに道路資産を評価して得られたデータを積み上げて作成したものである。

　この財務諸表により、負債や税収等のデータから健全性の度合いが一目でよくわかるようになるとともに、減価償却費や金利などを含むフルコストが明らかになるなど、従来の官庁会計決算ではわからなかった有益な情報を得られるようになった。

　今後、職員の金利感覚やコスト意識の涵養に努めるとともに、財務諸表のデータを詳しく分析して、一層効率的・効果的な行政運営に資していきたいと考えている。

　また、今回の財務諸表は新制度による初めての試みでまだまだ完璧なものとはいえない。読者のご意見やご批判を踏まえて新公会計制度にさらに改良を加えていきたいと考えている。

都の財務諸表とは

　都は財務諸表として、貸借対照表、行政コスト計算書、キャッシュ・フロー計算書、正味財産変動計算書の４表を作成した。

　貸借対照表とは、都の保有する資産、負債及びその差額である正味財産を示したものである。

　行政コスト計算書とは、発生主義会計の考え方に基づいたうえで収入と費用とを示したもので、民間企業の損益計算書に当たるものである。

　キャッシュ・フロー計算書とは、現金収支の状況を示したものである。

　正味財産変動計算書とは、貸借対照表の正味財産の変動状況を示したものである。

　さらに、財務諸表を理解するうえで重要な固定資産の増減について示した有形固定資産及び無形固定資産附属明細書と、財務諸表の作成の考え方等を示した注記から構成されている。

　なお、都の財務諸表は、一般会計及びすべての特別会計を対象にして作成しているが、以下一般会計を中心に概要を説明する。

都の財務諸表
- 貸借対照表
- 行政コスト計算書
- キャッシュ・フロー計算書
- 正味財産変動計算書
- 有形固定資産及び無形固定資産附属明細書
- 注記

●付録

貸借対照表（一般会計）

貸借対照表は、会計年度末（3月31日）時点（ただし出納整理期間中の増減を含む。）における都の資産、負債及び正味財産の状況を明らかにすることを目的として作成される。

貸借対照表の構成としては、左側に資産を表示し、右側に負債及び資産と負債との差額である正味財産を表示している。

資産については、1年以内に現金化されるものを流動資産とし、それ以外を固定資産として分類している。また負債については、1年以内に履行の期限が到来するものを流動負債とし、それ以外を固定負債として分類している。

都の一般会計貸借対照表を概観すると、資産が26兆8,920億円、負債が8兆3,359億円、正味財産が18兆5,562億円となっている。

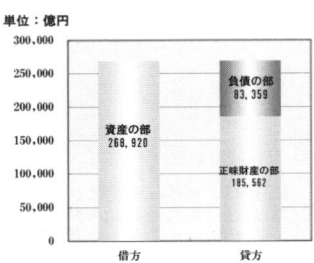

単位：億円

資産の部 268,920
負債の部 83,359
正味財産の部 185,562

資産の部	（単位：億円）
流動資産	11,348
現金預金	1,709
収入未済	1,259
不納欠損引当金	△185
貸倒引当金	△1
基金積立金	6,413
上記以外	2,154
固定資産	257,572
行政財産	56,303
普通財産	10,228
重要物品	793
インフラ資産	134,302
建設仮勘定	8,058
投資その他の資産	47,889
資産合計	268,920

資産の内訳

資産の部のうち、流動資産には現金預金や収入未済、1年以内に収入される金融資産などを計上している。

固定資産は、行政財産、普通財産、重要物品、インフラ資産及び投資その他の資産に分けて計上している。行政財産や普通財産の内訳として、建物、工作物、土地など地方自治法の財産分類を基にした表示を行っている。重要物品は、地方自治法における物品のうち取得金額が100万円以上のものを計上している。また、地方自治法の行政財産のうち道路や橋梁などの財産は、都民生活や都市活動に必要不可欠な社会資本であることから、「インフラ資産」として区分計上している。

平成18年度　固定資産の内訳
（固定資産総額　25兆7,572億円）

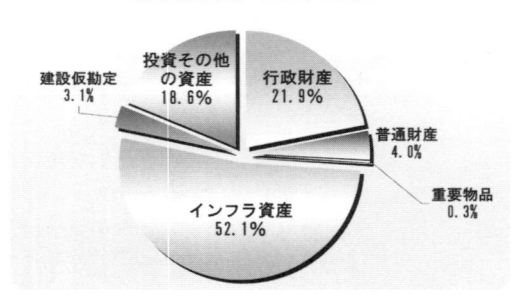

- 行政財産　21.9%
- 普通財産　4.0%
- 重要物品　0.3%
- インフラ資産　52.1%
- 建設仮勘定　3.1%
- 投資その他の資産　18.6%

都の資産を大別すると次のとおり。

流動資産　1兆1,348億円
流動資産の内訳として、現金預金が1,709億円、収入未済が1,259億円、財政調整基金等の基金積立金が6,413億円となっている。

固定資産　25兆7,572億円
固定資産の内訳として、行政財産が5兆6,303億円、普通財産が1兆228億円、道路等のインフラ資産が13兆4,302億円、投資その他の資産が4兆7,889億円となっている。

※　本書の計数については、原則として表示単位未満を四捨五入している。
　　また、端数調整をしていないため、合計等と一致しない場合がある。

負債の内訳

将来的に支払義務を生じさせる都債（借金）や退職給与引当金の金額は、貸借対照表の負債として表示される。

都債は資産の形成のために発行される。貸借対照表上で、都債の発行額と資産の金額を対比させることにより、都の資産形成に当たってどれだけ借金で資金調達されたのかが明らかになる。

退職給与引当金は、在籍する職員全員が自己都合により退職すると仮定した場合に支払うこととなる退職手当要支給額を、複式簿記上は負債として計上している。

負債の部	（単位：億円）
流動負債	3,886
還付未済金	27
都債	3,814
その他流動負債	45
固定負債	79,472
都債	64,972
退職給与引当金	14,141
その他固定負債	359
負債合計	83,359

都の抱えている負債を大別すると、次のとおり。

流動負債 3,886億円
流動負債の内訳として、還付未済金が27億円、都債が3,814億円となっている。

固定負債 7兆9,472億円
固定負債の内訳として、都債が6兆4,972億円、退職給与引当金が1兆4,141億円となっている。

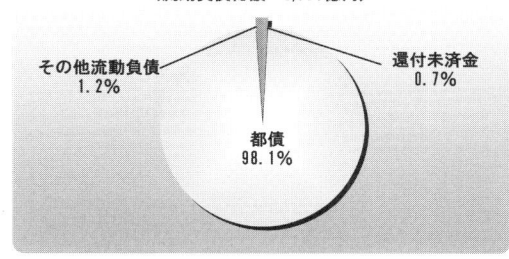

正味財産

貸借対照表の資産と負債との差額は、正味財産として表示される。

正味財産は18兆5,562億円であり、当期に1兆2,702億円増加した。

なお、正味財産の内訳については、正味財産変動計算書で表示している（P10参照）。

平成18年度　流動負債の内訳
（流動負債総額　3,886億円）

- その他流動負債　1.2%
- 還付未済金　0.7%
- 都債　98.1%

平成18年度　固定負債の内訳
（固定負債総額　7兆9,472億円）

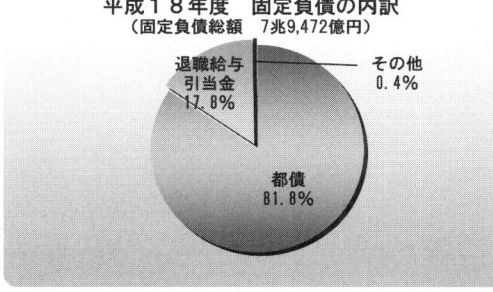

- 退職給与引当金　17.8%
- その他　0.4%
- 都債　81.8%

●付録

東京都の財務諸表

一般会計

貸借対照表とは
年度末時点における資産、負債及び正味財産の状況を表示したもの

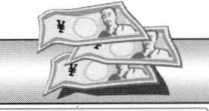

流動資産
一年以内に現金化される資産

収入未済
収入すべき額のうち、未だ現金収入がされていない額

不納欠損引当金・貸倒引当金
収入未済のうち、不納欠損や貸し倒れとなる可能性があるものを、過去3か年の実績により計上(非現金項目)

基金積立金(流動)
特定事業や都債償還の財源等、ある目的のために積み立てている資金額

固定資産
建物や土地のほか、株式や出資金等の金融資産等
(一年を超えて現金化される資産、または現金化することを本来の目的としない資産)

行政財産
都庁舎や都立学校など、公共用に使用するための資産
建物:1兆3,099億円
土地:3兆9,925億円

普通財産
行政財産以外の公有財産。行政目的で使用しなくなった資産や、一般的な財産と同様、貸付等で収益を得ることができる資産
建物:4,110億円
土地:5,984億円

重要物品
自動車など、取得価格100万円以上の物品

インフラ資産
行政財産のうち、道路、橋梁、港湾、漁港、空港、鉄道
土地   :11兆6,247億円
土地以外: 1兆7,993億円

建設仮勘定
建設途中にある固定資産(未だ完成していない状態のもの)

どのくらいの資産を保有しているか

(平成19年3月)

科　目	金額(億円)
資産の部	
Ⅰ 流動資産	11,348
現金預金	1,709
収入未済	1,259
不納欠損引当金	△ 185
基金積立金	6,413
短期貸付金	1,976
貸倒引当金	△ 1
その他流動資産	178
Ⅱ 固定資産	257,572
行政財産	56,303
普通財産	10,228
重要物品	793
インフラ資産	134,302
建設仮勘定	8,058
投資その他の資産	47,889
資産の部合計	268,920

投資その他の資産
投資有価証券(※)、出資金(※)、長期貸付金、基金積立金等

(※) 平成20年4月1日から名称を変更しました。

貸借対照表

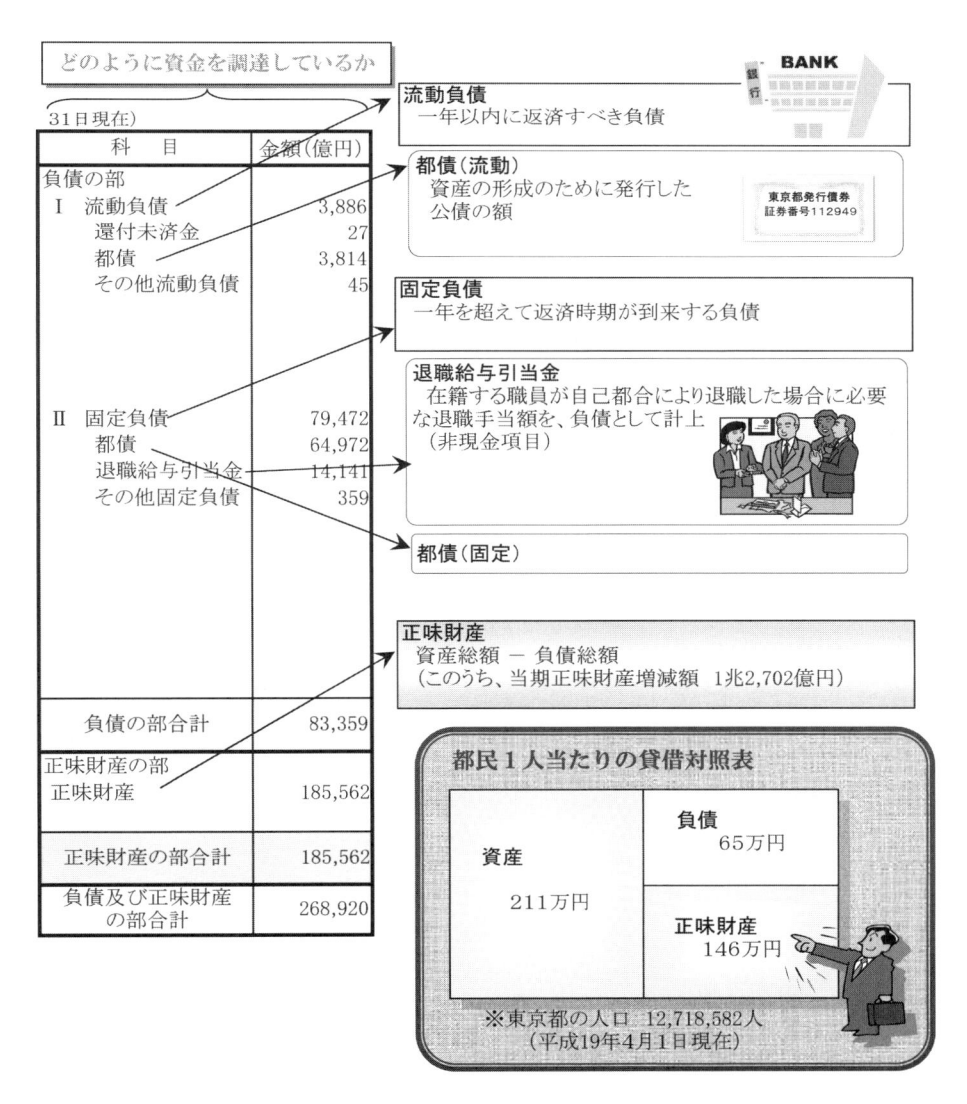

どのように資金を調達しているか

(31日現在)

科　目	金額(億円)
負債の部	
Ⅰ　流動負債	3,886
還付未済金	27
都債	3,814
その他流動負債	45
Ⅱ　固定負債	79,472
都債	64,972
退職給与引当金	14,141
その他固定負債	359
負債の部合計	83,359
正味財産の部	
正味財産	185,562
正味財産の部合計	185,562
負債及び正味財産の部合計	268,920

流動負債
一年以内に返済すべき負債

都債（流動）
資産の形成のために発行した公債の額

固定負債
一年を超えて返済時期が到来する負債

退職給与引当金
在籍する職員が自己都合により退職した場合に必要な退職手当額を、負債として計上
（非現金項目）

都債（固定）

正味財産
資産総額 － 負債総額
（このうち、当期正味財産増減額　1兆2,702億円）

都民1人当たりの貸借対照表

資産	負債
211万円	65万円
	正味財産 146万円

※東京都の人口　12,718,582人
（平成19年4月1日現在）

●付録

6

東京都の財務諸表

行政コスト計算書
（一般会計）

　行政コスト計算書は、都の行政活動に伴い発生した費用、その財源としての収入の金額を表示したものである。従来の官庁会計では捕捉できなかった、減価償却費や引当金繰入額などの非現金コストについても計上している。
　行政コスト計算書の収入から費用を差し引いたものを当期収支差額として表示する。
　また、行政コスト計算書は、通常の行政活動から発生する「通常収支の部」と特別の事情により発生する「特別収支の部」とに区分されている。さらに「通常収支の部」は、「行政収支の部」と「金融収支の部」とに区分されている。

平成18年度 行政コスト計算書（一般会計）
単位：億円
- 収入 61,995
- 費用 50,752
- 当期収支差額 11,243

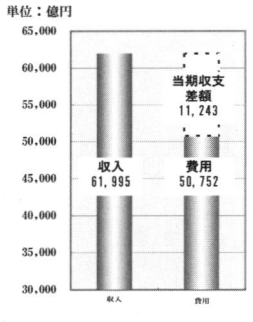

平成18年度 行政コスト計算書の内訳
内円：費用（5兆752億円）
外円：収入（6兆1,995億円）

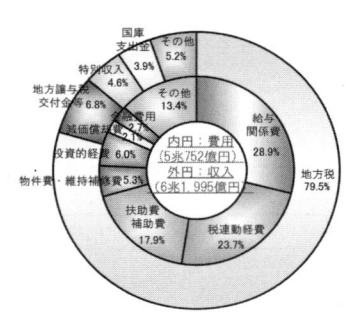

収入内訳：
- 地方税 79.5%
- 地方譲与税・交付金 6.8%
- 国庫支出金 3.9%
- 特別収入 4.6%
- その他 5.2%

費用内訳：
- 給与関係費 28.9%
- 税連動経費 23.7%
- 扶助費・補助費 17.9%
- 投資的経費 6.0%
- 物件費・維持補修費 5.3%
- 減価償却費 2.7%
- その他 13.4%

収入の内訳

　地方税や国庫支出金、使用料及び手数料などは、行政コスト計算書の収入として表示される。
　平成18年度の収入の内訳は次のとおり。

収入	（単位：億円）
通常収支の部	
行政収支の部	
行政収入	59,060
地方税	49,292
地方譲与税・交付金	4,186
国庫支出金	2,444
使用料及手数料	911
その他	2,227
金融収支の部	
金融収入	101
受取利息及配当金	101
特別収支の部	
特別収入	2,834
収入合計	61,995

行政収入　5兆9,060億円
　主な行政収入として、地方税や国庫支出金等が計上される。

金融収入　101億円
　金融収入として、受取利息及配当金が計上される。

特別収入　2,834億円
　主な特別収入として、固定資産売却益等が計上される。

費用の内訳

　給与関係費や補助費、公債費などの金額は、行政コスト計算書の費用として表示される。
　平成18年度の費用の内訳は次のとおり。

行政費用　4兆7,562億円
　主な行政費用として、給与関係費や補助費、減価償却費が計上される。

金融費用　1,353億円
　主な金融費用として、公債費（利子）が計上される。

特別費用　1,836億円
　主な特別費用として、固定資産売却損や不納欠損額等が計上される。

費用	（単位：億円）
通常収支の部	
行政収支の部	
行政費用	47,562
税連動経費	12,043
給与関係費	14,646
物件費・維持補修費	2,679
扶助費・補助費等	9,087
投資的経費	3,051
減価償却費	1,085
その他	4,971
金融収支の部	
金融費用	1,353
公債費（利子）	1,300
都債発行費	32
その他	21
特別収支の部	
特別費用	1,836
費用合計	50,752

316

一般会計　行政コスト計算書

行政コスト計算書とは
一年度間における行政活動に伴うすべての収入・コストを表示したもの

自　平成18年4月　1日
至　平成19年3月31日

科　　目	金額(億円)
通常収支の部	
Ⅰ 行政収支の部	
1 行政収入	59,060
2 行政費用	47,562
(行政収支差額)	11,498
Ⅱ 金融収支の部	
1 金融収入	101
2 金融費用	1,353
(金融収支差額)	△1,252
通常収支差額	10,246
特別収支の部	
1 特別収入	2,834
2 特別費用	1,836
(特別収支差額)	998
当期収支差額	11,243

行政収支
行政の通常の活動による収支

主な行政収入
地方税	49,292
地方譲与税・交付金	4,186
国庫支出金	2,444
分担金及負担金	124
使用料及手数料	911
財産収入	71
諸収入	1,759

税収／国等からの収入／手数料、施設使用料等

主な行政費用
税連動経費	12,043
給与関係費	14,646
物件費・維持補修費	2,679
扶助費・補助費等	9,087
投資的経費	3,051
繰出金	2,826
減価償却費	1,085
引当金繰入額	2,058

行政サービスを行うための費用（給料、物品の購入、修繕費、補助金等）／発生主義特有の現金支出を伴わない費用

金融収支
預金利子や資金調達のためのコスト等を反映した収支

金融収入
受取利息及配当金	101

主な金融費用
公債費(利子)	1,300
都債発行費	32

都債償還の利子や都債発行手数料等

特別収支
固定資産の売却損益等特別な事情により発生する収支

特別収入
固定資産売却益	67
その他特別収入	2,767

主な特別費用
固定資産売却損	566
固定資産除却損	263
災害復旧費	54
不納欠損額	36
その他特別費用	919

通常収支差額
行政収支差額と金融収支差額の合計額

当期収支差額
通常収支差額と特別収支差額の合計額
※民間の損益計算書では「当期利益」に該当する項目であるが、行政では利益の概念がないので、収入と費用の差額を表している。この差額は、正味財産変動計算書の「その他剰余金」に反映されており、都市施設の整備や都債償還等に充てられている。

●付録

東京都の財務諸表

キャッシュ・フロー計算書
（一般会計）

　キャッシュ・フロー計算書は、行政サービス活動、社会資本整備等投資活動、財務活動の3つの活動区分ごとの現金収支を表示したものである。このように分類することで、どのような要因で現金が増減したのかがわかる。
　行政サービス活動には、経常的な行政サービスに伴う現金収支が計上される。社会資本整備等投資活動には、固定資産の増減や基金の増減をもたらす現金収支が計上される。

　財務活動には、都債の発行収入や都債の返済額などの、外部からの資金調達やその償還に関する現金収支が計上される。
　都のキャッシュ・フロー計算書を概観すると、18年度収入が6兆4,603億円、前年度繰越が862億円、本年度支出が6兆3,756億円となっている。形式収支は1,709億円となっており、翌年度に繰越される。

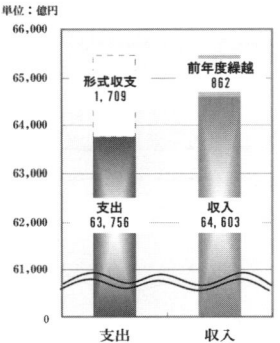

平成18年度
キャッシュ・フロー計算書（一般会計）
単位：億円

形式収支 1,709　前年度繰越 862
支出 63,756　収入 64,603

収入の内訳

収入	（単位：億円）
行政サービス活動	59,143
社会資本整備等投資活動	3,566
財務活動	1,894
収入合計	64,603

　都税の収入、動物園の入場料や都立学校の授業料など、経常的な行政サービスに伴って得た収入は、行政サービス活動に表示される。
　道路や建物などの整備に充当される国庫支出金や、貸付金の元金回収収入などは、社会資本整備等投資活動に表示される。
　都債発行や他会計からの借入金収入などは、財務活動に表示される。
　各活動区分ごとの金額は次のとおり。

行政サービス活動 5兆9,143億円
　主な収入として、税収や行政サービス活動に充当される国庫支出金等が計上される。

社会資本整備等投資活動 3,566億円
　主な収入として、資産形成支出に充当される国庫支出金や、財産売払収入等が計上される。

財務活動 1,894億円
　主な収入として、都債発行による収入、他会計からの借入金による収入等が計上される。

支出の内訳

支出	（単位：億円）
行政サービス活動	47,360
社会資本整備等投資活動	13,650
財務活動	2,746
支出合計	63,756

　職員の人件費や区市町村等への補助金など、都が経常的な行政サービスを行うために要した経費については、行政サービス活動に表示される。
　インフラ整備などの、都の資産形成に係る経費については、社会資本整備等投資活動に表示される。
　都債の償還など、都の抱える負債の償還に係る経費は、財務活動に表示される。
　各活動区分ごとの金額は次のとおり。

行政サービス活動 4兆7,360億円
　主な支出として、給与関係費や維持補修費等が計上される。

社会資本整備等投資活動 1兆3,650億円
　主な支出として、社会資本整備支出や制度融資等の貸付金が計上される。

財務活動 2,746億円
　主な支出として、公債費（元金）が計上される。

一般会計 キャッシュ・フロー計算書

キャッシュ・フロー計算書とは
一年度間における現金等の流れの状況を、3つの活動に区分して表示したもの

自 平成18年4月 1日
至 平成19年3月31日

科 目	金額(億円)
Ⅰ 行政サービス活動	
税収等	53,376
国庫支出金等	2,524
業務収入その他	3,150
金融収入	92
収入合計	59,143
税連動経費	12,043
行政支出	33,983
金融支出	1,280
特別支出	54
支出合計	47,360
行政サービス活動収支差額	11,783

科 目	金額(億円)
Ⅱ 社会資本整備等投資活動	
国庫支出金等	885
財産収入	266
基金繰入金	78
貸付金元金回収入等	2,332
保証金収入	5
収入合計	3,566
社会資本整備支出	2,839
基金積立金	7,405
貸付金・出資金等	3,403
保証金支出	4
支出合計	13,650
社会資本整備等投資活動収支差額	△10,085
行政活動キャッシュ・フロー収支差額	1,699
Ⅲ 財務活動	
財務活動収入	1,894
収入合計	1,894
財務活動支出	2,746
支出合計	2,746
財務活動収支差額	△852
収支差額合計	847
前年度からの繰越金	862
形式収支	1,709

行政サービス活動のキャッシュ・フロー収支
行政サービスを提供するための現金収支

＜収入＞
　税収
　国庫支出金(社会資本整備等投資活動に充当されるものを除く)
　事業収入
　金融収入

＜支出＞
　行政サービスを行うために要した経費
　(給料や物品の購入、補助金等)

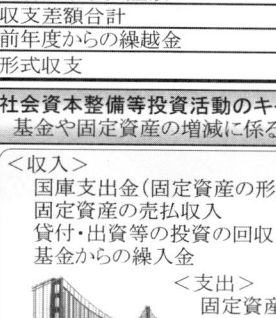

社会資本整備等投資活動のキャッシュ・フロー収支
基金や固定資産の増減に係る現金収支

＜収入＞
　国庫支出金(固定資産の形成のため)
　固定資産の売払収入
　貸付・出資等の投資の回収
　基金からの繰入金

＜支出＞
　固定資産の形成に係る支出
　貸付・出資等の投資の取得
　基金への繰出金

財務活動のキャッシュ・フロー収支
外部からの資金獲得に係る現金収支

都債の発行・償還、借入金の増減

●付録

10　東京都の財務諸表

正味財産変動計算書（一般会計）

　正味財産変動計算書は、貸借対照表の正味財産の部の変動状況を示したものである。正味財産がどのような要因で増減しているのかを明らかにする。
　一般会計の正味財産変動計算書を概観すると、前期末残高（開始残高相当）は17兆2,860億円であり、当期末残高は18兆5,562億円で、当期は1兆2,702億円の増加となった。

　主な変動状況を見てみると、国庫支出金による増加が833億円、受贈財産評価額が662億円、区市町村等移管相当額が△106億円、その他剰余金が1兆1,243億円となっている。
　その他剰余金は、行政コスト計算書の当期収支差額が反映されており、都市施設の整備や都債償還等に充てられている。

正味財産の主な変動項目
単位：億円

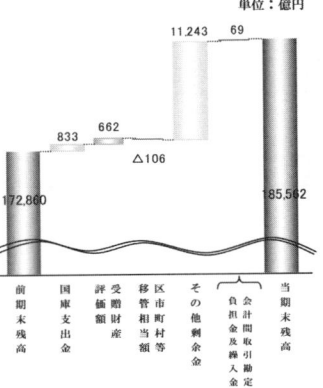

前期末残高 172,860
国庫支出金 833
受贈財産評価額 662
区市町村等移管相当額 △106
その他剰余金 11,243
会計間取引勘定負担金及び繰入金等 69
当期末残高 185,562

有形固定資産及び無形固定資産附属明細書（一般会計）

　有形固定資産及び無形固定資産附属明細書は、都が有する多数の固定資産の状況を示したものである。
　一般会計の有形固定資産のうち、行政財産の前期末残高が6兆2,820億円で当期末残高が6兆4,557億円、当期末減価償却累計額が8,308億円、当期償却額が496億円となっている。

　有形固定資産のうち、インフラ資産は、土地と土地以外に区分している。
　土地の前期末残高が11兆5,293億円で、当期末残高が11兆6,247億円となっている。
　土地以外の前期末残高は2兆3,117億円で当期末残高が2兆4,078億円、当期末減価償却累計額が6,085億円、当期償却額が377億円となっている。

有形固定資産（右下表*）の未償却残高と減価償却累計額の割合

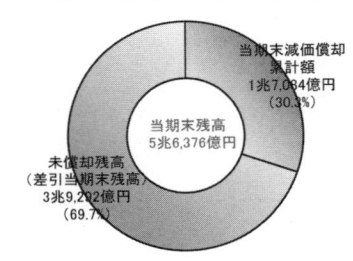

当期末残高 5兆6,376億円
当期末減価償却累計額 1兆7,084億円（30.3%）
未償却残高（差引当期末残高）3兆9,292億円（69.7%）

注記

　注記は、資産及び負債等の状況を明瞭に表示するため、財務諸表上の価額の意味等を補足するために記載する。
　主な記載内容は右のとおり。

主な記載内容

大項目		小項目
1	重要な会計方針	減価償却の方法、引当金の計上基準
2	重要な後発事象	主要な業務の改廃、組織・機構の大幅な変更、地方財政制度の大幅な改正
3	偶発債務	債務保証又は損失補償に係る債務負担行為のうち未確定なもの、係争中の訴訟のうち重要なもの
4	追加情報	財務諸表の内容を理解するため必要な情報
5	その他	都債及び借入金の償還予定額

320

一般会計　正味財産変動計算書

貸借対照表の正味財産の増減を要因ごとに表示したもの

単位：億円

	開始残高相当	国庫支出金	負担金及繰入金等	受贈財産評価額	区市町村等移管相当額	会計間取引勘定	その他剰余金	合計
前期末残高	172,860	0	0	0	0	0	0	172,860
当期変動額		833	51	662	△106	18	11,243	12,702
固定資産等の増減		833	51	662	△106	328		1,769
都債等の増減						△202		△202
その他会計間取引						△109		△109
剰余金							11,243	11,243
当期末残高	172,860	833	51	662	△106	18	11,243	185,562

一般会計　有形固定資産及び無形固定資産附属明細書

固定資産の増減状況を表示したもの

単位：億円

区　分	前期末残高	当期増減額	当期末残高	当期末減価償却累計額	当期償却額	差引当期末残高
有形固定資産	222,928	3,661	226,589	17,084	1,085	209,506
行政財産	62,820	1,736	64,557	8,308	496	56,248
建物(*)	19,360	317	19,677	6,578	393	13,099
工作物(*)	3,885	819	4,704	1,564	92	3,141
土地	39,323	602	39,925	0	0	39,925
その他(*)	252	△1	251	167	10	84
普通財産	12,047	△283	11,764	1,598	132	10,166
建物(*)	5,413	204	5,617	1,507	127	4,110
工作物(*)	119	12	130	75	3	55
土地	6,483	△499	5,984	0	0	5,984
その他(*)	32	1	33	16	1	17
重要物品(*)	1,903	△18	1,885	1,092	81	793
インフラ資産	138,410	1,915	140,325	6,085	377	134,240
土地	115,293	954	116,247	0	0	116,247
土地以外(*)	23,117	961	24,078	6,085	377	17,993
建設仮勘定	7,747	311	8,058	0	0	8,058
無形固定資産	176	2	178	0	0	178
行政財産	54	0	55	0	0	55
普通財産	60	2	62	0	0	62
インフラ資産	61	0	61	0	0	61
計	223,104	3,664	226,767	17,084	1,085	209,683

* 減価償却の対象とした資産。ただし、インフラ資産の土地以外のうち道路資産の一部(車道舗装等)は、
　部分的取替に要する支出を費用として処理する方法を採用しているので、減価償却の対象とはしていない。

●付録

12　　　　　　　　　　　　　　　　　東京都の財務諸表

会計別財務諸表の概要

会　　　計	貸借対照表			行政コスト計算書		
	資　産	負　債	正味財産	収　入	費　用	収支差額
一　般　会　計	268,920	83,359	185,562	61,995	50,752	11,243
特別区財政調整会計	0	0	0	0	9,251	△ 9,251
地方消費税清算会計	983	0	983	9,958	6,423	3,535
小笠原諸島生活再建資金会計	8	0	8	0	1	△ 1
母子福祉貸付資金会計	334	217	117	0	7	△ 7
心身障害者扶養年金会計	139	0	139	10	41	△ 31
中小企業設備導入等資金会計	293	195	99	4	3	0
農業改良資金助成会計	4	2	2	0	0	0
林業・木材産業改善資金助成会計	1	0	1	0	0	0
沿岸漁業改善資金助成会計	2	0	2	0	0	0
と　場　会　計	147	128	19	15	55	△ 40
都営住宅等事業会計	23,852	7,345	16,506	916	1,054	△ 138
都営住宅等保証金会計	156	156	0	1	1	0
都市開発資金会計	596	31	565	1	1	0
用　地　会　計	342	0	342	0	1	△ 1
公　債　費　会　計	0	0	0	0	0	0
多摩ニュータウン事業会計	296	1,526	△ 1,229	94	47	48
臨海都市基盤整備事業会計	458	129	329	272	66	206
（　特　別　会　計　合　計　）	27,612	9,729	17,883	11,271	16,950	△ 5,679
一般会計繰入繰出金の相殺	0	0	0	△ 3,705	△ 9,777	6,072
合　　　　計	296,533	93,087	203,445	69,561	57,925	11,636

単位:億円

キャッシュ・フロー計算書			正味財産変動計算書		
収 入	支 出	収支差額	前期末残高	当期変動額	当期末残高
64,603	63,756	847	172,860	12,702	185,562
0	9,251	△ 9,251	0	0	0
9,958	6,423	3,535	977	7	983
0	0	0	9	△ 1	8
31	39	△ 9	117	0	117
40	43	△ 4	167	△ 28	139
47	38	10	108	△ 10	99
0	0	0	2	0	2
0	0	0	1	0	1
0	0	0	2	0	2
16	57	△ 41	16	3	19
1,161	1,435	△ 275	16,119	388	16,506
32	44	△ 12	0	0	0
4	30	△ 26	539	26	565
701	962	△ 261	608	△ 267	342
15,215	23,455	△ 8,240	0	0	0
139	346	△ 208	△ 1,410	181	△ 1,229
273	129	144	120	209	329
27,617	42,254	△ 14,637	17,374	509	17,883
△ 3,707	△ 18,396	14,690	0	0	0
88,513	87,613	900	190,234	13,211	203,445

●付録

14 東京都の財務諸表

用語解説

| P3 | 還付未済金 | ･･･ | 地方税法の規定により生じる還付金や、誤納又は過納となった歳入の払戻金のうち、未だ支払われていないもの |

P6	税連動経費	･･･	特別区財政調整交付金、地方消費税交付金等、税の一定割合を原資として区市町村に交付する経費
	物件費	････	旅費、委託料、一般需用費(消耗品費等)及び備品購入費等、資産形成にあたらない消費的な性質を持つ経費
	維持補修費	･･･	公有財産等を管理し、維持・補修を行うための経費。施設の増改築等、資産価値を向上させるための支出は含まない。
	扶助費	････	生活保護法や身体障害者福祉法等に基づき、都から被扶助者に対して直接支給される経費
	補助費等	････	特別区や公営企業会計等に対して支出する、負担金、補助金及び交付金等の経費
	投資的経費	･･･	社会資本の形成を行うための建設事業費。このうち事務費等の資産形成に寄与しない経費は、行政コスト計算書上の費用として計上している。
	減価償却費	･･･	建物、工作物、一定金額以上の備品など、固定資産の一年間の価値の減少分について、費用として計上したもの

P10	受贈財産評価額	･･	無償で受け入れた資産の評価額
	区市町村等移管相当額		事業の移管等に伴い区市町村等に譲与した資産額
	会計間取引勘定	･･	会計間で資産、負債等を異動した場合に計上する勘定
	債務負担行為	･･･	翌年度以降、長が行うことのできる債務の負担限度額を、期間を限ってあらかじめ決定しておくこと

新公会計制度(複式簿記・発生主義)と従来の官庁会計(単式簿記・現金主義)

　複式簿記は、1つの取引について、それを原因と結果の両方から捉え二面的に記録していくことにより、資産の動きや損益を把握することができる。また、発生主義とは、現金収支にかかわらず、取引の事実が発生すると確認した時点で収益や費用が計上される方式をいう。民間企業の会計処理は、この複式簿記・発生主義に基づいている。
　一方、単式簿記・現金主義は、「現金」という1つの科目の収支のみを記録していくものであり、現行の地方自治法における会計処理は、これに基づいている。

東京都における新公会計制度の経緯

平成11年4月	石原慎太郎　東京都知事が就任
平成11年7月	貸借対照表を試作
平成13年3月	「機能するバランスシート」として財務諸表（貸借対照表、行政コスト計算書、キャッシュ・フロー計算書）を公表
平成14年5月	石原都知事が複式簿記・発生主義会計の導入を表明
平成14年9月	「東京都の会計制度改革に関する検討委員会」の設置
平成14年10月	新財務会計システムの基本構想に着手
平成16年1月	システム開発（基本設計）に着手
平成17年8月	「東京都会計基準」の策定・公表
平成18年3月	新財務会計システムの稼働
平成18年4月	新公会計制度の導入
平成18年6月	「東京都会計基準委員会」の設置
平成18年7月	自治体を対象に「新公会計制度説明会」を開催
平成18年12月	自治体を対象に「公会計制度改革フォーラム」を開催
平成19年9月	新公会計制度による初の財務諸表（平成18年度決算）の公表

索　引

あ

アカウンタビリティ（説明責任）　221, 250
預り保証金 ……………………………………110
アニュアル・レポート ………………140, 222

い

維持補修費 …………………………………114
1規模当たりの行政コスト ………………256
一括変換方式 ………………………………146
一般会計繰入金 ……………………………134
一般会計繰出金 ……………………………130
一般財源共通調整 …………………………125
一般財源充当調整 …………………125, 134
異動事由 ……………………………………188
インフラ資産 …………………………99, 166

う

受入試験 ……………………………………155

え

営業活動によるキャッシュ・フロー …33
営業利益 ……………………………………31

か

会計間取引勘定 ……………………………133
会計別財務諸表 ……………………………214
開始残高相当 ………………………………132
開始貸借対照表 ……………………………132
各会計決算特別委員会 ……………………216
貸倒引当金 …………………………46, 97, 208
貸倒引当金繰入額（戻入益） ……………47
株主資本 ……………………………………93
株主資本等変動計算書 ………………35, 130
勘定別増減一覧表 …………………………205
官庁会計決算資料 …………………………207
還付未済金 …………………………………107
管理会計 ……………………………………258
管理事業 ………………………………176, 220

管理事業コード ………………………219, 220
管理事業別財務諸表 …………………176, 220
関連システム ………………………………195

き

基金運用金 ……………………………108, 109
基金積立金 …………………………………96
基準モデル …………………………………58
機能するバランスシート ……67, 266, 268
逆基準性 ……………………………………45
キャッシュ・フロー計算書 …………33, 121
給与関係費 …………………………………114
行政コスト計算書 ……………………112, 243
行政コストの状況 ……………………230, 237
行政サービス活動 ……………………91, 123
行政サービス活動収支差額 …………122, 237
行政財産 ……………………………………98
行政収支の部 …………………………244, 245
行政収入 ………………………………244, 245
行政費用 ………………………………244, 245
局別財務諸表 ………………………………214
局別年次報告書 ………………………265, 267
金融収入 ……………………………………113
金融費用 ……………………………………113

く

偶発債務 ……………………………………137
区市町村等移管相当額 ……………………133

け

経済戦略会議 ………………………………50
形式収支 ………………………127, 128, 129
経常利益 ……………………………………31
決算組替方式 ………………………………147
決算参考資料 ………………………………72
決算審議 ……………………………………264
減価償却 ……………………………………40
減価償却費 ………………………………40, 119
減価償却累計額 ………………………243, 254
現金預金 ……………………………………95
減債基金 ……………………………………97
減損会計 …………………………………74, 84

建設仮勘定 …………………………100

こ

公営企業会計出資金 …………………103
公会計の整備推進について（通知）…56, 57
公債管理システム ……………………191
公債費（利子・手数料） ………………125
国際公会計基準（IPSAS）…………59, 143
コスト情報 ……………………………112
国庫支出金 …………………119, 124, 132
固定資産 ………………………………98
固定負債 ………………………………108

さ

財産収入 ………………………………116
財産情報システム ……………………157
歳出仕訳区分 …………………………170
歳出仕訳区分訂正 ……………………182
財政制度等審議会 …………………50, 52
財政調整基金 …………………………97
財政のあらまし ………………………86
歳入・歳出仕訳区分訂正業務 …………182
債務超過 ………………………………247
財務会計 ………………………………257
財務会計システム …………………69, 158
財務活動 ………………………………90
財務活動によるキャッシュ・フロー
　　　　　　　　　　　　………35, 121
財務諸表監査 …………………………218
財務書類 ………………………………50
財務分析 ………………………………221
残価率 …………………………………44
残存価額 ………………………………72
残高照合表 ……………………………205

し

時価主義 ………………………………84
時間のもたらすコスト ………………236
事業収入（特別会計） …………………116
事業別財務諸表 …………………214, 219
事業別情報 ……………………………220
資金収支計算書 ………………………130

資産管理システム ……………187, 203
資産の更新需要 ………………………234
資産明細一覧表 ………………………206
自動仕訳 ………………………………188
支払繰延 ………………………………108
資本的支出 ……………………………40
社会資本整備等投資活動 ………90, 236
社会資本整備等投資活動収支差額 ……232
収益 ……………………………………82
収益的支出 ……………………………40
収入 ……………………………………112
収入未済 ………………………………95
重要性の原則 …………………………45
重要な会計方針 ………………………136
重要な後発事象 ………………………137
重要物品 ………………………………99
受贈財産評価額 ………………………133
出捐金 …………………………………103
取得価額 ……………………………44, 98
取得原価主義 …………………………98
主要施策の成果 …………………240, 245
純資産 …………………………………28
純資産変動計算書 ……………………130
償却資産 ………………………………98
照合作業 ………………………………71
省庁別財務書類 ………………………52
正味財産 ………………………………112
正味財産の部 …………………………111
正味財産変動計算書 …………………130
諸収入 …………………………………103
仕訳区分 …………………………90, 168
仕訳チェックマニュアル ……………207
新地方公会計制度研究会 ……………56
新地方公会計制度実務研究会 …………56

す

出納整理期間 …………………………82
ストック情報 …………………………216

せ

セグメント連結 ………………………228
世代間の負担バランス ………230, 232, 242

327

全国知事会 …………………………………65

そ

総務省方式改訂モデル …………………58
その他行政費用 …………………………103
その他固定負債 ……………………110, 112
その他債権 ………………………………104
その他剰余金 ……………………………136
その他短期借入金 ………………………108
その他長期借入金 ………………………109
その他特別収入 …………………………117
その他特別費用 …………………………118
その他引当金 ……………………………110
その他未払金 ……………………………108
その他流動資産 …………………………98
その他流動負債 …………………………108
その他投資等 ……………………………104
損益計算書 ………………………………30

た

貸借対照表 ………………………………93
退職給与引当金 …………109, 208, 209, 233
退職給与引当金繰入額（戻入益）……210
耐用年数 …………………………………44
他会計借入金 ………………………107, 109
短期貸付金 ………………………………97
短期借入金 ………………………………107
単式簿記・現金主義会計 ………………10

ち

地方財政健全化法 ………………………221
注記 ………………………………72, 136, 211
長期貸付金 ………………………………103
長期借入金 ………………………………109
調整表 ……………………………………138

つ

追加情報 …………………………………138
通常収支差額 ……………………………113
通常収支の部 ………………………116, 117

て

定額運用基金 ……………………………104
定額法 ……………………………………42
定率法 ……………………………………42

と

当期収支差額 ……………………………112
当期純利益 ………………………………33
東京都会計基準 ……………………69, 78, 82, 88
東京都会計基準委員会 …………………130
東京都会計事務規則 ……………………88
東京都決算参考書 ………………………215
東京都財務諸表作成事務取扱要綱 ……88
東京都全体財務諸表 ………140, 224, 239
東京都年次財務報告書 ……140, 222, 230
東京都の会計制度改革に関する検討委員会
 ……………………………………………68
東京都の財務諸表 ………………………216
投資活動によるキャッシュ・フロー
 ………………………………………35, 121
投資その他の資産 ………………………102
投資的経費 ………………………………118
道路資産管理システム …………………157
特定目的基金 ……………………………104
特別収支の部 ……………………………117
特別収入 …………………………………113
特別費用 …………………………………101
都債（公債）………………………………107
都債発行差金 ………………………120, 193
都債発行費 …………………………120, 193
取替法 ………………………………43, 120

な

内部取引勘定 ……………………………133
内部留保 …………………………………243

ひ

引当金 ……………………………………208
日々仕訳方式 ……………………………146
費用 ………………………………………112
費用収益対応の原則 ……………………41

ふ

複式仕訳業務 ……………………185
複式簿記・発生主義会計 ……………19
負債 …………………………………104
附属明細書 …………………………139
負担金及繰入金等 …………………133
普通会計 ……………………………140
普通会計財務諸表 …………223, 230
普通財産 ……………………………98
物件費 ………………………………114
物品管理システム …………………150
不納欠損引当金 ………96, 208, 209, 256
不納欠損引当金繰入額（戻入益）………96
フリー・キャッシュ・フロー …………237

へ

併記方式 ……………………………226

ま

マクロの財務諸表 …………………242
マネジメント（組織の効率的な運営）
　………………………………………221
マネジメントサイクルの確立 ……265, 267

み

ミクロの財務諸表 …………………245
未払金 ………………………………108
未払保証債務 ………………………108

む

無形固定資産 ………………………99

ゆ

有価証券及出資金 …………………102
有形固定資産 ………………………98
有形固定資産及び無形固定資産附属明細書
　………………………………………140
夕張ショック …………………………12

よ

予算計数情報システム ………156, 173
予算性質別（情報） …………………114

り

利益剰余金 …………………………131
流動資産 ……………………………95
流動負債 ……………………………107
流動・固定の振替 …………………211

れ

連結財務諸表 ………………………263
連結財務書類 ………………………54

● 東京都新公会計制度研究会

青木那和、赤嶺武史、飯田誠、大野知子、片倉健作、齋藤雅之、
髙橋賢吾、中川知洋、中山正晃、右島賢光、吉井久史

新地方公会計の実務
東京都における財務諸表の作成と活用

2008年6月20日　初版発行　　　　定価：本体2,800円＋税

監　修	東京都会計管理局長　三枝　修一
編　著	東京都新公会計制度研究会
発行人	大橋　勲男
発行所	㈱都政新報社
	〒160-0023　東京都新宿区西新宿7-23-1　TSビル
	電話03-5330-8788　　FAX 03-5330-8904
	http://www.toseishimpo.co.jp/
印刷・製本	モリモト印刷株式会社

乱丁・落丁本はお取り替えします。　　　　　Printed in Japan
©2008　TOSEISHINPOSHA
ISBN978-4-88614-172-9　C2031

都政新報社の好評既刊

◎地方財政と都財政をめぐる動きが体系的に分かる

第八版 体系 都財政用語事典

●歳入、予算要望、予算編成、決算までの一連の流れを都の実態に即して分かりやすく解説●財政再建から公会計改革まで地方財政に共通する440語を記載●言葉から引く、単なる用語集だけでなく読本としても活用できる

［監修］東京都財務局長　　［編著］都財政問題研究会
定価4,725円（税込）

お近くの書店にない場合は、03-5330-8788までご注文ください。